I0166658

LETTRES
ÉCRITES D'ÉGYPTE.

LETTRES

DE

M. CHAMPOLLION LE JEUNE,

ÉCRITES

PENDANT SON VOYAGE EN ÉGYPTE,

EN 1828 ET 1829.

PARIS.
IMPRIMERIE DE FIRMIN DIDOT,
RUE JACOB, N° 24.

1829.

LETTRES

DE

M. CHAMPOLLION LE JEUNE,

ÉCRITES PENDANT SON VOYAGE EN ÉGYPTE.

NOTE PRÉLIMINAIRE.

Les journaux français et étrangers ont parlé diversement du voyage littéraire en Égypte, que des savans et des artistes exécutent en ce moment sous la direction de M. Champollion le jeune. Nous devons à nos lecteurs quelques détails exacts sur cette intéressante entreprise. Hâtons-nous de dire qu'elle est un nouveau bienfait du Roi envers les sciences historiques et les beaux-arts.

S. M. ayant daigné donner son approbation au plan de ce voyage, ses ministres de l'intérieur, des affaires éttangères, de la marine, et le ministre d'état intendant de la maison du Roi, furent chargés d'en assurer l'exécution; elle a trouvé dans leurs lumières le concours le plus actif st le plus bienveillant.

Le but même du voyage ne pouvait manquer d'exciter l'intérêt des ministres du Roi, puisqu'il était l'objet des vœux de toutes les Sociétés savantes de l'Europe. On est assez avancé, en effet, dans la connaissance des écritures égyptiennes : les monumens égyptiens transportés dans les musées publics et les collections particulières, ont fourni déjà d'assez nombreuses notions sur l'histoire civile et militaire, sur le système religieux et les personnages mythologiques, sur la vie sociale, les mœurs, les usages, la pratique des arts techniques et des arts du dessin en général, dans l'antique Égypte, pour savoir combien il reste encore à apprendre sur ces sujets divers, et combien d'importantes lacunes restent à remplir dans l'histoire du peuple le plus célèbre de l'antiquité, qui, aux plus anciennes époques de ses annales, se trouve déjà mêlé à des nations de l'orient et de l'occident, dont les premiers temps ne nous sont pas encore connus. L'Égypte peut donc nous rendre, par le témoignage de ces monumens, plusieurs pages qui nous manquent dans sa propre

IMPRIMERIE DE FIRMIN DIDOT,
RUE JACOB, N° 24.

histoire et dans l'histoire universelle des sociétés primitives. Cette conquête ne sera pas trop chèrement payée de quelques dépenses, de quelques fatigues et de quelques hasards.

Ce sont ces mêmes vues qui ont animé nos voyageurs français, et qui ont excité leur zèle et leur dévoûment. Préparés de longue main à cette exploration scientifique, se confiant avec toute raison aux lumières et au caractère de leur chef, protégés partout par le nom vénéré de leur Roi, ils ont quitté la côte de France, le 31 juillet dernier, sur la corvette l'Églé, qui doit toucher d'abord à Agrigente en Sicile, et les porter ensuite à Alexandrie. A M. Champollion le jeune se sont réunis MM. A. Bibent, architecte, connu par ses importans travaux sur Pompéi; et comme dessinateurs, Nestor Lhote, employé à la direction générale des douanes; Salvador Cherubini et Alexandre Duchesne, Bertin fils et le Houx élèves de M. le baron Gros; M. Lenormant, inspecteur au département des beaux-arts, a profité de cette précieuse occasion pour visiter les monumens de l'Égypte.

Une association non moins heureuse pour les voyageurs français, est celle que leur a assurée S. A. I. et R. le Grand Duc de Toscane. Animé de cette protection déclarée pour les sciences et pour les arts, qui est héréditaire dans sa famille, ce prince a désigné plusieurs savans italiens pour se joindre à M. Champollion le jeune, et les a placés sous sa direction pour seconder ses recherches, et travailler en commun au résultat général de cette mémorable exploration. M. Hip. Rosellini, professeur de langues orientales à l'université de Pise, chargé plus spécialement des ordres de S. A., aura avec lui MM. Gaëtano Rosellini, comme naturaliste; le docteur Alexandre Ricci, qui a déjà habité l'Égypte; l'habile dessinateur Angelelli, et le professeur Raddi, connu par ses belles recherches d'histoire naturelle au Brésil.

Telle est la réunion de savans et d'artistes unis d'intentions et d'efforts pour accomplir une des plus nobles entreprises de notre époque. Si les circonstances ne sont pas trop défavorables, l'Europe savante lui sera redevable d'importans documens pour l'histoire et les beaux-arts, et les annales littéraires de la France signaleront ce voyage avec reconnaissance; il sera pour elles une occasion de plus de célébrer le nom du Roi protecteur de toutes les gloires. (*Moniteur* du 11 août 1828.)

PREMIERE LETTRE

DE

M. CHAMPOLLION LE JEUNE.

ALEXANDRIE DU 18 AU 29 AOUT 1828 (1).

Ma lettre d'Agrigente contenait mon journal depuis le 31 juillet, jour de notre départ de Toulon sur la corvette du roi l'*Églé*, commandée par M. Cosmao-Dumanoir, capitaine de frégate; jusqu'au 7 août que nous avons quitté la côte de Sicile après une station de 24 heures, et sans avoir pu obtenir la pratique du port, vu que, d'après les informations parvenues de bonne source aux autorités siciliennes, nous étions tous en proie à la *grande peste* qui ravage Marseille, à ce qu'on dit en Italie. J'ai vainement parlementé avec des officiers envoyés par le gouverneur de Girgenti, et qui ne me parlaient qu'en tremblant, à trente pas de distance; nous avons été déclarés bien et duement pestiférés, et il nous a fallu renoncer à descendre à terre au milieu des temples grecs les mieux conservés de toute la Sicile. Nous remîmes donc tristement à la voile, courant sur Malte, que nous doublâmes le lendemain 8 août au matin, en passant à une portée de canon des îles Gozzo et Cumino, et de la Cité-Valette, que nous avons parfaitement vue dans ses détails extérieurs.

C'est après avoir reconnu successivement le plateau de la Cyrénaïque et le cap Rasat, et avoir longé de temps à autre la côte blanche et basse de l'Afrique, sans être trop incommodés par la chaleur, que nous aperçumes enfin, le 18 au matin, l'emplacement de la vieille *Taposiris*, nommée aujourd'hui la Tour-des-Arabes. Nous approchions ainsi du terme de notre navigation, et nos lunettes nous révélaient déjà la colonne de Pompée, toute l'étendue du Port-Vieux d'Alexandrie, la ville même

(1) Extrait du *Bulletin universel des sciences et de l'industrie*, publié sous la direction de M. le baron DE FÉRUSSAC, VIIe sect. Octobre 1828.

dont l'aspect devenait de plus en plus imposant, et une immense forêt de mâts de bâtimens, au travers desquels se montraient les maisons blanches d'Alexandrie. A l'entrée de la passe, un coup de canon de notre corvette amena à notre bord un pilote arabe qui dirigea la manœuvre au milieu des brisans, et nous mit en toute sûreté au milieu du Port-Vieux. Nous nous trouvâmes là entourés de vaisseaux français, anglais, égyptiens, turcs et algériens, et le fond de ce tableau, véritable macédoine de peuples, était occupé par les carcasses des bâtimens orientaux échappés aux désastres de Navarin. Tout était en paix autour de nous, et voilà, je pense, une preuve de la puissante influence du vice-roi d'Égypte sur l'esprit de ses Égyptiens.

Nous en avions donc fini avec la mer, dès le 18 à cinq heures du soir : il ne nous restait qu'un seul regret, celui de nous séparer de notre commandant Cosmao-Dumanoir, si recommandable à tous égards, et des autres officiers de la corvette, qui, tous, nous ont comblés de prévenances et de soins, et nous ont procuré par leur instruction tous les charmes de la plus agréable société; mes compagnons et moi n'oublierons jamais tout ce que nous leur devons de reconnaissance.

A peine mouillés dans le port, plusieurs officiers supérieurs des vaisseaux français vinrent à notre bord, et nous donnèrent d'excellentes nouvelles du pays : ils nous apprirent la prochaine évacuation de la Morée par les troupes d'Ibrahim, en conséquence d'une convention récente. On attend dans peu de jours la rentrée de la première division de l'armée égyptienne.

M. le chancelier du consulat-général de France voulut bien aussi venir à notre bord, nous complimenter de la part de M. Drovetti, qui se trouvait heureusement à Alexandrie, ainsi que le vice-roi. Le soir même, à six heures, je me rendis à terre, avec notre brave commandant et mes compagnons de voyage, Rosellini, Bibent, Ricci, et quelques autres : je baisai le sol égyptien en le touchant pour la première fois, après l'avoir si long-temps desiré. A peine débarqués, nous fûmes entourés par des conducteurs d'ânes (ce sont les fiacres du pays), et, montés sur ces nobles coursiers, nous entrâmes dans Alexandrie.

Les descriptions que l'on peut lire de cette ville ne sauraient en donner une idée complète; ce fut pour nous comme une apparition des Antipodes, et un monde tout nouveau : des couloirs étroits bordés d'échoppes, encombrés d'hommes de toutes les couleurs, de chiens endormis et de chameaux en chapelet; des cris rauques partant de tous les côtés et se mêlant à la voix glapissante des femmes et d'enfans à demi-nus, une poussière étouffante, et par-ci par-là quelques seigneurs magnifiquement habillés, maniant habilement de beaux chevaux richement harnachés, voilà ce qu'on nomme une rue d'Alexandrie. Après une demi-heure de course sur nos ânes et une infinité de détours, nous arrivâmes chez M. Drovetti, dont l'accueil empressé mit le comble à toutes nos satisfactions. Surpris toutefois de notre arrivée au milieu des circonstances actuelles, il nous en félicita cependant, et nous donna l'assurance que notre voyage d'exploration ne souffrirait aucune difficulté; son crédit, fruit de sa conduite noble, franche et désintéressée, qui n'a jamais pour objet que le service de notre monarque dont le nom est partout vénéré, et l'honneur de la France, est une garantie suffisante de ces promesses. M. Drovetti ajouta encore à ses prévenances, en m'offrant un logement au palais de France, l'ancien quartier-général de notre armée. J'y ai trouvé un petit appartement très-agréable, c'est celui de Kléber, et ce n'est pas sans de vives émotions que je me suis couché dans l'alcove où a dormi le vainqueur d'Héliopolis.

Du reste, le souvenir des Français est partout dans Alexandrie, tant notre influence y fut douce et équitable. En arrivant, j'ai entendu battre la retraite par les tambours et les fifres égyptiens sur les mêmes airs qu'à Paris. Toutes les anciennes marches françaises pour la troupe ont été adoptées par le Nizan-Gedid, et de vieux Arabes parlent encore en français. Il y a trois jours, allant de grand matin visiter l'obélisque de Cléopâtre, et au milieu des collines de sables qui couvrent les débris de l'antique Alexandrie, je rencontrai un Arabe aveugle et âgé, conduit par un enfant : j'approchai, et l'aveugle informé que j'étais Français, me dit aussitôt ces propres mots en me saluant de la main : *Bonjour, citoyen, donne-moi quelque chose ; je n'ai pas encore déjeuné.* Ne pouvant ni ne voulant résister à une telle éloquence, je mets dans la main de l'Arabe tous les sous de France qui me restaient; en les tâtant il s'écria aussitôt :

Cela ne passe plus ici, mon ami. Je substituai à cette monnaie française une piastre d'Égypte : *Ah! voilà qui est bon, mon ami*, ajouta-t-il; *je te remercie, citoyen.* De telles rencontres dans le désert valent un bon opéra à Paris.

Je suis déjà familiarisé avec les usages et coutumes du pays; le café, la pipe, la siesta, les ânes, la moustache et la chaleur; surtout la sobriété, qui est une véritable vertu à la table de M. Drovetti, où nous nous asseyons tous les jours, mes compagnons de voyage et moi.

J'ai visité tous les monumens des environs; la colonne de Pompée n'a rien de fort extraordinaire; j'y ai trouvé cependant à glaner. Elle repose sur un massif construit de débris antiques, et j'ai reconnu parmi ces débris le cartouche de Psammetichus II. Je n'ai pas négligé l'inscription grecque qui dépend de la colonne, et sur laquelle existent encore quelques incertitudes. Une bonne empreinte en papier les fera cesser, et je serai heureux de mettre sous les yeux de nos savans cette copie fidèle qui doit les mettre enfin d'accord sur ce monument historique. J'ai visité plus souvent les obélisques de Cléopâtre, toujours au moyen de nos roussins, que les jeunes Arabes nomment un *bon cabal* (dénomination provençale). De ces deux obélisques, celui qui est debout a été donné au Roi par le pacha d'Égypte, et j'espère qu'on prendra les moyens nécessaires pour faire transporter cet obélisque à Paris. Celui qui est à terre appartient aux Anglais. J'ai déjà copié et fait dessiner sous mes yeux leurs inscriptions hiéroglyphiques. On en aura donc, et pour la première fois, je puis le dire, un dessin exact. Ces deux obélisques, à trois colonnes de caractères sur chaque face, ont été primitivement érigés par le roi Mœris devant le grand temple du Soleil à Héliopolis. Les inscriptions latérales sont de Sésostris, et j'en ai découvert deux autres très-courtes, à la face *est*, qui sont du successeur de Sésostris. Ainsi, trois époques sont marquées sur ces monumens; le dé antique en granit rose, sur lequel chacun d'eux avait été placé, existe encore; mais j'ai vérifié, en faisant fouiller par mes arabes dirigés par notre architecte M. Bibent, que ce dé repose sur un socle de trois marches qui est de fabrique grecque ou romaine.

C'est le 24 août, à huit heures du matin, que nous avons été reçus par le vice-roi. S. A. habite plusieurs belles maisons construites avec beaucoup de soin dans le goût des palais de Constantinople; ces édifices, de belle apparence, sont situés dans l'ancienne île du Phare. Nous nous y sommes rendus en corps, précédés de M. Drovetti, tous habillés au mieux, et les uns dans une calèche attelée de deux beaux chevaux conduits habilement à toute bride dans les rues étroites d'Alexandrie par le cocher de M. Drovetti, et les autres montés sur des ânes escortant la calèche.

Descendus au grand escalier de la salle du Divan, nous sommes entrés dans une vaste pièce remplie de fonctionnaires, et nous avons été immédiatement introduits dans une seconde salle, percée à jour : dans un de ses angles, entre deux croisées, était assise S. A., dans un costume fort simple, et tenant dans ses mains une pipe enrichie de diamans. Sa taille est ordinaire, et l'ensemble de sa physionomie a une teinte de gaieté qui surprend dans un personnage occupé de si grandes choses. Ses yeux ont une expression très-vive, et une magnifique barbe blanche couvre sa poitrine. S. A., après avoir demandé de nos nouvelles, a bien voulu nous dire que nous étions les bienvenus, et me questionner ensuite sur le plan de mon voyage. Je l'ai exposé sommairement, et j'ai demandé les firmans nécessaires; ils m'ont été accordés sur-le-champ, avec deux tchaous du vice-roi, qui nous accompagneront partout. S. A. a ensuite parlé des affaires de la Grèce, et nous a fait part de la nouvelle du jour, qui est la mort d'Ahmed-Pacha, de Patras, livré à des Grecs introduits dans sa chambre par des soldats infidèles soudoyés. Quoique fort âgé, Ahmed s'est vigoureusement défendu, a tué sept de ses assassins, mais a succombé sous le nombre. Le vice-roi nous a fait donner ensuite le café, et nous avons pris congé de S. A., qui nous a accompagnés avec des saluts de main très-bienveillans. C'est encore une grace de plus dont nous sommes redevables aux bontés inépuisables de M. Drovetti.

La commission toscane, conduite par notre ami Rosellini, a été reçue aussi le lendemain, 25 août, par le vice-roi, présentée par M. Rosetti, consul-général de Toscane. Elle a reçu le même accueil, les mêmes promesses et la même protection. L'Égypte, disait S. A., devait être pour nous comme notre pays même, et je suis persuadé que le vice-roi est très-flatté de la confiance que nos gouvernemens ont mise dans son caractère, en autorisant notre entreprise dans les circonstances actuelles.

Je compte rester à Alexandrie jusqu'au 12 septembre : ce temps est nécessaire pour nos préparatifs. Les chaleurs du Caire, et une maladie assez bénigne qui y règne, baisseront en attendant. Le Nil haussera en même temps. J'ai déjà bu largement de ses eaux que nous apporte le canal construit par l'ordre du pacha, et nommé pour cela le *Mahmoudièh*. Le fleuve sacré est en bon état ; l'inondation est assurée pour le pays bas ; deux coudées de plus suffiront pour le haut. Nous sommes d'ailleurs ici comme dans une contrée qui serait l'abrégé de l'Europe, bien reçus et fêtés par tous les consuls de l'Occident, qui nous témoignent le plus vif intérêt. Nous avons été tous réunis successivement chez MM. Acerbi, Rosetti, d'Anastazy et Pedemonte, consuls d'Autriche, de Toscane, de Suède et de Sardaigne. J'y ai vu aussi M. Méchain, consul de France à Larnaka en Chypre, très-recommandable sous tous les rapports, et l'un des anciens de l'expédition française en Égypte.

Nous sommes donc au mieux, et nous en rendons journellement des graces infinies à la protection royale qui nous devance partout, et aux soins inépuisables de M. Dorvetti, qui ne se font attendre nulle part.

Je suis rempli de confiance dans les résultats de notre voyage : puissent-ils répondre aux vœux du gouvernement et à ceux de nos amis ! Je ne m'épargnerai en rien pour y réussir. J'écrirai de toutes les villes égyptiennes, quoique les bureaux de poste des Pharaons n'y existent plus : je réserverai les détails sur les magnificences de Thèbes pour notre vénérable ami M. Dacier ; ils seront peut-être un digne et juste hommage au Nestor des hommes aimables et des hommes instruits. J'ai reçu les lettres de Paris de la fin de juillet par le *Nisus*, arrivé en onze jours. Adieu.

SECONDE LETTRE.

Alexandrie, le 13 *septembre* 1828.

Mon départ pour le Caire est définitivement arrêté pour demain, tous nos préparatifs étant heureusement terminés, ainsi que ce que je puis appeler l'organisation de l'expédition, chacun ayant sa part officielle d'action pour le bien de tous. Le docteur

Ricci est chargé de la santé et des vivres; M. Duchesne, de l'arsenal; M. Bibent, des fouilles, ustensiles et engins; M. Lhôte, des finances; M. Gaetano Rosellini, du mobilier et des bagages, etc. Nous avons avec nous deux domestiques et un cuisinier arabes; deux autres domestiques barabras; mon homme à moi, Soliman, est un Arabe, de belle mine, et dont le service est excellent.

Deux bâtimens à voile nous porteront sur le Nil; l'un est le plus grand *maash* du pays, et qui a été monté par S. A. Mehemed-Ali : je l'ai nommé l'*Isis;* l'autre est une *dahabié,* où cinq personnes logeront assez commodément; j'en ai donné le commandement à M. Duchesne, en survivance du bon docteur Raddi qui doit nous quitter pour aller à la chasse des papillons dans le désert libyque. Cette *dahabié* a reçu le nom d'*Athyr:* nous voguerons ainsi sous les auspices des deux déesses les plus joviales du Panthéon égyptien. D'Alexandrie au Caire, nous ne nous arrêterons qu'à *Kerioun,* l'ancienne Chereus des Grecs, et à *Ssa-el-Hagar,* l'antique Saïs. Je dois ces politesses à la patrie du rusé Psammétichus, et du brutal Apriès; enfin, je verrai s'il reste quelques débris de Siouph à *Saouafé,* où naquit Amasis, et à Saïs, quelques traces du collége où Platon et tant d'autres Grecs *allèrent à l'école.*

Notre santé se soutient, et l'épreuve du climat d'Alexandrie, qui est une ville toute libyque, est d'un très-bon augure. Nous sommes tous enchantés de notre voyage, et heureux d'avoir échappé aux dépêches télégraphiques qui devaient nous retarder. Les circonstances de mauvaise apparence ont toutes tourné pour nous; quelques difficultés inattendues sont applanies : nous voyageons pour le Roi et pour la science; nous serons heureux partout.

Je viens à l'instant (8 heures du soir) de prendre congé du vice-roi. S. A. a été on ne peut pas plus gracieuse; je l'ai priée d'agréer notre gratitude pour la protection ouverte qu'elle veut bien nous assurer. Le vice-roi a répondu que les princes chrétiens traitant ses sujets avec distinction, la réciprocité était pour lui un devoir. Nous avons parlé hiéroglyphes, et il m'a demandé une traduction des inscriptions des obélisques d'Alexandrie. Je me suis empressé de la lui promettre, et elle lui sera remise demain matin, mise en langue turque par M. le chancelier du consulat de France. S. A. a désiré savoir jusqu'à quel point de la Nubie je pousserai mon voyage, et elle m'a assuré que nous trouverions partout honneurs et protections: je lui ai exprimé ma reconnaissance dans les termes les plus flatteurs, et je puis dire qu'il les repoussait d'une manière fort aimable; ces bons musulmans nous ont traités avec une franchise qui nous charme. Adieu.

TROISIÈME LETTRE.

Au Caire le 27 septembre 1828.

C'est le 14 de ce mois, au matin, que j'ai quitté Alexandrie, après avoir arboré le pavillon de France. Nous avons pris le canal nommé le *Mahhmoudiéh*, auquel ont travaillé MM. Coste et Masi; il suit la direction générale de l'ancien canal d'Alexandrie; mais il fait beaucoup moins de détours, et se rend plus directement au Nil, en passant entre le lac Maréotis, à droite, et celui d'*Edkou*, à gauche. Nous débouchâmes dans le fleuve, le 15 de très-bonne heure, et je conçus dès lors les transports de joie des Arabes d'occident, lorsque, quittant les sables libyques d'Alexandrie, ils entrent dans la branche canopique, et sont frappés de la vue des tapis de verdure du Delta, couvert d'arbres de toute espèce, au-dessus desquels s'élèvent les centaines de minarets des nombreux villages qui sont dispersés sur cette terre de prédilection. Ce spectacle est véritablement enchanteur, et la renommée de la fertilité de la campagne d'Égypte n'est point exagérée.

Le fleuve est immense, et les rives en sont délicieuses. Nous fîmes une courte halte à *Fouah*, où nous arrivâmes à midi. A 7 heures ½ du soir, nous dépassâmes *Desouk*; c'est le lieu où le respectable Salt a expiré il y a quelques mois. Le 16, à 6 heures du matin je trouvai, en m'éveillant, le Maasch amarré dans le voisinage de *Ssa-el-Hagar*, où j'avais recommandé d'aborder pour visiter les ruines de *Saïs*, devant lesquelles je ne pouvais passer sans respect.

Nos fusils sur l'épaule, nous gagnâmes le village qui est à une demi-heure du fleuve; nos jeunes artistes chassèrent en chemin, et firent lever deux schacals qui s'échappèrent à toutes jambes à travers les coups de fusils. Nous nous dirigeâmes sur une grande enceinte que nous apercevions dans la plaine depuis le matin. L'inondation, qui couvrait une partie des terrains, nous força de faire quelques détours, et nous passâmes sur une première *nécropole* égyptienne, bâtie en briques crues. Sa surface est couverte de débris de poterie, et j'y ramassai quelques fragmens de figurines funéraires : la grande enceinte n'était abordable que par une porte forcée tout à fait moderne. Je n'essaierai point de rendre l'impression que j'éprouvai après avoir dépassé cette porte, et en trouvant sous mes yeux des masses énormes de 80 pieds de hauteur, semblables à des rochers déchirés par la foudre ou par des tremblemens de terre. Je courus vers le milieu de cette immense circonvallation, et reconnus encore des constructions égyptiennes en briques crues, de 15 pouces de long, 7 de large et 5 d'épaisseur. C'était aussi une *nécropole*, et cela nous expliqua une chose jusqu'ici assez embarrassante, savoir ce que faisaient de leurs momies les villes situées dans la Basse-Égypte, et loin des montagnes. Cette seconde nécropole de Saïs, dans les débris colossaux de laquelle on reconnaît encore plusieurs étages de petites chambres funéraires (et il devait y en avoir un nombre infini), n'a pas moins de 1400 pieds de longueur, et près de 500 de large. Sur les parois de quelques-unes des chambres, on trouve encore un grand vase de terre cuite, qui servait à renfermer les intestins des morts, et fesait l'office des vases dits canopes.. Nous avons reconnu du bitume au fond de l'un d'entre eux.

A droite et à gauche de cette nécropole existent deux monticules, sur l'un desquels nous avons trouvé des débris de granit rose, de granit gris, de beau grès-rouge et de *marbre blanc*, dit de Thèbes. Cette dernière particularité intéressera particulièrement notre ami Dubois, qui a tant travaillé sur les matières employées dans les monumens de l'antiquité; des légendes de Pharaons sont sculptées sur ce marbre blanc, et j'en ai recueilli de beaux échantillons.

Les dimensions de la grande enceinte qui renfermait ces édifices, sont vraiment étonnantes. Le parallélograme, dont les petits côtés n'ont pas moins de 1440 pieds, et les grands 2160, a ainsi plus de 7000 pieds de tour. La hauteur de cette muraille peut être estimée à 80 pieds, et son épaisseur mesurée est de 54 pieds : on pourrait donc y compter les grandes briques par millions.

Cette circonvallation de géant me paraît avoir renfermé les principaux édifices sacrés de *Saïs*. Tous ceux dont il reste des débris étaient des *nécropoles*; et, d'après les indications fournies par Hérodote, l'enceinte que j'ai visitée renfermerait les tombeaux d'*Apriès* et des rois *Saïtes* ses ancêtres. De l'autre côté de ceux-ci, serait le monument funéraire de l'usurpateur *Amasis*. La partie de l'enceinte, vers le Nil, a pu aisément contenir le grand temple de Néith, la grande déesse de Saïs, et nous avons donné la chasse à coups de fusils à des chouettes, oiseau sacré de Minerve ou Néith, que les médailles de Saïs et celles d'Athènes sa fille, portent pour armes parlantes. A quelques centaines de toises de l'angle voisin de la fausse porte, existent des collines qui couvrent une 3e nécropole. Elle était celle des gens de qualité : on y a déjà fouillé, et j'y ai vu un énorme sarcophage en basalte vert, celui d'un gardien des temples sous *Psammetichus* IIe. M. Rosetti, son possesseur, m'avait permis de l'emporter, mais la dépense serait trop considérable, et le monument n'est pas assez important pour la risquer. A mon retour en Basse-Égypte je ferai faire des fouilles sur ce point-là et sur quelques autres, si l'état des fonds me le permet. Cette dernière remarque est importante; avec peu de fonds on peut faire beaucoup, et je serais affligé de quitter ce pays sans avoir pu assurer, à peu de frais, l'acquisition de monumens de choix, les plus propres à enrichir nos collections royales, et à éclairer les travaux historiques de nos savans. J'ai l'espoir qu'on voudra bien m'aider pour l'accomplissement de ces vues d'une utilité incontestable.

Cette première visite à Saïs ne sera pas la dernière; je quittai ce lieu à 6 heures du soir. Le lendemain, 17 septembre, nous passâmes devant *Schabour*. Le 18, à 9 heures du matin, nous fîmes halte à *Nader*, où des Almèh nous donnèrent un concert vocal et instrumental, suivi des gambades et des chants grotesques habituels aux baladins. A midi et demi nous étions devant *Tharraneh*, où je vis des monticules de natron transportés des lacs qui le produisent. Le soir nous dépassâmes *Mit-Salaméh*, triste village assis dans le désert libyque; et, faute de vent, nous passâmes une partie de la nuit sur la rive verdoyante du Detla, près du village d'*Aschmoun*. Le 19 au matin, nous vîmes enfin les Pyramides, dont on pouvait déjà apprécier les masses, quoique nous fussions à 8 lieues de distance. A une heure trois quart, nous arivâmes au sommet du Delta (*Bathn-el-Bakarah,* le ventre de la vache), à l'endroit même où le fleuve se partage en deux grandes branches, celle de Rosette et celle de Damiette. La vue est magnifique, et la largeur du Nil étonnante. A l'occident, les Pyramides s'élèvent au milieu des palmiers; une multitude de barques et de bâtimens se croisent dans tous les sens; à l'orient, le village très-pittoresque de *Schoraféh,* daus la direction d'Héliopolis : le fond du tableau est occupé par le mont *Mokattam,* que couronne la citadelle du Caire, et dont la base est cachée par la forêt de Minarets de cette grande capitale. A 3 heures nous vîmes le Caire plus distinctement : c'est là que les matelots vinrent nous demander le bakschis de bonne arrivée. L'orateur était accompagné de deux camarades habillés d'une façon très-bizare, des bonnets en pain de sucre, barriolés de couleurs tranchantes; des barbes et d'énormes moustaches d'étoupe blanche; des langes étroits, serrant et dessinant toutes les parties de leur corps; et chacun d'eux s'était ajusté d'énormes accessoires en linge blanc fortement tordu. Ce costume, ces insignes et leurs postures grottesques figuraient au mieux les vieux faunes peints sur les vases grecs d'ancien style. Quelques minutes après, notre *maasch* donna sur un banc de sable et fut arrêté tout court; nos matelots se jetèrent au Nil pour le dégager, en se servant du nom d'*Allah*, et bien plus efficacement de leurs larges et robustes épaules; la plupart de ces mariniers sont des hercules admirablement taillés, d'une force étonnante, et ressemblant à des statues de bronze nouvellement coulées, quand ils sortent du fleuve. Ce travail d'une demie heure suffit pour dégager le bâtiment. Nous passâmes devant *Embabèh,* et après avoir salué le champ de bataille des Pyramides, nous abordâmes au port de *Boulaq,* à 5 heures précises. La journée du 20 se passa en préparatif de départ pour le Caire, et plusieurs convois d'ânes et de chameaux transportèrent en ville nos lits, malles et effets, pour meubler la maison que j'avais fait louer d'avance. A 5 heures du soir, suivi de ma caravane, et enfourchant nos ânes, bien plus beaux que ceux d'Alexandrie, je partis pour le Caire. Le Janissaire du Consulat ouvrait la marche, le drogman était avec moi, et toute la jeunesse paradait à ma suite : je m'aperçus que cela ne déplaisait nullement aux Arabes, qui criaient *Fransaouï* (français) avec une certaine satisfaction.

Nous arrivions au Caire au bon moment; ce jour là et le lendemain étaient ceux de la fête que les Musulmans célébraient pour la naissance du Prophète. La grande et importante place d'*Ezbékiéh*, dont l'inondation occupe le milieu, était couverte de monde entourant les baladins, les danseuses, les chanteuses, et de très-belles tentes sous lesquelles on pratiquait des actes de dévotion. Ici, des Musulmans assis lisaient en cadence des chapitres du Coran; là, 300 dévots, rangés en lignes parallèles, assis, mouvant incessamment le haut de leur corps en avant et en arrière comme des poupées à charnière, chantaient en chœur, *La-Allah-Ell'Allah* (il n'y a point d'autre Dieu que Dieu); plus loin, 500 énergumènes, debout, rangés circulairement, et se sentant les coudes, sautaient en cadence, et poussaient, du fond de leur poitrine épuisée, le nom d'*Allah*, mille fois répété, mais d'un ton si sourd, si caverneux, que je n'ai entendu de ma vie un chœur plus infernal : cet effroyable bourdonnement semblait sortir des profondeurs du Tartare. A côté de ces religieuses démonstrations, circulaient les musiciens et les filles de joie; des jeux de bagues, des escarpolettes de tout genre étaient en pleine activité : ce mélange de jeux profanes et de pratiques religieuses, joint à l'étrangeté des figures et à l'extrême variété des costumes, formait un spectacle infiniment curieux, et que je n'oublierai jamais. En quittant la place nous traversâmes une partie de la ville pour gagner notre logement.

On a dit beaucoup de mal du Caire : pour moi, je m'y trouve fort bien, et ces rues de 8 à 10 pieds de largeur, si décriées, me paraissent parfaitement bien calculées pour éviter les trop grandes chaleurs. Sans être pavées, elles sont d'une propreté fort remarquable. Le Caire est une ville tout-à-fait monumentale : la plus grande partie des maisons est en pierre, et à chaque instant on y remarque des portes sculptées dans le goût arabe : une multitude de mosquées, plus élégantes les unes que les autres, couvertes d'arabesques du meilleur goût, et ornées de minarets admirables de richesse et de grace, donnent à cette capitale un aspect imposant et très-varié. Je l'ai parcourue dans tous les sens, et je découvre chaque jour de nouveaux édifices que je n'avais pas encore soupçonnés. Grâces à la dynastie des *Thouloumides*, aux califes *Fathimites*, aux sultans *Ayoubites*, et aux mamlouks *Baharites*, le Caire est encore une ville des mille et une nuits, quoique la barbarie ait détruit ou laissé détruire en très-grande partie les délicieux produits des arts et de la civilisation arabes. J'ai fait mes premières dévotions dans la mosquée de *Thouloum*, édifice du 9e siècle, modèle d'élégance et de grandeur, que je ne puis assez admirer, quoique à moitié ruiné. Pendant que j'en considérais la porte, un vieux *schéïk* me fit proposer d'entrer dans la mosquée : j'acceptai avec empressement, et, franchissant lestement la première porte, on m'arrêta tout court à la seconde : il fallait entrer dans le lieu saint sans chaussure ; j'avais des bottes, mais j'étais sans bas ; la difficulté était pressante. Je quitte mes bottes, j'emprunte un mouchoir à mon janissaire pour envelopper mon pied droit, un autre mouchoir à mon domestique Nubien Mohammed, pour mon pied gauche, et me voilà sur le parquet en marbre de l'enceinte sacrée ; c'est sans contredit le plus beau monument arabe qui reste en Égypte. La délicatesse des sculptures est incroyable, et cette suite de portiques en arcades est d'un effet charmant. Je ne parlerai ici ni des autres mosquées, ni des tombeaux des califes et des sultans mamlouks, qui forment autour du Caire une seconde ville plus magnifique encore que la première ; cela me mènerait trop loin, et c'en est assez de la vieille Égypte, sans m'occuper de la nouvelle.

Lundi 22 septembre, je montai à la citadelle du Caire, pour rendre visite à Habid-Effendi, gouverneur, et l'un des hommes les plus estimés par le vice-roi. Il me reçut fort agréablement, causa beaucoup avec moi sur les monumens de la Haute-Égypte, et me donna quelques conseils pour les étudier plus à l'aise. En sortant de chez le gouverneur, je parcourus la citadelle, et je trouvai d'abord des blocs énormes de grès, portant un bas-relief, où est figuré le roi *Psammétichus II*, faisant la dédicace d'un propylon : je l'ai fait copier avec soin. D'autres blocs épars, et qui ont appartenu au même monument de Memphis d'où ces pierres ont été apportées, m'ont offert une particularité fort curieuse. Chacune de ces pierres, parfaitement dressées et taillées, porte une *marque* constatant sous quel roi le bloc a été tiré de la carrière ; la légende royale, accompagnée d'un titre qui fait connaître la destination du bloc pour Memphis, est gravée dans une aire carrée et creuse. J'ai recueilli sur divers blocs les marques de trois rois : *Psammétichus II*, *Apriès*, son fils, et *Amasis*, successeur de ce dernier : ces trois légendes nous donnent donc la durée de la construction de l'édifice dont ces blocs faisaient partie. Un peu plus loin, sont les ruines du palais royal du fameux *Salahh-Eddin* (le sultan Saladin), le chef de la dynastie des Ayoubites ; un incendie a dévoré les toits, il y a 4 ans, et depuis quelques mois, on démolit par fois ce qui reste de ce grand et beau monument : j'ai pu reconnaître une salle carrée, la principale du palais. Plus de 30 colonnes de granit rose portant encore les traces de la dorure épaisse qui couvrait leur fût, sont debout, et leurs énormes chapiteaux de sculpture arabe, imitation grossière de vieux chapitaux égyptiens, sont entassés sur les décombres. Ces chapitaux, que les arabes avaient ajoutés à ces colonnes grecques ou romaines, sont tirés de blocs de granit enlevés aux ruines de Memphis, et la plupart portent encore des traces de sculptures hiéroglyphiques : j'ai même trouvé sur l'un d'entre eux, à la partie qui joignait le fût à la colonne, nn bas-relief représentant le roi *Nectanèbe*, faisant une offrande aux dieux. Dans une de mes courses à la citadelle, où je suis allé plusieurs fois pour faire dessiner les débris égyptiens, j'ai visité le fameux *puits de Joseph*, c. à d. le puits que le grand *Saladin* (Salahh-Eddin - Joussouf) a fait creuser dans la citadelle non loin de son palais ; c'est un grand ouvrage. J'ai vu aussi la ménagerie du pacha, consistant en un lion, deux tigres et un éléphant ; je suis arrivé trop tard pour voir l'hippopotame vivant ; la pauvre bête venait de mourir d'un coup de soleil, pris en faisant sa siesta sans précaution ; mais j'en ai vu la peau empaillée à la turque, et pendue au-dessus de la porte principale de la citadelle. J'ai visité avant-hier *Mahammed-Bey*, delfterdar (trésorier) du pacha. Il m'a fait montrer la maison qu'il construit à Boulaq sur le Nil, et dans les murailles de laquelle il a fait encastrer, comme ornement, *d'assez beaux bas-reliefs égyptiens*, venant de Sakkara ; c'est un pas fort remarquable, fait par un des ministres du pacha, assez renommé pour son opposition à la réforme.

J'ai trouvé ici notre agent consulaire, M. Derche, malade, et, parmi les étrangers, lord Prudhoe, M. Burton et le major Félix, anglais qui s'occupent beaucoup d'hiéroglyphes, et qui me comblent de bontés. Je n'ai encore fait aucune acquisition : je présume que notre arrivée a fait hausser le prix des antiquités; mais cela ne peut durer long-temps. Je pars demain ou après pour Memphis; je ne reviendrai pas au Caire cette année; nous débarquerons près de *Mit-Rahiné,* (le centre des ruines de la vieille ville), où je m'établirai; je pousserai de là des reconnaissances sur Sakkara, Dahschour et toute la plaine de Memphis, jusqu'aux grandes pyramides de Gizéh, d'où j'espère dater ma prochaine lettre. Après avoir couru le sol de la seconde capitale égyptienne, je mets le çap sur Thèbes, où je serai vers la fin d'octobre, après m'être arrêté quelques heures à Abydos et à Dendéra. Ma santé est toujours excellente et meilleure qu'en Europe; il est vrai que je suis un homme tout nouveau; ma tête rasée est couverte d'un énorme turban; je suis complétement habillé à la turque, une belle moustache couvre ma bouche, et un large cimeterre pend à mon côté : ce costume est très-chaud, et c'est justement ce qui convient en Égypte; on y sue à plaisir et l'on s'y porte de même. Les arabes me prennent partout pour un naturel; dans peu je pourrai joindre l'illusion de la parole à celle des habits; je débrouille mon arabe, et à force de jargonner, on ne me prendra plus pour un débutant. J'ai déjà recueilli des coquilles du Nil pour M. de Férussac...... J'attends impatiemment des lettres de Paris..... Adieu.

QUATRIÈME LETTRE.

Sakkarah, *le* 5 *octobre* 1828.

Nous sommes restés au Kaire jusqu'au 30 septembre, et le soir du même jour nous avons couché dans notre *maasch*, afin de mettre à la voile le lendemain de bonne heure pour gagner l'ancien emplacement de Memphis. Le 1er octobre, nous passâmes la nuit devant le village de *Massarah*, sur la rive orientale du Nil, et le lendemain, à six heures du matin, nous courûmes la plaine pour atteindre des grandes carrières que je voulais visiter, parce que Memphis, sise sur la rive opposée, et précisément en face, doit être sortie de leurs vastes flancs. Le journée fut excessivement pénible; mais je visitai presque une à une toutes les cavernes dont le penchant de la montagne de *Thorra* est criblé. J'ai constaté que ces carrières de beau calcaire blanc ont été exploitées à toutes les époques, et j'ai trouvé 1° une inscription datée du mois de Paophi de l'an IV *de l'empereur Auguste ;* 2° une seconde inscription de l'an VII, même mois, d'un Ptolémée qui doit être *Soter* Ier, puisqu'il n'y a pas de surnom; 3° une inscription de l'an II du roi *Acoris*, l'un des insurgés contre les Perses; enfin deux de ces carrières et les plus vastes ont été ouvertes l'an XXII du roi *Amosis*, le père de la 18e dynastie, comme portent textuellement deux belles stèles sculptées à même dans le roc, à côté des deux entrées. Ces mêmes stèles indiquent aussi que les pierres de cette carrière ont été employées aux constructions des temples de *Phtha*, d'*Apis* et d'*Ammon* à Memphis, et cette indication donne la date de ces mêmes temples bien connus de l'antiquité. J'ai trouvé aussi, dans une autre carrière, pour l'époque pharaonique, deux monolithes tracés à l'encre rouge sur les parois, avec une finesse extrême, et une admirable sureté de main: la corniche de l'un de ces monolithes, qui n'ont été que mis en projet, sans commencement d'exécution, porte le prénom et le nom propre de *Psamméthicus* Ier. Ainsi, les carrières de la montagne arabique, entre *Thorrah* et *Massarah*, ont été exploitées sous les Pharaons, les Perses, les Lagides, les Romains et dans les temps modernes: j'ajoute que cela tient à leur voisinage des capitales successives de l'Égypte, *Memphis*, *Fosthath* et le *Kaire*. Rentrés le soir dans nos vaisseaux, comme les Grecs venant de livrer un assaut à la ville de Troye, mais plus heureux qu'eux, puisque nous emportions quelque butin, je fis mettre à la voile pour *Bédréchéin*, village situé à peu de distance sur le bord occidental du Nil. Le lendemain, de bonne heure, nous partîmes pour l'immense bois de dattiers, qui couvre l'emplacement de Memphis: passé le village de *Bédréchéin*, qui est à un quart-d'heure dans les terres, on s'aperçoit qu'on foule le sol antique d'une grande cité, aux blocs de granit dispersés dans la plaine, et à ceux qui déchirent le terrain et se font encore jour à travers les sables qui ne tarderont pas à les recouvrir pour jamais. Entre ce village et celui de *Mit-Rahinèh*, s'élèvent deux longues collines parallèles qui m'ont paru être les éboulemens d'une enceinte immense, construite en briques crues comme celle de Saïs, et renfermant jadis les principaux édifices sacrés de Memphis. C'est dans l'intérieur de cette enceinte que nous avons vu le grand colosse exhumé par

M. Caviglia. Il me tardait d'examiner ce monument, dont j'avais beaucoup entendu parler, et j'avoue que je fus agréablement surpris de trouver un magnifique morceau de sculpture égyptienne. Le colosse, dont une partie des jambes a disparu, n'a pas moins de 34 pieds et demi de long. Il est tombé la face contre terre, ce qui a conservé le visage parfaitement intact. Sa physionomie suffit pour me le faire reconnaître comme une statue de Sésostris, car c'est en grand le portrait le plus fidèle du beau Sésostris de Turin; les inscriptions des bras, du pectoral et de la ceinture confirmèrent mon idée, et il n'est plus douteux qu'il existe, à Turin et à Memphis, deux *portraits* du plus grand des Pharaons. J'ai fait dessiner cette tête avec un soin extrême, et relever toutes les légendes. Ce colosse n'était point seul; et si j'obtiens des fonds spéciaux pour des fouilles en grand à Memphis, je puis répondre, en moins de trois mois, de peupler le Musée du Louvre de statues des plus riches matières et du plus grand intérêt pour l'histoire. Ce colosse, devant lequel sont de grandes substructions calcaires, était, selon toute apparence, placé devant une grande porte et devait avoir des pendans : j'ai fait faire quelques fouilles pour m'en assurer, mais le temps me manquera. Un peu plus loin et sur le même axe, existent encore des petits colosses du même Pharaon, en granit rose, mais en fort mauvais état. C'était encore une porte.

Au nord du colosse exista un temple de Vénus (*Hathôr*), construit en calcaire blanc, et hors de la grande enceinte, du côté de l'orient : j'ai continué des fouilles commencées par Caviglia, le résultat a été de constater dans cet endroit même l'existence d'un temple orné de colonnes-pilastres accouplées, et en granit rose, et dédié à *Phtha* et à *Hathôr* (Vulcain et Vénus), les deux grandes divinités de Memphis, par Ramsès-le-Grand. L'enceinte principale renfermait aussi, du côté de l'est, une vaste nécropole semblable à celle que j'ai reconnue à Saïs.

C'est le 4 octobre que je suis venu camper à *Sakkarah*, car nous sommes sous la tente ; une d'elles est occupée par nos domestiques : tous les soirs, sept ou huit Bédouins choisis d'avance font la garde de nuit, et les commissions le jour ; ce sont de braves et excellentes gens, quand on les traite en hommes.

J'ai visité ici, à Sakkara, la plaine des momies, l'ancien cimetière de Memphis, parsemé de pyramides et de tombeaux violés. Cette localité, graces à la rapace barbarie des marchands d'antiquités, est presque tout-à-fait nulle pour l'étude : les tombeaux ornés de sculptures sont, pour la plupart, dévastés, ou recomblés après avoir été pillés. Ce désert est affreux, il est formé par une suite de petits monticules de sable produits des fouilles et des bouleversemens, le tout parsemé d'ossemens humains, débris des vieilles générations. Deux tombeaux seuls ont attiré notre attention, et m'ont dédommagé du triste aspect de ce champ de désolation. J'ai trouvé, dans l'un d'eux, une série d'oiseaux sculptés sur les parois, et accompagnés de leurs noms en hiéroglyphes; cinq espèces de gazelles avec leurs noms; et enfin quelques scènes domestiques, telles que l'action de traire le lait, deux cuisiniers exerçant leur art, etc.

CINQUIÈME LETTRE.

Au pied des pyramides de Gizèh, le 8 *octobre* 1828.

J'ai transporté mon camp et mes pénates à l'ombre des grandes pyramides, depuis hier que, quittant Sakkarah pour visiter l'une des merveilles du monde, sept chameaux et vingt ânes ont transporté nous et nos bagages à travers le désert qui sépare les pyramides méridionales de celles de Gizèh, les plus célèbres de toutes, et qu'il me fallait voir enfin avant de partir pour la Haute-Égypthe. Ces merveilles ont besoin d'être étudiées de près pour être bien appréciées; elles semblent diminuer de hauteur à mesure qu'on en approche, et ce n'est qu'en touchant les blocs de pierre dont elles sont formées, qu'on a une idée juste de leur masse et de leur immensité. Il y a peu à faire ici, et lorsqu'on aura copié des scènes de la vie domestique sculptées dans un tombeau voisin de la deuxième pyramide, je regagnerai nos embarcations qui viendront nous prendre à Gizèh, et nous cinglerons à force de voile pour la Haute-Égypthe, mon véritable quartier-général. Thèbes est là, et on y arrive toujours trop tard.

Sauf un peu de fatigue de la journée d'hier, nous nous portons fort bien. Mais point encore de nouvelle d'Europe! . . . . . Adieu.

SIXIÈME LETTRE.

Béni-Hassan, le 5, et à Monfalouth, le 8 novembre 1828.

Je comptais être à Thèbes le 1er novembre; voici déjà le 5, et je me trouve encore à Béni-Hassan. C'est un peu la faute de ceux qui ont déjà décrit les hypogées de cette localité, et en ont donné une si mince idée. Je comptais expédier ces grottes en une journée; mais elles en ont pris quinze sans que j'en éprouve le moindre regret; mais je dois reprendre mon récit de plus haut.

Ma dernière lettre était datée des grandes Pyramides, où je suis resté campé trois jours, non pour ces masses énormes et de si peu d'effet lorsqu'on les voit de près, mais pour l'examen et le dépouillement des grottes sépulchrales creusées dans le voisinage. Une, entre autres, celle d'un certain *Eimaï*, nous a fourni une série de bas-reliefs très-curieux pour la connaissance des arts et métiers de l'ancienne Égypte, et je dois donner un soin très-particulier à la recherche des monumens de ce genre, qui sont aussi bien de l'histoire que les grands tableaux de bataille des palais de Thèbes. J'ai trouvé autour des Pyramides plusieurs tombeaux de princes (fils de roi) et de grands personnages, mais peu d'inscriptions d'un très-grand intérêt.

Je quittai les Pyramides le 11 octobre pour revenir sur mes pas et gagner notre ancien campement de Sakkarah, à travers le désert, et de là notre *flotte*, mouillée à *Bédréchéïn*, où nous arrivâmes le soir même, grâce à nos infatigables baudets et aux chameaux qui portaient tout notre bagage. Nous mîmes à la voile pour la haute Égypte, et ce ne fut que le 20 octobre, après avoir éprouvé tout l'ennui du calme plat et du manque total de vent du nord, que nous arrivâmes à *Miniéh*, d'où je fis repartir de suite, après une visite à la *filature de coton*, montée en machines européennes, et après l'achat de quelques provisions indispensables. On se dirigea sur *Saouadéh* pour voir un hypogée grec d'ordre *dorique*, déjà décrit. De là nous cinglâmes vers *Zaouyet-el-Maïetin*, où nous fûmes rendus le 20 même au soir; là existent quelques hypogées décorés de bas-reliefs relatifs à la vie domestique et civile; j'ai fait copier tout ce qu'il y avait d'intéressant, et nous ne le quittâmes que le 23 au soir, pour courir à *Béni-Hassan* à la faveur d'une bourrasque à laquelle nous dûmes d'y arriver le même jour sur les minuit.

A l'aube du jour, quelques-uns de nos jeunes gens étant allés, en éclaireurs, visiter les grottes voisines, rapportèrent qu'il y avait peu à faire, vu que les peintures étaient à peu près effacées. Je montai néanmoins, au lever du soleil, visiter ces hypogées, et je fus agréablement surpris de trouver une étonnante série de peintures parfaitement visibles jusque dans leurs moindres détails, lorsqu'elles étaient mouillées avec une éponge et qu'on avait enlevé la croûte de poussière fine qui les recouvrait, et qui avait donné le change à nos compagnons. Dès ce moment on se mit à l'ouvrage, et par la vertu de nos échelles, et de l'admirable éponge, la plus belle conquête que l'industrie humaine ait pu faire, nous vîmes se dérouler à nos yeux la plus ancienne série de peintures qu'on puisse imaginer, toutes relatives à la vie civile, aux arts et métiers, et ce qui était neuf, à la *caste militaire*. J'ai fait, dans les deux premiers hypogées, une moisson immense, et cependant une moisson plus riche nous attendait dans les deux tombes les plus reculées vers le Nord : ces deux hypogées, dont l'architecture et quelques détails intérieurs ont été mal reproduits, offrent cela de particulier (ainsi que plusieurs petits tombeaux voisins), que la porte de l'hypogée est précédée d'un portique taillé à jour dans le roc, et formé de colonnes qui ressemblent, à s'y méprendre à la première vue, au *dorique* grec de Sicile et d'Italie. Elles sont canelées, à base arrondie, et presque toutes d'une belle proportion. L'intérieur des deux derniers hypogées était ou est encore soutenu par des colonnes semblables : nous y avons tous vu le véritable type du vieux *dorique grec*, et je l'affirme sans craindre d'établir mon opinion sur des monumens du temps romain, car ces deux hypogées, les plus beaux de tous, portent leur date et appartiennent au règne d'*Osortasen*, 2e roi de la 23e dynastie (Tanite), et par conséquent remontent au 9e siècle avant J.-C. J'ajouterai que le plus beau des deux portiques, encore intact, celui de l'hypogée d'un chef administrateur des terres orientales de l'Heptanomide, nommé *Néhôthph*, est composé de ces colonnes doriques SANS BASE, comme à Pæstum et dans tous les beaux temples grecs-doriques.

Les peintures du tombeau de *Néhôthph* sont de véritables

gouaches, d'une finesse et d'une beauté de dessin fort remarquables: c'est ce que j'ai vu de plus beau jusqu'ici en Égypte; les animaux, quadrupèdes, oiseaux et poissons y sont peints avec tant de finesse et de *vérité*, que les copies coloriées que j'en ai fait prendre, ressemblent aux gravures coloriées de nos beaux ouvrages d'histoire naturelle : nous aurons besoin de l'affirmation des 14 témoins qui les ont vues, pour qu'on croie en Europe à la fidélité de nos dessins, qui sont d'une exactitude parfaite.

C'est dans ce même hypogée que j'ai trouvé un tableau du plus haut intérêt : il représente quinze prisonniers, hommes, femmes ou enfans, pris par un des fils de *Néhôthph*, et présentés à ce chef par un scribe royal, qui offre en même temps une feuille de papyrus sur laquelle est relatée la date de la prise, et le nombre de captifs, qui était de 37. Ces captifs, grands et d'une physionomie toute particulière, à nez aquilin pour la plupart, étaient blancs comparativement aux Égyptiens, puisqu'on a peint leurs chairs en jaune roux pour imiter ce que nous nommons la *couleur de chair*. Les hommes et les femmes sont habillés d'étoffes très-riches, peintes (surtout celles des femmes) comme les tuniques de dames grecques, sur les vases grecs du vieux style : la tunique, la coiffure et la chaussure des femmes captives peintes à *Béni-Hassan*, ressemblent à celles des grecques des vieux vases, et j'ai retrouvé sur la robe d'une d'elles l'ornement enroulé si connu sous le nom de *grecque*, peint en rouge, bleu et noir, et tracé verticalement. Ces détails piqueront la curiosité et réveilleront l'intérêt de nos archéologues et celui de notre ami M. Dubois (1), que j'ai regretté, ici plus qu'ailleurs, de n'avoir pas à mes côtés, parce que notre opinion sur l'avancement de l'art en Égypte y trouve des preuves *archi-authentiques*. Les hommes captifs, à barbe pointue, sont armés d'arcs et de lances, et l'un d'entre eux tient en main une *lyre grecque* de vieux style. Sont-ce des Grecs? Je le crois fermement, mais des Grecs ioniens, ou un peuple d'Asie-Mineure, voisin des colonies ioniennes et participant de leurs

(1) M. Dubois fait partie de la commission de savans et d'artistes envoyée en Morée par le gouvernement. Il est chargé de diriger la partie archéologique des recherches qui seront faites dans cette contrée. (Note de l'É.)

mœurs et de leurs habitudes; ce serait une chose bien curieuse que des Grecs du 9e siècle avant J.-C., peints avec fidélité par des mains égyptiennes. J'ai fait copier ce long tableau en couleur avec une exactitude toute particulière : pas un coup de pinceau qui ne soit dans l'original.

Les 15 jours passés à *Béni-Hassan* ont été monotones, mais fructueux : au lever du soleil nous montions aux hypogées dessiner, colorier et écrire, en donnant une heure au plus à un modeste repas, qu'on nous apportait des barques, pris à terre sur le sable, dans la grande salle de l'hypogée, d'où nous appercevions à travers les colonnes en *dorique primitif* les magnifiques plaines de l'Heptanomide; le soleil couchant, admirable dans ce pays-ci, donnait seul le signal du repos; on regagnait la barque pour souper, se coucher et recommencer le lendemain.

Cette vie de tombeaux a eu pour résultat un porte-feuille de dessins parfaitement faits et d'une exactitude complète, qui s'élèvent déjà à plus de 300. J'ose dire qu'avec ces seules richesses, mon voyage d'Égypte serait déjà bien rempli, à l'architecture près, dont je ne m'occupe que dans les lieux qui n'ont pas été visités ou connus. Voici un *petit crayon* de mes conquêtes : cette note sera divisée par matières alphabétiquement, rangées comme l'est mon porte-feuille pendant le voyage, afin d'avoir sous la main les dessins déjà faits et de pouvoir les comparer vîte avec les monumens nouveaux du même genre.

1° Agriculture. — Dessins représentant le labourage avec les bœufs ou à bras d'hommes; le semage, le foulage des terres par les béliers, et non par les *porcs*, comme le dit Hérodote; cinq sortes de charrue; le piochage, la moisson du blé; la moisson du lin; la mise en gerbe de ces deux espèces de plantes; la mise en meule, le battage, le mesurage, le dépôt en grenier; deux dessins de grands greniers sur des plans différens; le lin transporté par des ânes; une foule d'autres travaux agricoles, et entr'autres la récolte du Lotus; la culture de la vigne, la vendange, son transport, l'égrénage, le pressoir de deux espèces, l'un à force de bras et l'autre à mécanique; la mise en bouteilles ou jarres, et le transport à la cave; la fabrication du vin cuit, etc.; la culture du jardin, la cueillette des bamieh, des figues, etc.; la culture de l'oignon, l'arrosage, etc., le tout, comme tous les tableaux suivans, avec légendes hiéroglyphiques explicatives ; plus, l'*intendant de la maison des champs* et ses secrétaires.

2° ARTS ET MÉTIERS. — Collection de tableaux, pour la plupart coloriés, afin de bien déterminer la nature des objets, et représentant : le sculpteur en pierre, le sculpteur sur bois, le peintre de statues, le peintre d'objets d'architecture ; meubles et menuiserie ; le peintre peignant un tableau, avec son *chevalet* ; des *scribes* et commis aux écritures de toute espèce ; les ouvriers des carrières transportant des blocs de pierre ; l'art du potier avec toutes les opérations : les *marcheurs* pétrissant la terre avec les pieds, d'autres avec les mains ; la mise de l'argile en cône, le cône placé sur le tour ; le potier faisant la panse, le gouleau du vase, etc. ; la 1re cuite au four, la seconde au séchoir, etc. ; la coupe du bois ; les fabricans de cannes, d'avirons et de rames ; le charpentier, le menuisier ; le fabricant de meubles ; les scieurs de bois ; les corroyeurs ; le coloriage des cuirs ou maroquins ; le cordonnier ; la filature ; le tissage des toiles à divers métiers ; le verrier et toutes ses opérations ; l'orfèvre, le bijoutier, le forgeron.

3° CASTE MILITAIRE. — L'éducation de la caste militaire et tous ses exercices gymnastiques, représentés en plus de 200 tableaux, où sont retracées toutes les poses et attitudes que peuvent prendre deux habiles lutteurs, attaquant, se défendant, reculant, avançant, de bout, renversés, etc. ; on verra par là si l'art égyptien se contentait de figures de profil, les jambes unies et les bras collés contre les hanches. J'ai copié toute cette curieuse série de militaires nus, luttant ensemble ; plus une soixantaine de figures représentant des soldats de toute arme, de tout rang, la petite guerre, un siége, la *tortue* et le *bélier*, les punitions militaires, un champ de bataille, et les préparatifs d'un repas militaire ; enfin la fabrication des lances, javelots, arcs, flèches, massues, haches d'armes, etc.

4° CHANT, MUSIQUE ET DANSE. — Un tableau représentant un concert vocal et instrumental ; un chanteur qu'un musicien accompagne sur la harpe est secondé par deux chœurs, l'un de quatre hommes, l'autre de cinq femmes, et celles-ci battent la mesure avec leurs mains ; c'est un opéra tout entier ; des joueurs de harpe de tout sexe, des joueurs de *flûte traversière*, de flageolet, d'une sorte de conque, etc. ; des danseurs faisant diverses figures, avec les noms des pas qu'ils dansent; enfin, une collection très-curieuse de dessins représentant les danseuses (ou filles publiques de l'ancienne Égypte), dansant, chantant, jouant à la peaume, faisant divers tours de force et d'adresse.

5° Un nombre considérable de dessins représentant l'Éducation des bestiaux; les bouviers, les bœufs de toute espèce, les vaches, les veaux, le tirage du lait, la fabrication du fromage et du beurre; les chevriers, les gardeurs d'ânes, les bergers et leurs moutons; des scènes relatives à l'art vétérinaire; enfin la basse-cour, comprenant l'éducation d'une foule d'espèces d'oies et de canards, et celle d'une espèce de cigogne qui était domestique dans l'ancienne Égypte.

6° Une première base de recueil Iconographique, comprenant les *portraits* des rois égyptiens et de grands personnages. Ce porte-feuille sera complété en Thébaïde.

7° Dessins relatifs aux Jeux, Exercices et Divertissemens. — On y remarque la *mourre*, le jeu de la *paille*, une sorte de *main-chaude*, le *mail*, le jeu de *piquets plantés en terre*, divers jeux de force; la chasse à la bête fauve; un tableau représentant une grande chasse dans le désert, et où sont figurées 15 à 20 espèces de quadrupèdes; tableaux représentant le retour de la chasse; le gibier est porté mort ou conduit vivant; plusieurs tableaux représentant la chasse des oiseaux au filet; un de ces tableaux est de grande dimension et gouaché avec toutes les couleurs et le faire de l'original; enfin, le dessin en grand des divers piéges pour prendre les oiseaux; ces instrumens de chasse sont peints isolément dans quelques hypogées; plusieurs tableaux relatifs à la pêche: 1° la pêche à la ligne; 2° à la ligne avec canne; 3° au trident ou au *bident*; 4° au filet; plus la préparation des poissons, etc.

8° Justice domestique. — J'ai réuni sous ce titre une quinzaine de desseins de bas-reliefs représentant des délits commis par des domestiques; l'arrestation du prévenu, son accusation, sa défense, son jugement par les intendans de la maison; sa condamnation et l'exécution, qui se borne à la bastonade dont procès-verbal est remis, avec le corps du procès, entre les mains du maître par l'intendant de la maison.

9° Le ménage. — J'ai réuni, dans cette série déjà fort nombreuse, tout ce qui se rapporte à la vie privée ou intérieure.

Ces dessins fort curieux représentent : 1° diverses maisons égyptiennes, plus ou moins somptueuses ; 2° les vases de diverses formes, ustensiles et meubles, le tout colorié parce que les couleurs indiquent invariablement la matière ; 3° un superbe palanquin ; 4° des espèces de chambres à portes battantes, portées sur un traineau et qui ont servi de *voitures* aux anciens grands personnages de l'Égypte ; 5° les singes, chats et chiens qui faisaient partie de la maison, ainsi que des *nains* et autres individus mal conformés, qui, 1500 ans et plus avant J.-C., servaient à désopiler la rate des seigneurs égyptiens, aussi bien que, 1500 ans après, celle de nos vieux barons d'Europe ; 6° les officiers d'une grande maison, intendans, scribes, etc. ; 7° les domestiques portant les provisions de bouche de toute espèce ; les servantes apportant aussi divers comestibles ; 8° la manière de tuer les bœufs et de les dépécer pour le service de la maison ; 9° une suite de dessins représentant des *cuisiniers* préparant des mets de diverses sortes ; 10° enfin, les domestiques portant les mets préparés à la table du maître.

10° MONUMENS HISTORIQUES. — Ce recueil contient toutes les inscriptions, bas-reliefs et monumens de tout genre portant des légendes royales avec une date exprimée, que j'ai vus jusque-ici.

11° MONUMENS RELIGIEUX. — Toutes les images des différentes divinités, dessinées en grand et coloriées d'après les plus beaux bas-reliefs. Ce recueil s'accroîtra prodigieusement à mesure que j'avancerai dans la Thébaïde.

12° NAVIGATION. — Recueil de dessins représentant la construction des bâtimens et barques de diverses espèces, et les jeux des mariniers, tout-à-fait analogues aux joutes qui ont lieu sur la Seine dans les grands jours de fête.

13° Enfin ZOOLOGIE. — Une suite de *quadrupèdes*, d'*oiseaux*, de *reptiles*, d'*insectes* et de *poissons*, dessinés et coloriés avec *toute fidélité* d'après les bas-reliefs peints ou les peintures les mieux conservées. Ce recueil, qui compte déjà près de 200 individus, est du plus haut intérêt : les oiseaux sont magnifiques, les poissons peints dans la dernière perfection, et on aura par là une idée de ce qu'était un hypogée égyptien un peu soigné. Nous avons déjà recueilli le dessin de plus de 14 espèces différentes de *chiens* de garde ou de chasse, depuis le *lévrier* jusqu'au *basset à jambes torses*; j'espère que MM. Cuvier et Geoffroi St.-Hilaire me sauront gré de leur rapporter ainsi l'histoire naturelle égyptienne en aussi bon ordre.

J'espère completter et étendre dignement ces diverses séries, puisque je n'ai encore vu, pour ainsi dire, aucun monument égyptien; les grands édifices ne commencent en effet qu'à Abydos, et je n'y serai que dans 10 jours.

J'ai passé, le cœur serré, en face d'*Aschmounéïn*, en regrettant son magnifique portique détruit tout récemment; hier, *Antinoë* ne nous a plus montré que des débris; tous ses édifices ont été démolis; il ne reste plus que quelques colonnes de granit, qu'on n'a pu remuer.

Je me suis consolé un peu de la perte de ces monumens, en en retrouvant un fort intéressant et dont personne n'a parlé jusqu'ici. Nous avons reconnu dans une vallée déserte de la montagne arabique, vis-à-vis *Béni-hassan-el-aamar*, un petit temple creusé dans le roc, dont la décoration, commencée par *Thoutmosis* IVe, a été continuée par *Mandouëi* de la XVIIIe dynastie; ce temple, orné de beaux bas-reliefs coloriés, est dédié à la déesse *Pascht* ou *Pépascht*, qui est la *Bubastis* des Grecs, et la *Diane* des Romains : les géographes nous ont indiqué à *Béni-hassan* la position nommée *Speos-Artemidos* (la grotte de Diane), et ils ont raison puisque je viens de retrouver le temple creusé dans le roc (le Speos), de la déesse : et ce monument, qui ne présente en scène que des images de *Bubastis*, la Diane égyptienne, est cerné par divers *hypogées* de *chats sacrés* (l'animal de Bubastis), les uns creusés dans le roc, un entre autres construit sous le règne d'*Alexandre*, fils d'Alexandre-le-Grand. Devant le temple, sous le sable, est un grand *banc* de momies de chats pliés dans des nattes et entre-mêlés de quelques chiens; plus loin, entre la vallée et le Nil, dans la pleine déserte, sont deux très-grands entrepôts de momies de chats en paquets, et recouverts de 2 pieds de sable.

Cette nuit j'arriverai à *Siouth* (Lycopolis). et demain je remettrai cette lettre aux autorités locales pour qu'elle soit envoyée au Caire, de là à Alexandrie, et de là enfin en Europe; puisse-t-elle être mieux dirigée que les vôtres, car je n'ai rien reçu d'Europe depuis mon départ de Toulon. Ma santé se soutient et j'espère que le bon air de Thèbes m'assurera la continuation de ce bienfait. Adieu.

SEPTIÈME LETTRE.

Thèbes, le 24 novembre 1828.

Ma dernière lettre datée de *Béni-hassan*, continuée en remontant le Nil et close à *Osiouth*, a dû en partir du 10 au 12 de ce mois; elle parviendra par Livourne. Dieu veuille qu'elle arrive plus promptement que celles qui, depuis mon départ de France, m'ont été adressées par ceux qui se souviennent de moi; je n'en ai reçu aucune! C'est hier seulement, et par un capitaine de navire anglais, qui parcourt l'Égypte, que j'ai appris que le Dr Pariset y était aussi arrivé et qu'il se trouve dans ce moment au Caire: mais je n'en sais pas davantage pour cela sur ma famille. S'il en était autrement, et que je fusse tranquille sur la santé de tous les miens, je serais le plus heureux des hommes, car enfin je suis au centre de la vieille Égypte, et ses plus hautes merveilles sont à quelques toises de ma barque. Voici d'abord la suite de mon itinéraire.

C'est le 10 novembre que je quittai *Osiouth*, après avoir visité ses hypogées parfaitement décrits par MM. Jollois et Devilliers, dont je reconnais chaque jour à Thèbes l'extrême exactitude. Le 11 au matin nous passâmes devant *Qaou el-Kebir* (Antaeopolis), et mon maasch traversa à pleines voiles l'emplacement du temple que le Nil a complètement englouti sans en laisser les moindres vestiges. Quelques ruines d'*Akhmim* (celles de Panopolis) reçurent ma visite le 12, et je fus assez heureux pour y trouver un bloc sculpté qui m'a donné l'époque du temple, qui est de Ptolémée Philopator, et l'image du dieu *Pan*, lequel n'est autre chose, comme je l'avais établi d'avance, que l'Ammon-générateur de mon Panthéon. L'après midi et la nuit suivante se passèrent en fêtes, bal, tours de force et concert chez l'un des commandans de la haute Égypte, Mohammed-aga, qui envoya sa cange, ses gens et son cheval pour me ramener, avec tous mes compagnons, à *Saouadji* que j'avais quitté le matin, et où il fallut retourner bon gré mal gré pour ne pas désobliger ce brave homme, bon vivant, bon convive, et ne respirant que la joie et les plaisirs. L'air de Malbrough, que nos jeunes gens lui chantèrent en chœur, le fit pâmer de plaisir, et ses musiciens eurent aussitôt l'ordre de l'apprendre.

Nous partîmes le 13 au matin, comblés des dons du brave

Osmanli. A midi, on dépassa Ptolémaïs où il n'existe plus rien de remarquable. Sur les 4 heures, en longeant le *Djebel-el-asserat*, nous aperçûmes les premiers crocodiles; ils étaient 4, couchés sur un îlot de sable, et une foule d'oiseaux circulaient au milieu d'eux. J'ignore si dans le nombre était le *Trochilus* de notre ami Geoffroi St.-Hilaire. Peu de temps après nous débarquâmes à *Girgé*. Le vent était faible le 15, et nous fîmes peu de chemin. Mais nos nouveaux compagnons, les crocodiles, semblaient vouloir nous en dédommager; j'en comptai 21 grouppés sur un même îlot, et une bordée de coups de fusil à balle, tirée d'assez près, n'eût d'autre résultat que de disperser ce conciliabule. Ils se jettèrent au Nil et nous perdîmes un quart-d'heure à désengraver notre *maasch* qui s'était trop approché de l'îlot.

Le 16 au soir, nous arrivâmes enfin à *Dendéra*. Il faisait un clair de lune magnifique, et nous n'étions qu'à une heure de distance des temples : pouvions-nous résister à la tentation? Souper et partir sur le champ furent l'affaire d'un instant : seuls et sans guides, mais armés jusqu'aux dents, nous prîmes à travers champs, présumant que les temples étaient en ligne droite de notre maasch. Nous marchâmes ainsi, chantant les marches des opéras les plus nouveaux, pendant une heure et demie sans rien trouver. On découvrit enfin un homme; nous l'appelons, mais il s'enfuit à toutes jambes nous prenant pour des Bédouins, car, habillés à l'orientale et couverts d'un grand bernous blanc à capuchon, nous ressemblions, pour l'Égyptien, à une tribu de Bédouins, tandis qu'un Européen nous eût pris, sans balancer, pour un chapitre de chartreux bien armés. On m'amena le fuyard, et le plaçant entre quatre de nous, je lui ordonnai de nous conduire aux temples. Ce pauvre diable, peu rassuré d'abord, nous mit dans la bonne voie et finit par marcher de bonne grâce : maigre, sec, noir, couvert de vieux haillons, c'était une *momie ambulante* : mais il nous guida fort bien et nous le traitâmes de même. Les temples nous apparurent enfin. Je n'essaierai pas de décrire l'impression que nous fit le grand Propylon et surtout le portique du grand Temple. On peut bien le mesurer, mais en donner une idée, c'est impossible. C'est la grâce et la majestée réunies au plus haut degré. Nous y restâmes deux heures en extase, courant les grandes salles avec notre pauvre falot, et cherchant à lire les inscriptions extérieures au clair de la lune. On ne rentra au maasch qu'à trois heures du matin pour retourner aux temples à 7 heures. C'est là que nous passâmes toute la journée du 17. Ce qui était magnifique à la clarté de la lune, l'était encore plus lorsque les rayons du soleil nous firent distinguer tous les détails. Je vis dès-lors que j'avais sous les yeux un chef-d'œuvre d'architecture, couvert de sculptures de détail du plus mauvais style. N'en déplaise à personne, les bas-reliefs de Dendéra sont détestables, et cela ne pouvait être autrement : ils sont d'un temps de décadence. La sculpture s'était déjà corrompue, tandis que l'architecture, moins sujette à varier puisqu'elle est *un art chiffré*, s'était soutenue digne des dieux de l'Égypte et de l'admiration de tous les siècles. Voici les époques de la décoration : la partie la plus ancienne est la muraille extérieure, à l'extrémité du Temple, où sont figurés, de proportions colossales, *Cléopâtre* et son fils *Ptolémée-Cæsar*. Les bas reliefs supérieurs sont du temps de l'empereur *Auguste*, ainsi que les murailles extérieures latérales du *Naos*, à l'exception de quelques petites portions qui sont de l'époque de *Néron*. Le Pronaos est tout entier couvert de légendes impériales de *Tibère*, de *Caïus*, de *Claude* et de *Néron*; mais dans tout l'intérieur du Naos, ainsi que dans les chambres et les édifices construits sur la terrasse du Temple, il n'existe pas un seul cartouche sculpté : tous sont vides et rien n'a été effacé; mais toutes les sculptures de ces appartemens, comme celles de tout l'intérieur du Temple, sont du plus mauvais style, et ne peuvent remonter plus haut que les temps de *Trajan* ou d'*Antonin*. Elles ressemblent à celles du propylon du sud-ouest (du *sud-est?*) qui est de ce dernier empereur, et qui, étant dédié à *Isis*, conduisait au temple de cette déesse, placé derrière le grand temple, qui est bien le temple de *Hthôr* (Vénus), comme le montrent les mille et une dédicaces dont il est couvert, et non pas le temple d'*Isis*, comme l'a cru la Commission d'Égypte. Le grand propylon est couvert des images des empereurs *Domitien* et *Trajan*. Quant au *Typhonium*, il a été décoré sous *Trajan, Adrien et Antonin le pieux*.

Le 18 au matin, je quittai le maasch, et courus visiter les ruines de Coptos (*Kefth*); il n'y existe rien d'entier. Les temples ont été démolis par les Chrétiens qui employèrent les matériaux à bâtir une grande église dans les ruines de laquelle on trouve des portions nombreuses de bas-reliefs égyptiens. J'y ai reconnu les légendes royales de *Nectanèbe*, d'*Auguste*, de *Claude* et de *Trajan*, et plus loin, quelques pierres d'un petit édifice bâti sous les Ptolémées. Ainsi la ville de Coptos renfermait peu de monumens de la haute antiquité, si l'on s'en rapporte à ce qui existe maintenant à la surface du sol.

Les ruines de *Qous* (Apollinopolis Parva), où j'arrivai le lendemain matin 19, présentent bien plus d'intérêt quoiqu'il n'existe de ses anciens édifices que le haut d'un propylon à moitié enfoui. Ce propylon est dédié au dieu *Aroëris* dont les images, sculptées sur toutes ses faces, sont adorées du côté qui regarde le Nil, c'est-à-dire sur la face principale, la plus anciennement sculptée par la reine *Cléopâtre Cocce*, qui y prend le surnom de *Philométore*, et par son fils *Ptolémée Soter II*e, qui se décore aussi du titre de *Philométor*. Mais la face supérieure du propylon, celle qui regarde le temple, couverte de sculptures et terminée avec beaucoup de soin, porte partout les légendes royales de *Ptolémée Alexandre I* en toutes lettres; il prend aussi le surnom de *Philométor*. Quant à l'inscription grecque, la restitution de ΣΩΤΗΡΕΣ, au commencement de la seconde ligne, proposée par M. Letronne, est indubitable. Car on y lit encore très-distisctement... ΤΗΡΕΣ, et cela sur la face principale où sont les images et les dédicaces de Cléopatre Cocce et de son fils Ptolémée Philométor *Soter II*e.

Mais M. Letronne a mal à propos restitué ΗΛΙΩΙ là où il faut réellement ΑΡΩΗΡΕΙ, transcription exacte du nom égyptien du dieu auquel est dédié le propylon, car on lit très-distinctement encore dans l'inscription grecque ΑΡΩΗΡΕΙΘΕΩΙ (1). J'ai trouvé

(1) M. Letronne a déjà dit d'où est venue son erreur. Voir son explication des inscriptions du recueil de M. de Vidua. On y trouve, quant au nom de la divinité (du temple d'Apollonopolis Parva), que M. Hamilton l'avait lu ΑΡΩΗΡΕΙ : mais comme le *dessin figuré* dans la Description de l'Égypte porte distinctement ΗΛΙΩΙ, il avait dû préférer cette leçon en bonne critique : ne pouvant supposer qu'on eut figuré minutieusement une inscription, pour y insérer un mot qui n'existe pas. C'est ce qui est arrivé, et il est évident qu'on doit préférer le texte de M. Hamilton, l'original portant sans nul doute la leçon ΑΡΩΗΡΕΙ. M. Guigniaut, qui s'est beau-

aussi dans les ruines de Qous une moitié de stèle datée du 1er de *paoni* de l'an XVI de Pharaon *Ramsès-Meïamoun*, et relative à son retour d'une expédition militaire; j'aurai une bonne empreinte de ce monument trop lourd pour penser à l'emporter.

C'est dans la matinée du 20 novembre que le vent, lassé de nous contrarier depuis deux jours et de nous fermer l'entrée du sanctuaire, me permit d'aborder enfin à Thèbes! Ce nom était déjà bien grand dans ma pensée, il est devenu colossal depuis que j'ai parcouru les ruines de la vieille capitale, l'aînée de toutes les villes du monde; pendant quatre jours entiers j'ai couru de merveille en merveille. Le premier jour, je visitai le palais de *Kourma*, les colosses du *Memnonium*, et le prétendu tombeau d'Osimandyas, qui ne porte d'autres légendes que celles de *Rhamsès le Grand* et de deux de ses descendans; le nom de ce palais est écrit sur toutes ses murailles; les Égyptiens l'appelaient le *Rhamesséion*, comme ils nommaient *Aménophion* le *Memnonium*, et *Mandouéïon* le palais de Kourna. Le prétendu colosse d'Osimandyas est un admirable colosse de *Rhamsès le Grand* (1).

Le second jour fut tout entier passé à *Médinet-habou*, étonnante réunion d'édifices où je trouvai des propylées d'*Antonin*, d'*Hadrien* et des *Ptolémées*, un édifice de *Nectanèbe*, un autre de l'éthiopien *Tharaca*, un petit palais de *Thoutmosis III* (*Mœris*), enfin l'énorme et gigantesque palais de *Rhamsès-Méïamoun*, couvert de bas-reliefs historiques.

Le troisième jour, j'allai visiter les vieux rois thébains dans leurs tombes, ou plutôt dans leurs palais creusés au ciseau dans la montagne de *Biban-el-Molouk*: là, du matin au soir, à la lueur des flambeaux, je me lassai à parcourir des enfilades d'appartemens couverts de sculptures et de peintures, pour la plu-

coup occupé de mythologie ancienne, avait depuis long-temps témoigné ses doutes sur la leçon ΗΛΙΩΙ; d'après le nom d'Apollonopolis que portait la ville, il ne balançait pas à croire qu'il n'y eût ΑΡΩΗΡΕΙ: le fait a justifié sa conjecture. » (Note de l'É.)

(2) Ces observations mettent hors de doute l'opinion soutenue par M. Letronne il y a quelques années, et que ce savant a reproduite récemment dans un mémoire spécial, où il établit que cet ancien édifice ne peut être le monument d'Osimandyas décrit par Diodore de Sicile. (Note de l'É.)

part d'une étonnante fraîcheur ; c'est là que j'ai recueilli, en courant, des faits d'un haut intérêt pour l'histoire ; j'y ai vu un tombeau de roi martelé d'un bout à l'autre, excepté dans les parties où se trouvaient sculptées les images de la reine sa mère et celles de sa femme qu'on a religieusement respectées, ainsi que leurs légendes. C'est, sans aucun doute, le tombeau d'un roi condamné par jugement après sa mort. J'en ai vu un second, celui d'un roi thébain *des plus anciennes époques*, envahi postérieurement par un roi de la XIXe dynastie, qui a fait couvrir de stuc tous les vieux cartouches pour y mettre le sien, et s'emparer ainsi des bas-reliefs et des inscriptions tracées pour son prédécesseur. Il faut cependant dire que l'usurpateur fit creuser une seconde salle funéraire pour y mettre son sarcophage, afin de ne point déplacer celui de son ancien. A l'exception de ce tombeau là, tous les autres appartiennent à des rois des XVIIIe et XIXe ou XXe dynasties : mais on n'y voit ni le tombeau de Sésostris, ni celui de Mœris. Je ne parle point ici d'une foule de petits temples et édifices épars au milieu de ces grandes choses : je mentionnerai seulement un petit temple de la déesse *Hathôr* (Vénus), dédié par Ptolémée Épiphane, et un temple de *Thôth* près de *Médinet-habou*, dédié par Ptolémée Évergète IIe et ses deux femmes ; dans les bas-reliefs de ce temple, ce Ptolémée fait des offrandes à tous ses ancêtres mâles et femelles, Épiphane et Cléopâtre, Philopator et Arsinoé, Évergète et Bérénice, Philadelphe et Arsinoë. Tous ces Lagides sont représentés en pied, avec leurs surnoms grecs traduits en égyptien, en dehors de leurs cartouches. Du reste, ce temple est d'un fort mauvais goût à cause de l'époque.

Le quatrième jour, (hier 23), je quittai la rive gauche du Nil pour visiter la partie orientale de Thèbes. Je vis d'abord *Louqsor*, palais immense, précédé de deux obélisques de près de 80 pieds, d'un seul bloc de granit rose, d'un travail exquis, accompagnés de quatre colosses de même matière, et de 30 pieds de hauteur environ, car ils sont enfouis jusqu'à la poitrine. C'est encore là du Rhamsès le Grand. Les autres parties du palais sont des rois Mandouei, Horus et Aménophis-Memnon ; plus, des réparations et additions de Sabacon l'éthiopien et de quelques Ptolémées, avec un sanctuaire tout en granit, d'*Alexandre*, fils du conquérant. J'allai enfin au palais ou plutôt à la ville de monumens, à *Karnac*. Là m'apparut toute la magnificence pharaonique, tout ce que les hommes ont imaginé et exécuté de plus grand. Tout ce que j'avais vu à Thèbes, tout ce que j'avais admiré avec enthousiasme sur la rive gauche, me parut misérable en comparaison des conceptions gigantesques dont j'étais entouré. Je me garderai bien de vouloir rien décrire; car, ou mes expressions ne vaudraient que la millième partie de ce qu'on doit dire en parlant de tels objets, ou bien si j'en traçais une faible esquisse, même fort décolorée, on me prendrait pour un enthousiaste, peut-être même pour un fou. Il suffira d'ajouter qu'aucun peuple ancien ni moderne n'a conçu l'art de l'architecture sur une échelle aussi sublime, aussi large, aussi grandiose que le firent les vieux Égyptiens; ils concevaient en hommes de 100 pieds de haut, et l'imagination qui, en Europe, s'élance bien au-dessus de nos portiques, s'arrête et tombe impuissante aux pieds des 140 colonnes de la salle hypostyle de Karnac.

Dans ce palais merveilleux, j'ai contemplé les *portraits* de la plupart des vieux Pharaons connus par leurs grandes actions, et ce sont des *portraits* véritables; représentés cent fois dans les bas-reliefs des murs intérieurs et extérieurs, chacun conserve une physionomie propre et qui n'a aucun rapport avec celle de ses prédécesseurs ou successeurs; là, dans des tableaux colossals, d'une sculpture véritablement grande et toute héroïque, plus parfaite qu'on ne peut le croire en Europe, on voit *Mandoueï* combattant les peuples ennemis de l'Égypte, et rentrant en triomphateur dans sa patrie; plus loin, les campagnes de Rhamsès Sésostris; ailleurs *Sésonchis* traînant aux pieds de la Trinité thébaine, Ammon, Mouth et Khons, les chefs de plus de trente nations vaincues, parmi lesquelles j'ai retrouvé, comme cela devait être, et en toutes lettres, *Ioudahamalek, le royaume des Juifs* ou de *Juda*. C'est là un commentaire à joindre au chapitre XIV du 1er livre des Rois, qui raconte en effet l'arrivée de *Sésonchis* à Jérusalem et ses succès : ainsi l'identité que nous avons établie entre le *Schéschonk* égyptien, le *Sésonchis* de Manéthon et le *Sésac* ou *Schéschôk* de la Bible, est confirmée de la manière la plus satisfaisante. J'ai trouvé autour des palais de Karnac une foule d'édifices de toutes les époques, et lorsque, au retour de la seconde cataracte vers laquelle je fais voile demain, je viendrai m'établir pour 5 ou 6 mois à Thèbes, je m'attends à une récolte immense de faits historiques, puisque, en courant Thèbes comme je l'ai fait pendant 4 jours, sans voir même un seul des milliers d'hypogées qui criblent la montagne Libyque, j'ai déjà recueilli des documens fort importans.

Je joins ici la traduction de la partie chronologique d'une stèle que j'ai vue à Alexandrie : elle est très-importante pour la chronologie des derniers Saïtes de la XXVIe dynastie. J'ai de plus des copies d'inscriptions hiéroglyphiques gravées sur des rochers, sur la route de *Cosseïr*, qui donnent la durée expresse du règne des rois de la dynastie persane.

J'omets une foule d'autres résultats curieux ; je devrais passer tout mon temps à écrire, s'il fallait détailler toutes mes observations nouvelles. J'écris ce que je puis dans les momens où les ruines égyptiennes me permettent de respirer au milieu de tous ces travaux, et de ces jouissances réellement trop vives si elles devaient se renouveler souvent ailleurs comme à Thèbes.

Ma santé est excellente ; le climat me convient et je me porte bien mieux qu'à Paris. Les gens du pays nous accablent de politesses : j'ai dans ce moment-ci dans ma petite chambre 1° un Aga turc commandant en chef de Kourna, dans le palais de Mandoueï ; 2° le Scheik-el-Bélad de Médinet-Habou, donnant ses ordres au Ramesséium et au palais de Ramsès-Méiamon ; enfin un Scheik de Karnac devant lequel tout se prosterne dans les colonnades du vieux palais des rois d'Égypte. Je leur fais porter de temps en temps des pipes et du café, et mon drogman est chargé de les amuser pendant que j'écris ; je n'ai que la peine de répondre par intervalles réglés *Thaïbin*, (cela va bien) à la question *Ente-Thaïeb* (cela va-t-il bien)? que m'adressent régulièrement toutes les dix minutes ces braves gens que j'invite à dîner à tour de rôle. On nous comble de présens ; nous avons un troupeau de moutons et une cinquantaine de poules qui, dans ce moment-ci, paissent et fouillent autour du portique du palais de Kourna. Nous donnons en retour de la poudre et autres bagatelles. Je voudrais bien que le docteur Pariset vînt me joindre, nous pourrions causer Europe, dont je n'ai aucune nouvelle, pas même d'Alexandrie. J'écrirai de

Syène, avant de franchir la première cataracte, si cependant j'ai une occasion pour faire descendre mes lettres. J'envoie celle-ci à *Osyouth* où j'ai établi un agent Copte pour notre correspondance. J'ai recueilli à Béni-Hassan beaucoup de fossiles pour M. de Férussac; j'en ai trouvé aussi de très-beaux à Thèbes. J'espère aussi que notre vénérable ami M. Dacier trouvera quelques distractions à ses souffrances dans le peu que j'ai pu dire des magnificences de cette Thèbes qui excitait tant son enthousiasme à cause de l'honneur qui en revient à l'esprit humain : je lui en dirai encore davantage. Il ne manque à mes satisfactions que celle de recevoir des lettres de France... Adieu.

HUITIEME LETTRE.

De l'île de Philæ, *le* 8 *décembre* 1828.

Nous voici, depuis le 5 au soir, dans l'île sainte d'Osiris, à la frontière extrême de l'Égypte et au milieu des *noirs Éthiopiens*, comme eût dit un brave Romain de la garnison de Syène, faisant une partie de chasse aux environs des Cataractes.

Je quittai Thèbes le 26 novembre, et c'est de ce monde enchanté que ma dernière lettre est datée; il a fallu m'abstenir de donner des détails sur cette vieille capitale des Pharaons; comment parler en quelques lignes de telles choses, et quand on n'a fait que les entrevoir! C'est après mon retour sur ce sol classique, après l'avoir étudié pas à pas, que je pourrai écrire avec connaissance de cause, avec des idées arrêtées et des résultats bien mûris. Thèbes n'est encore pour moi, qui l'ai courue quatre ou cinq jours entiers, qu'un amas de colonnades, d'obélisques et de colosses; il faut examiner un à un les membres épars du monstre pour en donner une idée très-précise. Patience donc, jusques à l'époque où je planterai mes tentes dans les péristyles du palais des Rhamsès.

Le 26 au soir, nous abordâmes à *Hermonthis*, et nous courûmes le 17 au matin vers le temple, qui piquait d'autant plus ma curiosité, que je n'avais aucune notion bien précise sur l'époque de sa construction : personne n'avait encore dessiné une seule de ses légendes royales; j'y passai la journée entière et le résultat de cet examen prolongé fut de m'assurer, par les inscriptions et les sculptures, que ce temple a été construit sous le règne de la dernière *Cléopâtre*, fille de Ptolémée-Aulétès, et en commémoraison de sa grossesse et de son heureuse délivrance d'un gros garçon, Ptolémée-Cæsarion, le fruit de sa bénévolence envers Jules-César, à ce que dit l'histoire.

La Cella du temple est en effet divisée en deux parties : une grande pièce (la principale) ; et une toute petite, tenant lieu ou la place du sanctuaire ; on n'entre dans celle-ci que par une petite porte ; vers l'angle de droite, toute la paroi du mur de fond de cette petite pièce (laquelle est appelée *le lieu de l'accouchement* dans les inscriptions hiéroglyphyques) est occupée par un bas-relief représentant la déesse Ritho, femme du dieu Mandou, accouchant du dieu *Harphré*. La gisante est soutenue et servie par diverses déesses du premier ordre : l'*accoucheuse divine* tire l'enfant du sein de la mère ; la *nourrice divine* tend les mains pour le recevoir, assistée d'une *berceuse*. Le père de tous les dieux, Ammon, (Amon-Ra), assiste au travail, accompagné de la déesse Soven, l'Ilithya, la Lucine égyptienne, protectrice des accouchemens. Enfin, la reine Cléopâtre est censée assister à ces couches divines, dont les siennes ne seront ou plutôt n'ont été qu'une imitation. L'autre paroi de la chambre de l'accouchée représente l'allaitement et l'éducation du jeune dieu nouveau-né ; et sur les parois latérales sont figurées *les 12 heures du jour* et *les 12 heures de la nuit*, sous la forme de femmes ayant un disque étoilé sur la tête. Ainsi, le tableau astronomique du plafond, dessiné par la Commission d'Égypte, pourrait bien n'être que le thême natal d'Harphré, ou mieux encore celui de Cæsarion, nouvel Harphré. Il ne s'agirait donc plus ni de solstice d'été, ni de l'époque de la fondation du temple d'Hermonthis, dans ce zodiaque.

En sortant de la petite chambre pour entrer dans la grande, on voit un grand bas-relief sculpté, sur la paroi, à gauche de cette principale pièce ; il représente la déesse Ritho, relevant de couches, soutenue encore par la Lucine égyptienne Soven, et présentée à l'assemblée des dieux ; le père divin, Amon-Ra, lui donne affectueusement la main comme pour la féliciter de son heureuse délivrance, et les autres dieux partagent la joie de leur chef. Le reste de cette salle est décoré de tableaux dans lesquels le jeune Harphré est successivement présenté à Ammon, à *Mandou* son père, aux dieux *Phré*, Phtah, Sev (Saturne), etc., qui l'accueillent en lui remettant leurs insignes caractéristiques, comme se démettant, en faveur de l'enfant, de tout leur pouvoir et de leurs attributions particulières, et Ptolémée-Cæsarion, à face enfantine, assiste à toutes ces présentations de son image, le dieu Harphré dont il est le représentant sur la terre. Tout cela est de la flatterie sacerdotale, mais tout-à-fait dans le génie de l'ancienne Égypte, qui assimilait ses rois à ses dieux. Du reste, toutes les dédicaces et inscriptions intérieures et extérieures du temple d'Hermonthis, sont faites au nom de ce Ptolémée-Cæsarion et de sa mère Cléopâtre. Il n'y a donc point de doute sur le motif de sa construction. Les colonnes de l'espèce de Pronaos qui le précède n'ont point toutes été sculptées; le travail est demeuré imparfait, et cela tient peut-être au motif même de la dédicace du Temple : Auguste et ses successeurs, qui ont terminé tant de temples commencés par les Lagides, ne pouvaient être très-empressés d'achever celui-ci, monument de la naissance du fils même de Jules-César, roi enfant dont ils ne respectèrent guère les droits. Du reste, un Cachef a trouvé fort commode de s'y faire une maison, une basse-cour et un pigeonnier, en masquant et coupant le temple de misérables murs de limon blanchis à la chaux.

Le 28 au soir, nous étions à *Esné*, avec le projet de ne pas nous y arrêter. Je fis donc faire voile un peu plus au sud, et débarquai sur la rive orientale pour aller voir le temple de *Contra-Lato*. J'y arrivai trop tard, on l'avait démoli depuis une douzaine de jours, pour renforcer le quai d'Esné que le Nil menace, et finira par emporter.

De retour au maasch, je le trouvai plein d'eau : heureusement qu'il avait abordé sur un point peu profond, et que touchant bientôt, il n'avait pu être entièrement coulé à fond. Il fallut le vider, et retourner à *Esné* le soir même, pour le radouber et faire boucher la voie d'eau. Toutefois nos provisions furent mouillées; nous avons perdu notre sel, notre riz, notre farine de maïs. Tout cela n'est rien auprès du danger qui nous eût menacés, si cette voie d'eau se fût ouverte pendant la navigation dans le grand chenal : nous eussions coulé irrémissiblement. Que le grand Ammon soit donc loué! Pendant que nous séchions notre désastre dans la matinée du 29, j'allai visiter le grand temple d'*Esné*, qui, grâce à sa nouvelle destination de *magasin de coton*, échappera quelque temps encore à la destruction. J'y ai vu, comme je m'y attendais, une assez belle architecture, mais des sculptures détestables. La portion la plus ancienne est le fond du Pronaos, c'est-à-dire la porte et le fond de la *Cella*, contre laquelle le portique a été appliqué : cette partie est de Ptolémée Épiphane. La corniche de la façade du Pronaos porte les légendes impériales de Claude; les corniches des bases latérales, les légendes de Titus, et dans l'intérieur du Pronaos, parois et colonnes sont couvertes des légendes de Domitien, Trajan, Antonin surtout, et enfin de *Septime Sévère* que je trouve ici pour la première fois. Le temple est dédié à Chnouphis, et j'apprends par l'inscription hiéroglyphique de l'une des colonnes du Pronaos, que si le sanctuaire du temple existe, il doit remonter à l'époque de Thoutmosis III (Mœris). Mais tout ce qui est visible à *Esné*, est des temps modernes; c'est un des monumens les plus récemment achevés.

Le 29 au soir, nous étions à *Eléthya* (El-Kab); je parcourus l'enceinte et les ruines la lanterne à la main; mais je ne trouvai plus rien : les restes des deux temples avaient disparu; on les a aussi démolis il y a peu de temps pour réparer le quai d'*Esné* ou quelque autre construction récente. Avais-je tort de me presser de venir en Égypte?

Je visitai le grand temple d'*Edfou* (Apollonopolis-Magna), dans l'après-midi du 30. Celui-ci est intact; mais la sculpture en est très-mauvaise : ce qu'il y a de mieux et de plus ancien date de Ptolémée-Épiphane : viennent ensuite Philométor et Évergète II; enfin, Soter II et son frère Alexandre : ces deux derniers y ont prodigieusement travaillé : j'y ai retrouvé la Bérénice, femme de Ptolémée-Alexandre, que je connaissais déjà par un contrat démotique. Le temple est dédié à Aroéris (l'Apollon grec). Je l'étudierai en détail, comme tous les autres, en redescendant de la Nubie.

Les carrières de Silsilis (Djébel-Selséléh) m'ont vivement intéressé; nous y abordâmes le 1er décembre à une heure : là, mes yeux, fatigués de tant de sculptures du temps des Ptolémées et des Romains, ont revu avec délices des bas-reliefs pharaoniques. Ces carrières sont très-riches en inscriptions de la XVIIIe dynastie. Il y existe de petites chapelles creusées dans le roc par Aménophis-Memnon, Horus, Rhamsès-le-Grand, Rhamsès son fils, Rhamsès-Meïamoun, Mandouei. Elle a de belles inscriptions hiératiques; j'étudierai tout cela à mon retour, et me promets des résultats fort intéressans dans cette localité.

Le soir même du 1er décembre nous arrivâmes à *Ombos;* je courus au grand temple le 2 au matin; la partie la plus ancienne est de Ptolémée-Épiphane, et le reste, de Philométor et d'Évergète IIe. Un fait curieux, c'est le surnom de *Triphœne* donné constamment à Cléopâtre, femme de Philométor, soit dans la grande dédicace hiéroglyphique sculptée sur la frise antérieure du Pronaos, soit dans les bas-reliefs de l'intérieur; c'est à vous autres Grecs d'Égypte d'expliquer cette singularité. J'avais déjà trouvé ce surnom dans un de nos contrats démotiques du Louvre. Le temple d'*Ombos* est dédié à deux divinités. La partie droite et la plus noble, au vieux *Sevek* à tête de crocodile (le Saturne égyptien et la forme la plus terrible d'Ammon), à Athyr et au jeune dieu Khons. La partie gauche du temple est consacrée à une seconde Triade d'un ordre moins élevé, savoir : à Aroëris (l'Aroéris-Apollon), à la déesse Tsonénofré et à leur fils Pnévtho. Dans le mur d'enceinte générale des temples d'*Ombos*, j'ai trouvé une porte engagée, d'un excellent travail et du temps de Moeris : c'est le reste des édifices primitifs d'*Ombos*.

Ce n'est que le 4 décembre au matin que le vent voulut bien nous permettre d'arriver à *Syène* (As-Souan), dernière ville de l'Égypte au sud. J'eus encore là de cuisans regrets à éprouver : les deux temples de l'île d'*Éléphantine*, que j'allai visiter aussitôt que l'ardeur du soleil fut amortie, ont aussi été démolis : il n'en reste que la place. Il a fallu me contenter d'une porte ruinée, en granit, dédiée au nom d'*Alexandre* (le fils du conquérant), au dieu d'Éléphantine Chnouphis, et d'une douzaine de *Proscynémata* (actes d'adoration) hiéroglyphiques gravés sur une vieille muraille; enfin, de quelques débris pharaoniques épars et employés comme matériaux dans des constructions du temps des Romains. J'avais reconnu le matin ce qui reste du temple de Syène : c'est ce que j'ai vu de plus misérable en sculpture; mais j'y ai trouvé, pour la première fois, la légende impériale de *Nerva*, qui n'existe point ailleurs, à ma connaissance. Ce petit temple était dédié aux dieux du pays et de la cataracte, Chnouphis, Saté (Junon) et Anoukis (Vesta).

A Syène, nous avons évacué nos maasch et fait transporter tout notre bagage dans l'île de *Philæ*, à dos de chameau. Pour moi, le 5 au soir, j'enfourchai un âne, et, soutenu par un hercule arabe, car j'avais une douleur de rhumatisme au pied gauche, je me suis rendu à Philæ en traversant toutes les carrières de granit rose, hérissées d'inscriptions hiéroglyphiques des anciens Pharaons. Incapable de marcher, et après avoir traversé le Nil en barque pour aborder dans l'île Sainte, quatre hommes soutenus par six autres, car la pente est presqu'à pic, me prirent sur leurs épaules et me hissèrent jusqu'auprès du petit temple à jour, où l'on m'avait préparé une chambre dans de vieilles constructions romaines, assez semblable à une prison, mais fort saine et à couvert des mauvais vents. Le 6 au matin, soutenu par mes domestiques, Mohammed le Barabra et Soliman l'Arabe, j'allai visiter péniblement le grand temple : au retour, je me couchai et je ne me suis pas encore relevé, vu que ma goutte de Paris a jugé à propos de se porter à la première cataracte et de me traquer au passage; elle est fort benoîte du reste, et j'en serai quitte demain ou après. En attendant, on prépare nos barques pour le voyage de Nubie: c'est du nouveau à voir. J'écrirai de ce pays, si j'ai une occasion avant mon retour en Égypte : tout va très-bien du reste.

C'est ici, à Philæ, que j'ai enfin reçu des lettres d'Europe, à la date des 15 et 25 août, et 3 septembre derniers, voilà tout; enfin, c'est quelque chose, et il faut bien s'en contenter...... Adieu.

NEUVIEME LETTRE.

Ouadi-Halfa, 2e *cataracte*, 1er *janvier* 1829.

Me voici arrivé fort heureusement au terme extrême de mon voyage : j'ai devant moi la 2e cataracte, barrière de granit que le Nil a su vaincre, mais que je ne dépasserai pas. Au-delà, existent bien des monumens, mais de peu d'importance; il faudrait d'ailleurs renoncer à nos barques, se hucher sur des chameaux difficiles à trouver, courir des déserts et risquer de mourir de faim, car vingt-quatre bouches veulent au moins manger comme dix, et les vivres sont déjà fort rares ici : c'est notre biscuit de Syène qui nous a sauvés. Je dois donc arrêter ma course en ligne droite, et virer de bord, pour commencer sérieusement l'exploration de la Nubie et de l'Égypte, dont j'ai une idée générale acquise en montant : mon travail *commence réellement aujourd'hui*, quoique j'aie déjà en portefeuille plus de six cents dessins; mais il reste tant à faire que j'en suis presque effrayé : toutefois, je présume m'en tirer à mon honneur avec huit mois d'efforts ; j'exploiterai la Nubie pendant le mois de janvier, et à la mi-février je m'établirai à Thèbes jusqu'au milieu d'août : je redescendrai rapidement le Nil en ne m'arrêtant qu'à Dendéra et à Abydos. Le reste est déjà en portefeuille, nous reverrons ensuite le Kaire et Alexandrie.

Ma dernière lettre était de *Philae*. Je ne pouvais être longtemps malade dans l'île d'Isis et d'Osiris : la goutte me quitta en peu de jours, et je pus commencer l'exploitation des monumens. Tout y est *moderne*, c'est-à-dire de l'époque grecque ou romaine, à l'exception d'un petit temple d'Hathôr et d'un propylon engagé dans le premier pylone du temple d'Isis, lesquels ont été construits et dédiés par le pauvre Nectanèbe Ier; c'est aussi ce qu'il y a de mieux. La sculpture du grand temple, commencée par Philadelphe, continuée sous Évergete Ier et Épiphane, terminée par Évergete II et Philométor, est digne en tout de cette époque de décadence : les portions d'édifices construits et décorés sous les Romains sont pires, et quand j'ai quitté cette île, j'étais bien las de cette sculpture barbare. Je m'y arrêterai cependant encore quelques jours en repassant, pour compléter la partie mythologique, et je me dédommagerai en courant les rochers de la première cataracte, couverts d'inscriptions du temps des Pharaons.

Nous avions quitté notre mâasch et notre dahabié à *Asouan* (Syène), ces deux barques étant trop grandes pour passer la cataracte : c'est le 16 décembre que notre nouvelle escadre d'endeçà la cataracte, se trouva prête à nous recevoir. Elle se compose d'une petite dahabié (vaisseau amiral), portant pavillon français sur pavillon toscan, de deux barques à pavillon français, deux barques à pavillon toscan, la barque de la cuisine et des provisions, à pavillon bleu, et d'une barque portant la force armée, c'est-à-dire les deux caouas (gardes-du-corps du pacha) avec leurs cannes à pomme d'argent, qui nous accompagnent et font les fonctions de pouvoir exécutif. J'oubliais de dire que l'amiral est armé d'une pièce de canon de trois, que notre nouvel ami Ibrahim, Mamour d'Esné, nous a prêtée à son passage à Philae : aussi avons-nous fait une belle décharge en arrivant à la deuxième cataracte, but de notre pélerinage.

On mit à la voile de Philae, pour commencer notre voyage de Nubie, avec un assez bon vent; nous passâmes devant *Déboud* sans nous arrêter, voulant arriver le plus tôt possible jusqu'au point extrême de notre course. Ce petit temple et les trois propylons sont, au reste, de l'époque moderne. Le 17, à 4 heures du soir, nous étions en face des petits monumens de *Qartas*, où je ne trouvai rien à glaner. Le 18, on dépassa *Taffah* et *Kalabsché*, sans aborder. Nous passâmes ensuite sous le tropique, et c'est de ce moment, qu'entrés dans la zone torride, nous grelottâmes tous de froid et fûmes obligés dès-lors de nous charger de bernous et de manteaux. Le soir, nous couchâmes au-delà de *Dandour*, en saluant seulement son temple de la main. On en fit autant le lendemain 19, aux monumens de *Ghirsché*, qui sont du bon temps, ainsi qu'au grand temple de *Dakkéh*, de l'époque des Lagides. Nous débarquâmes le soir à *Méharraka*, temple égyptien des bas temps, changé jadis en église copte. Le 20, je restai une heure à *Ouadi-Esséboua* ou la *Vallée des Lions*, ainsi nommée des Sphynx qui ornent le dromos d'un monument bâti sous le règne de Sésostris, mais véritable édifice de province, construit en pierres liées avec du mortier. J'ai pris un morceau de ce mortier, ainsi que de celui des pyramides, etc., etc., pour notre ami Vicat; c'est une collection que je pense devoir lui faire plaisir. Nous perdîmes le 21 et le 22 à tourner, malgré vents et calme, le grand coude d'*Amada*, dont je dois étudier le temple important par son antiquité, au retour de la deuxième cataracte. Nous le dépassâmes enfin le 23 et arrivâmes à *Derr* ou *Derri* de très-bonne heure. Là je trouvai, pour consolation, un joli temple creusé dans le roc, conservant encore quelques bas-reliefs des conquêtes de Rhamsès-le-Grand, et j'y recueillis les noms et les titres de sept fils et de huit filles de ce Pharaon.

Le Cachef de *Derr*, auquel on fit une visite, nous dit tout franchement que, n'ayant pas de quoi nous donner à souper, il viendrait souper avec nous; ce qui fut fait : cela vous donnera une idée de la splendeur et des ressources de la capitale de Nubie. Nous comptions y faire du pain; cela fut impossible, il n'y avait ni four ni boulanger. Le 24, au lever du soleil, nous quittâmes Derry, passâmes sous le fort ruiné d'*Ibrim* et allâmes coucher sur la rive orientale, à *Ghebel-Mesmès*, pays charmant et bien cultivé. Nous cheminâmes le 25, tantôt avec le vent, tantôt avec la corde, et il fallut nous consoler de ne pas arriver ce jour là à Ibsamboul; de beaux crocodiles prenaient leurs ébats sur un îlot de sable près du lieu où nous couchâmes.

Enfin, le 26, à neuf heures du matin, je débarquai à *Ibsamboul*, où nous avons séjourné aussi le 27. Là, je pouvais jouir des plus beaux monumens de la Nubie, mais non sans quelque difficulté. Il y a deux temples entièrement creusés dans le roc, et couverts de sculptures. La plus petite de ces excavations est un temple d'*Hathôr*, dédié par la reine Nofré-Ari, femme de Rhamsès-le-Grand, décoré extérieurement d'une façade contre laquelle s'élèvent six colosses de trente-cinq pieds chacun environ, taillés aussi dans le roc, représentant le Pharaon et sa femme, ayant à leurs pieds, l'un ses fils, et l'autre ses filles, avec leurs noms et titres. Ces colosses sont d'une excellente sculpture; leur stature est svelte et leur galbe très-élégant; j'en aurai des dessins très-fidèles. Ce temple est couvert de beaux reliefs, et j'en ai fait dessiner les plus intéressans.

Le grand temple d'Ibsamboul vaut à lui seul le voyage de Nubie: c'est une merveille qui serait une fort belle chose même à Thèbes. Le travail que cette excavation a coûté, effraie l'imagination. La façade est décorée de quatre colosses assis, n'ayant pas moins de soixante-un pieds de hauteur: tous quatre, d'un superbe travail, représentent Rhamsès-le-Grand; leurs faces sont *portraits*, et ressemblent parfaitement aux figures de ce roi qui sont à Memphis, à Thèbes et partout ailleurs. C'est un ouvrage digne de toute admiration. Telle est l'entrée; l'intérieur en est tout-à-fait digne; mais c'est une rude épreuve que de le visiter. A notre arrivée, les sables et les Nubiens qui ont soin de les pousser, avaient fermé l'entrée. Nous la fîmes déblayer; nous assurâmes le mieux que nous le pûmes le petit passage qu'on avait pratiqué, et nous prîmes toutes les précautions possibles contre la coulée de ce sable infernal qui, en Égypte comme en Nubie, menace de tout engloutir. Je me déshabillai presque complètement, ne gardant que ma chemise arabe et un caleçon de toile, et me présentai à plat-ventre à la petite ouverture d'une porte qui, déblayée, aurait au moins 25 pieds de hauteur. Je crus me présenter à la bouche d'un four, et me glissant entièrement dans le temple, je me trouvai dans une atmosphère chauffée à 51 degrés : nous parcourûmes cette étonnante excavation, Rosellini, Ricci, moi et un de nos Arabes, tenant chacun une bougie à la main. La première salle est soutenue par huit piliers contre lesquels sont adossés autant de colosses de 30 pieds chacun, représentant encore Rhamsès-le-Grand : sur les parois de cette vaste salle, règne une file de grands bas-reliefs historiques, relatifs aux conquêtes du Pharaon en Afrique : un bas-relief surtout, représentant son char de triomphe, accompagné de groupes de prisonniers Nubiens, Nègres, etc., de grandeur naturelle, offre une composition de toute beauté et du plus grand effet. Les autres salles, et on en compte seize, abondent en beaux bas-reliefs religieux, offrant des particularités fort curieuses. Le tout est terminé par un sanctuaire, au fond duquel sont assises quatre belles statues, bien plus fortes que nature et d'un très-bon travail. Ce groupe, représentant Amon-Ra, Phré, Phtah et Rhamsès-le-Grand assis au milieu d'eux, mériterait d'être dessiné de nouveau.

Après deux heures et demie d'admiration, et ayant vu tous les bas-reliefs, le besoin de respirer un peu d'air pur se fit sentir, et il fallut regagner l'entrée de la fournaise en prenant des précautions pour en sortir. J'endossai deux gilets de flanelle, un bernous de laine, et mon grand manteau, dont on m'enveloppa aussitôt que je fus revenu à la lumière ; et là, assis auprès d'un des colosses extérieurs dont l'immense mollet arrêtait le souffle du vent du nord, je me reposai une demi-heure pour laisser passer la grande transpiration. Je regagnai ensuite ma barque, où je passai près de deux heures sur mon lit. Cette visite expérimentale m'a prouvé qu'on peut rester deux heures et demie à trois heures dans l'intérieur du temple sans éprouver aucune gêne de respiration, mais seulement de l'affaiblissement dans les jambes et aux articulations ; j'en conclus donc qu'à notre retour nous pourrons dessiner les bas-reliefs historiques, en travaillant par escouades de quatre (pour ne pas dépenser trop d'air), et pendant deux heures le matin et deux heures le soir. Ce sera une rude campagne, mais le résultat en est si intéressant, les bas-reliefs sont si beaux, que je ferai tout pour les avoir, ainsi que les légendes complètes. Je compare la chaleur d'Ibsamboul à celle d'un bain turc, et cette visite peut amplement nous en tenir lieu.

Nous avons quitté Ibsamboul le 28 au matin. Vers midi, je fis arrêter à *Ghébel-Addèh*, où est un petit temple creusé dans le roc. La plupart de ses bas-reliefs ont été couverts de mortier par des Chrétiens qui ont décoré cette nouvelle surface de peintures représentant des saints, et surtout saint Georges à cheval : mais je parvins à constater, en faisant sauter le mortier, que ce temple avait été dédié à Thôth par le roi Horus, fils d'Aménophis-Memnon, et je réussis à faire exécuter les dessins de trois bas-reliefs fort intéressans pour la mythologie : nous allâmes de là coucher à *Faras*. Le 29, un calme presque plat ne nous permit d'avancer que jusqu'au-delà de *Serré*, et le 30, à midi, nous sommes enfin arrivés à *Ouadi-Halfa*, à une demi-heure de la seconde cataracte où sont posées nos colonnes d'Hercule. Vers le coucher du soleil, je fis une promenade à la cataracte.

C'est hier seulement que je me mis sérieusement à l'ouvrage. J'ai trouvé ici, sur la rive occidentale, les débris de trois édifices, mais des arases qui ne conservent que la fin des légendes hiéroglyphiques. Le premier, le plus au nord, était un petit édifice carré, sans sculpture et fort peu important. Le second, au contraire, m'a beaucoup intéressé. C'était un temple dont les murs ont été construits en grandes briques crues, l'intérieur étant soutenu par des piliers en pierre de grès ou des colonnes de même matière : mais, comme toutes celles des plus anciennes époques, ces colonnes étaient semblables au dorique et taillées à pans très-réguliers et peu marqués. C'est là l'origine incontestable des ordres grecs. Ce premier temple, dédié à Horammon (Ammon générateur), a été élevé sous le roi Aménophis II, fils et successeur de Thouthmosis III (Mœris), ce que j'ai constaté en faisant fouiller par mes marins arabes, avec leurs mains, autour des restes de piliers et de colonnes où j'apercevais quelques traces de légendes hiéroglyphiques. J'ai été assez heureux pour trouver la fin de la dédicace du temple, sur les débris des montans de la première porte. J'ai de plus découvert et fait désensabler avec les mains, une grande stèle, engagée dans une muraille en brique du temple, portant un acte d'adoration, et la liste des dons faits au temple par le roi Rhamsès Ier, avec trois lignes ajoutées dans le même but par le Pharaon son successeur. Enfin, sur les indications du docteur Ricci, nous avons fait fouiller par tous nos équipages, avec pelles et pioches, dans le sanctuaire (ou plutôt à la place qu'il occupait), et nous y avons trouvé une autre grande stèle, que je connaissais par les dessins du docteur, et fort importante, puisqu'elle représente le dieu Mandou, une des grandes divinités de la Nubie, conduisant et livrant au roi Osortasen (de la XVIe dynastie), tous les peuples de la Nubie avec le nom de chacun d'eux, inscrit dans une espèce de bouclier, attaché à la figure agenouillée et liée, qui représente chacun de ces peuples, au nombre de cinq; voici leurs noms, ou plutôt ceux des cantons qu'ils habitaient, 1° *Schamik*, 2° *Osaou*, 3° *Schôat*, 4° *Oscharkin*, 5° *Kôs*; trois autres noms sont entièrement effacés. Quant à ceux qui restent, je doute qu'on les trouve dans aucun géographe grec; il faudrait avoir le *Strabon* de 2,000 ans avant Jésus-Christ.

Un second temple, plus grand, mais tout aussi détruit que le précédent, existe un peu plus au sud: il est du règne de Thouthmosis III (Mœris), construit également en briques, avec piliers-colonnes doriques primitifs, à montans et portes en grès: c'était le grand temple de la ville égyptienne de *Béhéni* qui exista sur cet emplacement, et qui, d'après l'étendue des débris de poteries répandus sur la plaine aujourd'hui déserte, paraît avoir été assez grande. Ce fut sans doute la place des Égyptiens pour contenir les peuples habitant entre la première et la seconde cataracte. Ce grand temple était dédié à Amon-Ra et à Phré, comme la plupart des grands monumens de la Nubie. Voilà tout ce qui reste à Ouadi-Halfa, et c'est plus que je n'attendais à la première inspection des ruines... C'est de ce lieu que je vous adresse mes souhaits d'heureuse année... Je vous embrasse tous à cette intention.

DIXIEME LETTRE.

Ibsamboul, le 12 janvier 1829.

J'ai revu les colosses qui annoncent si dignement la plus magnifique excavation de la Nubie. Ils m'ont paru aussi beaux de travail que la première fois, et je regrette de n'être point muni de quelque lampe merveilleuse pour les transporter au milieu de la place Louis XVI, afin de convaincre ainsi d'un seul coup les détracteurs de l'art égyptien. Tout est colossal ici, sans en excepter les travaux que nous avons entrepris, et dont le résultat aura quelque droit à l'attention publique. Tous ceux qui connaissent la localité savent quelles difficultés on a à vaincre pour dessiner un seul hiéroglyphe dans le grand temple.

C'est le 1er de ce mois que j'ai quitté *Ouadi-Halfa* et la seconde cataracte. Nous couchâmes à *Gharbi-Serré*, et le lendemain, vers midi, j'abordai sur la rive droite du Nil, pour étudier les excavations de *Maschakit*, un peu au midi du *temple de Thôth* à *Ghébel-Addeh*, dont j'ai parlé dans ma dernière lettre; il fallut gravir un rocher presqu'à pic sur le Nil, pour arriver à une petite chambre creusée dans la montagne, et ornée de sculptures fort endommagées. Je suis parvenu cependant à reconnaître que c'était une chapelle dédiée à la déesse *Anoukis* (Vesta) et aux autres dieux protecteurs de la Nubie, par un prince éthiopien, nommé *Pohi*, lequel, étant gouverneur de la Nubie sous le règne de Rhamsès-le-Grand, supplie la déesse de faire que le conquérant foule les Libyens *et les nomades sous ses sandales, à toujours.*

Le 3 au matin, nous avons amarré nos vaisseaux devant le *temple d'Hathôr* à *Ibsamboul;* j'ai déjà donné une note sur ce joli temple. J'ajouterai qu'à sa droite on a sculpté, sur le rocher, un fort grand tableau, dans lequel un autre prince *Éthiopien* présente au roi Rhamsès-le-Grand l'emblême de la victoire (cet emblême est l'insigne ordinaire *des princes* ou *des fils des rois*) avec la légende suivante en beaux caractères hiéroglyphiques : *Le Royal fils d'Éthiopie, a dit: Ton père Amon-Ra t'a doté, ô Rhamsès! d'une vie stable et pure: qu'il t'accorde de longs jours pour gouverner le Monde, et pour contenir les Libyens, à toujours.*

Il paraît donc que, de temps en temps, les *nomades* d'Afrique inquiétaient les paisibles cultivateurs des vallées du Nil. Il est fort remarquable, du reste, que je n'aie trouvé jusqu'ici sur les monumens de la Nubie, que des noms de princes éthiopiens et nubiens, comme gouverneurs du pays, sous le règne même de Rhamsès-le-Grand et de sa dynastie. Il paraît aussi que la Nubie était tellement liée à l'Égypte, que les rois se fiaient complètement aux hommes du pays même, pour le commandement des troupes. Je puis citer en preuve une stèle encore sculptée sur les rochers d'Ibsamboul, et dans laquelle un nommé *Maï, commandant des troupes du roi en Nubie*, et *né dans la contrée de Ouaou* (l'un des cantons de la Nubie), chante les louanges du pharaon *Mandouei* Ier, le 4e successeur de Rhamsès-le-Grand, d'une manière très-emphatique; il résulte aussi de plusieurs autres stèles, que divers *Princes Éthiopiens* furent employés en Nubie par les héros de l'Égypte.

Le 3 au soir commencèrent nos travaux à Ibsamboul : il s'agissait d'exploiter le grand temple couvert de si grands et de si beaux bas-relifs. Nous avons formé l'entreprise d'avoir le dessin en *grand et colorié* de tous les bas-reliefs qui décorent la grande salle du temple, les autres pièces n'offrant que des sujets religieux; et lorsque l'on saura que la chaleur qu'on éprouve dans ce temple aujourd'hui *souterrain* (parce que les sables en ont presque couvert la façade), est comparable à celle d'un bain turc fortement chauffé, quand on saura qu'il faut y entrer presque nu, que le corps ruissèle perpétuellement d'une sueur abondante qui coule sur les yeux, dégoutte sur le papier déjà trempé par la chaleur humide de cette atmosphère, chauffée comme dans un autoclave, on admirera sans doute le courage de nos jeunes gens, qui bravent cette fournaise pendant trois ou quatre heures par jour, ne sortent que par épuisement et ne quittent le travail que lorsque leurs jambes refusent de les porter.

Aujourd'hui 12, notre plan est presque accompli : nous possédons déjà *six grands tableaux* représentant :

1° Rhamsès-le-Grand sur son char, les chevaux lancés au grand galop; il est suivi de trois de ses fils montés aussi sur des chars de guerre; il met en fuite une armée assyrienne et assiège une place forte.

2° Le roi à pied, venant de terrasser un chef ennemi, et en perçant un second d'un coup de lance. Ce groupe est d'un dessin et d'une composition admirables.

3° Le roi est assis au milieu des chefs de l'armée; on vient lui annoncer que les ennemis attaquent son armée. On prépare le char du roi, et des serviteurs modèrent l'ardeur des chevaux, qui sont dessinés, ici comme ailleurs, dans la perfection. Plus loin se voit l'attaque des ennemis, montés sur des chars de guerre et combattant sans ordre une ligne de chars égyptiens méthodiquement rangés. Cette partie du tableau est pleine de mouvement et d'action : c'est comparable à la plus belle bataille peinte sur les vases grecs, que ces tableaux nous rappellent involontairement.

4° Le triomphe du roi et sa rentrée solennelle (à *Thèbes*, sans doute), debout sur un char superbe, traîné par des chevaux marchant au pas et richement caparaçonnés. Devant le char, sont deux rangs de prisonniers africains, les uns de race *nègre* et les autres de race *Barabra*, formant des groupes parfaitement dessinés, pleins d'effet et de mouvement.

5° et 6° Le roi faisant hommage de captifs de diverses nations, aux dieux de *Thèbes* et à ceux d'*Ibsamboul*.

Il reste à terminer le dessin d'un énorme bas-relief occupant presque toute la paroi droite du temple : composition immense, représentant une bataille, un camp entier, la tente du roi, ses gardes, ses chevaux, les chars, les bagages de l'armée, les jeux et les punitions militaires, etc., etc. Dans trois jours au plus, ce grand dessin sera terminé, mais sans *couleurs*, parce que l'humidité les a fait disparaître. Il n'en est point ainsi des six tableaux précédemment indiqués; tout est colorié et copié jusque dans les plus minces détails avec un soin religieux. On aura ainsi une idée de la magnificence du costume et des chars des vieux Pharaons au XVe siècle avant J.-C. ; on pourra comprendre alors l'étonnant effet de ces beaux bas-reliefs peints avec un tel soin. Je voudrais conduire dans le grand temple d'Ibsamboul tous ceux qui refusent de croire à l'élégante richesse que la sculpture peinte ajoute à l'architecture; dans moins d'un quart-d'heure, je réponds qu'ils auraient *sué* tous leurs préjugés, et que leurs opinions *à priori* les quitteraient par tous les pores.

Rosellini et moi nous sommes réservé la partie des légendes hiéroglyphiques, souvent fort étendues, qui accompagnent chaque figure ou chaque groupe dans les bas-reliefs historiques Nous les copions sur place ou d'après les empreintes, lorsqu'elles sont placées à une grande hauteur; je les collationne plusieurs fois sur l'original, je les mets au net et les donne aussitôt aux dessinateurs, qui, d'avance, ont réservé et tracé les colonnes qui doivent les recevoir; j'ai pris la copie entière d'une grande stèle placée entre les deux derniers colosses de gauche, dans l'intérieur du grand temple; elle n'a pas moins de 32 lignes : c'est celle dont notre ami Huyot m'avait parlé, et que j'ai bien retrouvée à sa place; ce n'est pas moins qu'un *décret du dieu Phtha*, en faveur de Rhamsès-le-Grand, auquel il prodigue les louanges pour ses travaux et ses bienfaits envers l'Égypte; suit la réponse du roi au dieu en termes tout aussi polis. C'est un monument fort curieux et d'un genre tout-à-fait particulier.

Voilà où en est notre *mémorable campagne d'Ibsamboul* : c'est la plus pénible et la plus glorieuse que nous pussions faire pendant tout le voyage. Nos compagnons français et toscans ont rivalisé de zèle et de dévouement, et j'espère que vers le 15 nous mettrons à la voile pour regagner l'Égypte avec notre butin historique. J'ai eu trois jours de goutte en arrivant ici; mais les bains de vapeur que j'ai pris dans le temple m'en ont délivré pour long-temps, je l'espère. Je n'ai encore reçu que quelques lettres d'Europe... M. Arago m'a-t-il pardonné d'avoir entrepris mon voyage malgré ses amicales inquiétudes? Je l'ai pardonné de mon côté, depuis que j'ai touché à la seconde cataracte... Adieu.

ONZIEME LETTRE.

El. Mélissah (entre Syène et Ombos), *le* 10 *février* 1829.

Nous jouons de malheur; depuis notre départ de Syène, à laquelle nous avons dit adieu le 8 de ce mois, nous voici au 10, et nous sommes loin d'avoir franchi la distance qui nous sépare d'*Ombos*, où l'on se rend d'Asouan en 9 heures par un temps ordinaire; mais un violent vent du nord souffle sans interruption depuis trois jours, et nous fait pirouetter sur les vagues du Nil enflé comme une petite mer. Nous avons amarré, à grande peine, dans le voisinage de *Melissah*, où est une carrière de grès sans aucun intérêt; du reste, santé parfaite, bon courage et nous préparant à explorer Thèbes de fond en comble, si ce n'est pas trop pour nos moyens. Nous sommes, d'ailleurs, tous regaillardis par le courrier qui nous arriva hier au milieu de nos tribulations maritimes, et qui m'apporta enfin les lettres de Paris du 26 septembre, des 12 et 25 octobre, et du 15 novembre. Voilà, en y ajoutant les deux précédentes, les seules lettres qui me soient parvenues.

Je remercie bien notre vénérable M. Dacier pour les bonnes lignes qu'il a bien voulu m'écrire le 26 septembre. J'espère qu'il aura reçu ma lettre de Ouadi-Halfah du 1er janvier dernier, et qu'il voudra bien pardonner à la vétusté de mes souhaits du jour de l'an, déjà caduques lorsqu'ils lui parviendront; mais la Nubie, et surtout la seconde cataracte, sont loin de Paris, et le cœur seul franchit rapidement de telles distances.

J'écrirai de Thèbes à notre ami Dubois (1), après avoir vu à fond l'Égypte et la Nubie; je puis dire d'avance que nos Égyptiens feront à l'avenir, dans l'histoire de l'art, une plus belle figure que par le passé; je rapporte une série de dessins de grandes choses, capables de convertir tous les obstinés.

Je transmets à M. Drovetti la lettre que m'a écrite M. de Mirbel, et je suis persuadé qu'elle sera accueillie par S. A. le pacha d'Égypte, qui ne recule jamais devant les choses utiles.

Ma dernière lettre est d'Ibsamboul; je dois donc reprendre mon itinéraire à partir de ce beau monument que nous avons épuisé, au risque de l'être nous-mêmes par les difficultés de son étude.

Nous l'avons quitté le 16 janvier, et le 17, de bonne heure, nous abordâmes au pied du rocher d'*Ibrim*, la *Primis* des géographes grecs, pour visiter quelques excavations qu'on aperçoit vers le bas de cette énorme masse de grès.

Ces *spéos* (je donne ce nom aux *excavations dans la roche*, autres que des *tombeaux*) sont au nombre de quatre, et d'époques différentes, mais tous appartenant aux temps pharaoniques.

Le plus ancien remonte jusqu'au règne de Thouthmosis Ier; le fond de cette excavation, de forme carrée comme toutes les autres, est occupé par 4 figures (tiers de nature), assises, et représentant deux fois ce pharaon assis entre *le Dieu seigneur d'Ibrim* (*Prim*), c'est-à-dire une des formes du dieu Thoth à tête d'épervier, et la déesse *Saté dame d'Éléphantine* et *dame de Nubie*. Ce spéos était une chapelle ou oratoire consacré à

(1) C'est le chef de la Commission archæologique envoyée dans la Morée par le gouvernement français.

ces deux divinités ; les parois de côté n'ont jamais été sculptées ni peintes.

Il n'en est point ainsi du second spéos ; celui-ci appartient au règne de Mœris dont la statue, assise entre celles *du dieu seigneur d'Ibrim* et la déesse Saté (Junon) *dame de Nubie*, occupe la niche du fond. Cette chapelle, aux dieux du pays, a été creusée par les soins d'un prince nommé *Nahi*, grand personnage, portant dans toutes les légendes le titre de *Gouverneur des terres méridionales*, ce qui comprenait *la Nubie* entre les deux cataractes. Ce qui reste d'un grand tableau sculpté sur la paroi de droite, nous montre ce prince debout, devant le roi assis sur un trône, et accompagné de plusieurs autres fonctionnaires publics, présentant au souverain, à ce que dit l'inscription hiéroglyphique (malheureusement très-courte) qui accompagne ce tableau, les revenus et tributs en or, en argent, en grains, etc., provenant des *terres méridionales* dont il avait le gouvernement. Sur la porte du spéos est inscrite la dédicace que le prince a faite du monument.

Le troisième spéos d'*Ibrim* est du règne suivant, de l'époque d'Aménophis II, successeur de Mœris, sous lequel les terres du midi étaient administrées par un autre prince, nommé *Osorsaté*. Sur la paroi de droite, ce roi Aménophis II est représenté assis, et deux princes, parmi lesquels *Osorsaté* occupe le 1er rang, présentent au Pharaon les tributs des *terres méridionales* et les productions naturelles du pays, y compris des *lions*, des *levriers* et des *Schacals vivans*, comme porte l'inscription gravée au-dessus du tableau, et qui spécifiait le nombre de chacun des objets offerts, comme, par exemple : 40 *levriers* et 10 *Schacals vivans* : mais le texte est dans un état si déplorable de dégradation, qu'il m'a été impossible d'en tirer autre chose que les faits généraux. Au fond du spéos la statue du roi Aménophis est assise entre les dieux d'*Ibrim*.

Le plus récent de ces spéos, le 4e, est encore un monument du même genre et du règne de Sésostris, Rhamsès le grand. C'est aussi un gouverneur de la Nubie qui l'a fait creuser en l'honneur des dieux d'*Ibrim*, Hermès à tête d'épervier, et la déesse Saté, à la gloire du Pharaon dont la statue est assise au milieu des deux divinités locales, dans le fond du spéos. Mais, à cette époque, *les terres du midi* étaient gouvernées par un prince éthiopien, dont j'ai retrouvé des monumens à *Ibsamboul* et à *Ghirsché*. Ce personnage est figuré dans le spéos d'*Ibrim*, rendant ses respectueux hommages à Sésostris, et à la tête de tous les fonctionnaires publics de son gouvernement, parmi lesquels on compte deux hiérogrammates, plus le grammate des troupes, le grammate des terres, l'intendant des biens royaux, et d'autres *scribes* sans désignation plus particulière.

Il est à remarquer, à l'honneur de la galanterie égyptienne, que la femme du prince éthiopien *Satnouï*, se présente devant Sésostris immédiatement après son mari, et avant les autres fonctionnaires. Cela montre, aussi bien que mille autres faits pareils, combien la civilisation égyptienne différait essentiellement de celle du reste de l'Orient, et se rapprochait de la nôtre; car on peut apprécier le degré de civilisation des peuples d'après l'état plus ou moins supportable des femmes dans l'organisation sociale.

Le 17 janvier, au soir, nous étions à *Derri* ou *Deïr*, la capitale actuelle de la Nubie, où nous soupâmes en arrivant, par un clair de lune admirable, et sous les plus hauts palmiers que nous eussions encore vus. Ayant lié conversation avec un *barabra* du pays, qui, m'apercevant seul à l'écart sur le bord du fleuve, était venu poliment me faire compagnie en m'offrant de l'eau-de-vie de dattes, je lui demandai s'il connaissait le nom du *sultan* qui avait fait construire le temple de *Derri*; il me répondit aussitôt : qu'il était trop jeune pour savoir cela, mais que les vieillards du pays lui avaient paru tous d'accord que ce *Birbé* avait été construit environ 300 mille ans avant l'islamisme, mais que tous ces vieillards étaient encore incertains sur un point, savoir si c'étaient les *Français*, les *Anglais* ou les *Russes* qui avaient exécuté ce grand ouvrage. Voilà comme on écrit l'histoire en Nubie. Le monument de *Derri*, quoique moderne en comparaison de la date que lui donnait mon savant nubien, est cependant un ouvrage de Sésostris. Nous y restâmes toute la journée du 18, et n'en sortîmes assez tard qu'après avoir dessiné les bas-reliefs les plus importans, et rédigé une notice détaillée de tous ceux dont on ne prenait point de copie. Là j'ai trouvé une liste, par rang d'âge, des fils et des filles de Sésostris; elle me servira à compléter celle d'Ibsamboul. Nous y avons copié quelques fragmens de bas-reliefs historiques;

ils sont presque tous effacés ou détruits. C'est là que j'ai pu fixer mon opinion sur un fait assez curieux : je veux parler du *lion* qui, dans les tableaux d'Ibsamboul et de Derri, accompagne toujours le conquérant égyptien : il s'agissait de savoir si cet animal était placé là *symboliquement* pour exprimer la vaillance et la force de Sésostris, ou bien si ce roi avait réellement, comme le capitan-pacha Hassan et le pacha d'Égypte, un *lion apprivoisé*, son compagnon fidèle dans les expéditions militaires. Derri décide la question : j'ai lu, en effet, au-dessus du lion se jetant sur les Barbares renversés par Sésostris, l'inscription suivante : *le lion, serviteur de sa majesté, mettant en pièces ses ennemis.* Cela me semble démontrer que le lion existait réellement et suivait Ramsès dans les batailles.

Au reste, ce temple est un spéos creusé dans le rocher de grès, mais sur une très-grande échelle : il a été dédié par Sésostris à Ammon-Ra, le dieu suprême, et à Phré, l'esprit du Soleil qu'on y invoquait sous le nom de *Rha-msès*, qui fut le patron du conquérant et de toute sa lignée.

Cette particularité explique pourquoi on trouve sur les monumens d'Ibsamboul, de Ghirché, de Derri, de Séboua, etc., le roi Rhamsès présentant des offrandes ou ses adorations à un dieu portant le même nom de *Rhamsès*. On se tromperait en supposant que ce souverain se rendait ce culte à lui-même. *Rhamsès* était simplement un des mille noms du dieu Phré (le Soleil), et ces bas-reliefs ne prouvent tout au plus qu'une flatterie sacerdotale envers le roi vivant, celle de donner au dieu du temple celui de ces noms que le roi avait adopté, et quelquefois même les traits du visage du roi et de la reine fondateurs du temple : cela se reconnaît même à *Philaè*, dans la partie du grand temple d'*Isis*, construit par Ptolémée Philadelphe. Toutes les *Isis* du sanctuaire sont le portrait de la reine Arsinoë, laquelle a une tête évidemment de race grecque : mais la chose est bien plus frappante encore sur les plus anciens monumens (les Pharaoniques), où les traits des souverains sont de véritables portraits.

Le 18 au soir nous descendîmes à *Amada*, où nous restâmes jusqu'au 20 après midi. Là j'eus le plaisir d'étudier à l'aise et sans être distrait par les curieux, vû que nous étions en plein désert, un temple de la bonne époque. Ce monument, fort encombré de sables, se compose d'abord d'une espèce de pronaos, salle soutenue par 12 piliers carrés, couverts de sculptures, et par 4 colonnes que l'on ne peut mieux nommer que *proto-doriques*, ou doriques prototypes, car elles sont évidemment le type de la colonne dorique grecque; et, par une singularité digne de remarque, je ne les trouve employées que dans les monumens égyptiens les plus *antiques*, c'est-à-dire dans les hypogées de Béni-hassan, à Amada, à Karnac, et à *Bet-oualli*, où sont les plus modernes, bien qu'elles datent du règne de Sésostris, ou plutôt de celui de son père.

Le temple d'Amada a été fondé par Thouthmosis IIIe (Mœris), comme le prouvent la plupart des bas-reliefs du sanctuaire, et surtout la dédicace, sculptée sur les deux jambages des portes de l'intérieur, et dont je mets ici la traduction littérale pour donner une idée des dédicaces des autres temples, que j'ai toutes recueillies avec soin.

« Le Dieu Bienfaisant, Seigneur du monde, le Roi (Soleil stabiteur de l'univers) le fils du Soleil (Thouthmosis) modérateur de justice a fait ses dévotions à son père le dieu Phré, le dieu des deux montagnes célestes, et lui a élevé ce temple en pierre dure; il l'a fait pour être vivifié à toujours. »

Mœris mourut pendant la construction de ce temple, et son successeur, Aménophis IIe, continua l'ouvrage commencé, et fit sculpter les quatre salles à la droite et à la gauche du sanctuaire, ainsi qu'une partie de celle qui les précède; les travaux de ce roi sont détaillés dans une énorme stèle, portant une inscription de 20 lignes que j'ai toutes copiées, à la sueur de mon front, au fond du sanctuaire.

Son successeur, *Thouthmosis IV*, termina le temple en y ajoutant le pronaos et les piliers; on a couvert toutes leurs architraves de ces dédicaces ou d'inscriptions laudatives. L'une d'elles m'a frappé par sa singularité; en voici la traduction :

« Voici ce que dit le dieu Thoth, le Seigneur des divines paroles, aux autres dieux qui résident dans Thyri : Accourez et contemplez ces offrandes grandes et pures, faites pour la construction de ce temple, par le roi Thouthmosis (IV), à son père le dieu Phré, dieu grand manifesté dans le firmament! ».

La sculpture du temple d'Amada, appartenant à la belle époque de l'art égyptien, est bien préférable à celle de Derri, et même au tableau religieux d'Ibsamboul.

Dans l'après-midi du 20, nos travaux d'Amada étant terminés, nous partîmes et descendîmes le Nil jusqu'à Korosko, village nubien, dont je garderai le souvenir, parce que nous y rencontrâmes l'excellent lord Prudhoe et le major Félix, qui mettaient à exécution leur projet de remonter le Nil jusqu'au Sennâr, pour se rendre de là dans l'Inde en traversant l'Abyssinie, l'Arabie et la Perse. Notre petite escadre s'arrêta, et nous passâmes une partie de la nuit à causer des travaux passés et des projets futurs ; je dis enfin adieu à ces courageux voyageurs, et les quittai avec beaucoup de regret, car ils remontent dans une saison très-avancée. Que Dieu veille sur ces intrépides amis de la science !

Le 21 nous étions à *Ouadi-Esseboua* (la vallée des lions), qui reçoit ce nom d'une avenue de sphinx placés sur le *dromos* de son temple, lequel est un *hémi-spéos*, c'est-à-dire un édifice à moitié construit en pierre de taille, et à moitié creusé dans le rocher ; c'est, sans contredit, le plus mauvais travail de l'époque de Rhamsès-le-Grand ; les pierres de la bâtisse sont mal coupées, les intervalles étaient masqués par du ciment sur lequel on avait continué les sculptures de décoration qui sont d'une exécution assez médiocre. Ce temple a été dédié par Sésostris au dieu Phré et au dieu Phtha, *seigneur de justice :* quatre colosses représentant Sésostris debout, occupent le commencement et la fin des deux rangées de sphinx dont se compose l'avenue : deux tableaux historiques, représentant le Pharaon frappant les peuples du *nord* et du *midi*, couvrent la face extérieure des deux massifs du pylone ; mais la plupart de ces sculptures sont méconnaissables, parce que le mastic ou ciment qui en avait reçu une grande partie, est tombé, et laisse une foule de lacunes dans la scène, et surtout dans les inscriptions. Ce temple est presqu'entièrement enfoui dans les sables qui l'envahissent de tous côtés.

Toute la journée du 22 fut perdue pour nous, à cause d'un vent du nord très-violent qui nous força d'aborder et de nous tenir tranquilles au rivage, jusqu'au coucher du soleil. Nous profitâmes du calme pour gagner *Méharrakah*, dont nous avions vu le temple en remontant : il n'est point sculpté, et partant, d'aucun intérêt pour moi qui ne cherche que les *hadjar-maktoub* (les pierres écrites) comme disent nos Arabes.

Le soleil levant du 23 nous trouva à *Dakkèh*, l'ancienne *Pselcis*. Je courus au temple, et la première inscription hiéroglyphique qui me tomba sous les yeux, m'apprit que j'étais dans un lieu saint dédié à Thoth seigneur de *Pselk :* j'accrus ainsi ma carte de Nubie d'un nouveau nom hiéroglyphique de ville, et je pourrais aujourd'hui publier une carte de Nubie avec les noms antiques en caractères sacrés.

Le monument de Dakkèh présente un double intérêt sous le rapport mythologique, il donne des matériaux infiniment précieux pour comprendre la nature et les attributions de l'être divin que les Égyptiens adoraient sous le nom de Thoth (l'Hermès deux fois grand); une série de bas-reliefs m'a offert, en quelque sorte, toutes les *transfigurations* de ce dieu. Je l'y ai trouvé d'abord (ce qui devait être) en liaison avec *Har-hat* (le grand Hermès Trismégiste), sa forme primordiale et, dont lui, Thoth, n'est que la *dernière transformation*, c'est-à-dire son incarnation sur la terre à la suite d'*Ammon-Ra* et de *Mouth* incarnés en Osiris et en Isis. Thoth remonte jusqu'à l'*Hermès céleste* (Har-hat), la sagesse divine, l'esprit de dieu, en passant par les formes : 1° de *Pahitnoufi* (celui dont le cœur est bon); 2° d'*Arihosnofri* ou *Arihosnoufi* (celui qui produit les chants harmonieux); 3° de *Meuï* (la pensée ou la raison); sous chacun de ces noms Thoth a une forme et des insignes particuliers, et les images de ces diverses transformations du second Hermès couvrent les parois du temple de Dakké. J'oubliais de dire que j'ai trouvé ici Thoth (le Mercure égyptien) armé du *caducée*, c'est-à-dire le sceptre ordinaire des dieux, entouré de deux serpens, plus un scorpion.

Sous le rapport historique, j'ai reconnu que la partie la plus ancienne de ce temple (l'avant-dernière salle) a été construite et sculptée par le plus célèbre des rois éthiopiens, *Ergamènes* (Erkâmen), qui, selon le récit de Diodore de Sicile, délivra l'*Éthiopie* du gouvernement théocratique, par un moyen atroce, il est vrai, en égorgeant tous les prêtres du pays : il n'en fit, sans doute, pas autant en Nubie, puisqu'il y éleva un temple; et ce monument prouve que la Nubie cessa d'être soumise à l'Égypte dès la chûte de la XXVIe dynastie, celle des Saïtes, détrônée par Cambyse, et que cette contrée passa sous le joug des Éthiopiens jusqu'à l'époque des conquêtes de Ptolémée Evergète Ier, qui la réunit de nouveau à l'Égypte. Aussi le temple de Dakkè, commencé par l'éthiopien *Ergamènes*, a-t-il été continué par Evergête Ier, par son fils Philopator, et son petit-fils Evergète II. C'est l'empereur Auguste qui a poussé, sans l'achever, la sculpture intérieure de ce temple.

Près du pylone de Dakkè, j'ai reconnu un reste d'édifice, dont quelques grands blocs de pierre conservent encore une portion de dédicace: c'était un temple de Thoth, construit par le Pharaon Mœris. Voilà encore un fait qui, comme beaucoup d'autres semblables, prouve que les Ptolémées, et l'éthiopien Ergamènes lui-même, n'ont fait que reconstruire des temples là où il en existait dans les temps pharaoniques, et aux mêmes divinités qu'on y a toujours adorées. Ce point était fort important à établir, afin de démontrer que les derniers monumens élevés par les Égyptiens ne contenaient *aucune nouvelle forme de divinité*. Le système religieux de ce peuple était tellement un, tellement lié dans toutes ses parties, et arrêté depuis un temps immémorial d'une manière si absolue et si précise, que la domination des Grecs et des Romains n'a produit aucune innovation: les Ptolémées et les Césars ont refait, seulement en Nubie, comme en Égypte, ce que les Perses avaient détruit, et rebâti des temples là où il en existait autrefois, et dédiés aux mêmes dieux.

Dakkè est le point le plus méridional où j'aie rencontré des travaux exécutés sous les Ptolémées et les Empereurs. Je suis convaincu que la domination grecque ou romaine ne s'est jamais étendue, *au plus*, au-delà d'Ibrim. Aussi ai-je trouvé depuis *Dakkè* jusqu'à *Thèbes* une série presque continue d'édifices construits à ces deux époques; les monumens pharaoniques sont rares, et ceux du temps des Ptolémées et des Césars sont nombreux et presque tous non achevés. J'en ai conclu que la destruction des temples pharaoniques primitivement existans entre Thèbes, et Dakkè en Nubie, doit être attribuée aux Perses qui ont dû suivre la vallée du Nil jusque vers Seboua où ils ont pris, pour se rendre en Éthiopie (et pour en revenir), la route du désert, infiniment plus courte que celle du fleuve impraticable d'ailleurs pour une armée, à cause des nombreuses cataractes; la route du désert est celle que suivent encore aujourd'hui la plupart des caravanes, les armées et les voyageurs isolés. Cette marche des Perses a sauvé le monument d'Amada, facile à détruire puisqu'il n'est point d'une grande étendue. De Dakkè à Thèbes on ne voit donc plus que des *secondes éditions* des temples.

Il faut en excepter le monument de *Ghirsché* et celui de *Betoualli* que les Perses n'ont pu détruire, puisqu'il eut fallu abattre les *montagnes* dans lesquelles ils sont creusés au ciseau. Mais ces *spéos*, et surtout le premier, ont été ravagés autant que le permettait la nature des lieux.

Nous arrivâmes à *Ghirsché-hussan* ou *Ghirf-housseïn* le 25 janvier. C'est encore ici comme à Ibsamboul, à Derri et à Sébouâ, un véritable Rhamesseïon ou *Rhamséion*, c'est-à-dire un monument dû à la munificence de Rhamsès-le-Grand. Celui-ci est consacré au dieu *Phtha*, personnage dont on retrouve une imitation décolorée dans l'*Hephæstus* des Grecs, et le Vulcain des Latins. Phtha était le dieu éponyme de Ghirsché qui, en langue égyptienne, portait le nom de *Phtahei* ou *Thyphtah*, *demeure de Phtha*. Ainsi cette bourgade nubienne portait jadis le même nom sacré que *Memphis :* et il paraît que ces noms fastueux furent à la mode en Nubie, puisque les inscriptions hiéroglyphiques m'ont appris, par exemple, que *Derri* avait le même nom que la fameuse *Héliopolis* d'Égypte, *demeure du Soleil ;* et que le misérable village nommé aujourd'hui Sébouâ, et dont le monument est si pauvre, se décorait du nom d'*Amon-ëi*, celui même de la *Thèbes* aux cent portes.

La portion construite de l'*hémi-spéos* de Girsché est, à très-peu près, détruite, et la partie excavée dans le rocher, travail immense, a été dégradée avec une espèce de recherche. J'ai cependant pu relever le sujet de tous les bas-reliefs et une grande portion des légendes. La grande salle est soutenue par six énormes piliers dans lesquels on a taillé six colosses offrant le singulier contraste d'un travail barbare à côté de bas-reliefs d'une fort belle exécution. Sur les parois latérales sont huit niches carrées renfermant chacune trois figures assises, sculptées de plein relief : le personnage occupant le milieu de ces niches, ou petites chapelles, est toujours le dieu Soleil Rhamsès, le patron de Sésostris, invoqué sous le nom de Dieu Grand, et comme résidant dans *Phthaei*, *Amonei* et *Tyri*, c'est-à-dire dans *Ghirsché*, *Séboua* et *Derri*, où existent en effet des Rhamseïon dédiés au dieu Soleil Rhamsès, le même qu'on adore à Ghirsché comme fils de Phtah et d'Hathôr, les grandes divinités de ce temple. L'étude des tableaux religieux de Ghirsché éclaircit beaucoup le mythe de ces trois personnages.

La journée du 26 fut donnée en partie au petit temple de *Dandour*. Nous retombons ici dans le *moderne;* c'est un ouvrage non achevé, du temps de l'empereur Auguste ; mais, quoique peu important par son étendue, ce monument m'a beaucoup intéressé puisqu'il est entièrement relatif à l'incarnation d'Osiris, sous forme humaine, sur la terre. Notre soirée du 25 avait été égayée par un superbe écho découvert par hasard en face de Dandour, où nous venions d'aborder. Il répète fort distinctement et d'une voix sonore jusqu'à onze syllabes. Nos compagnons italiens se plaisaient à lui faire redire des vers du Tasse entremêlés de coups de fusil qu'on tirait de tous côtés, et auxquels l'écho répondait par des coups de canon ou les éclats du tonnerre.

Le temple de *Kalabschi* eut son tour le 27 ; c'est ici que j'ai découvert une nouvelle génération de dieux et qui complette le cercle des formes d'Ammon, point de départ et point de réunion de toutes les essences divines. Ammon-Ra, l'être suprême et primordial, étant son propre père, est qualifié de mari de sa mère (la déesse Mouth), sa portion féminine renfermée en sa propre essence à-la-fois mâle et femelle Αρσενοθελυς : tous les autres dieux égyptiens ne sont que des formes de ses deux principes constituans considérés sous différens rapports pris isolément. Ce ne sont que de pures abstractions du grand être. Ces formes secondaires, tertiaires, etc., établissent une chaîne non interrompue qui descend des cieux et se matérialise jusqu'aux incarnations sur la terre, et sous forme humaine. La dernière de ces incarnations est celle d'*Horus*, et cet anneau extrême de la chaîne divine, forme sous le nom d'Horammon l'Ω des dieux dont Ammon-horus (le grand Ammon, esprit actif et générateur) est l'A. Le point de départ de la mythologie égyptienne est une *Triade* formée des 3 parties d'*Ammon-Ra*, savoir Ammon (le mâle et le père), Mouth (la femelle et la mère), et Khons (le fils enfant). Cette Triade s'étant manifestée sur la terre, se résout en Osiris, Isis et Horus. Mais la parité n'est pas complète, puisque Osiris et Isis sont frères. C'est à Kalabschi que j'ai enfin trouvé la Triade finale, celle dont les 3 membres se fondent exactement dans les trois membres de la Triade initiale : Horus y porte en effet le titre de mari de la mère; et le fils qu'il a eu de sa mère Isis, et qui se nomme *Malouli* (le *Mandouli* dans les Proscynéma Grecs), est le dieu principal de Kalabschi, et cinquante bas-reliefs nous donnent sa généalogie. Ainsi la Triade finale se formait d'Horus, de sa mère Isis et de leur fils Malouli, personnages qui rentrent exactement dans la Triade initiale, Ammon, sa mère Mouth et leur fils Khons. Aussi *Malouli* était-il adoré à Kalabschi sous une forme pareille à celle de Khons, sous le même costume et orné des mêmes insignes : seulement le jeune dieu porte ici de plus le titre de Seigneur de Talmis, c'est-à-dire de Kalabschi, que les géographes grecs appellent en effet *Talmis*, nom qui se retrouve d'ailleurs dans les inscriptions des temples.

J'ai, de plus, acquis la certitude qu'il avait existé à Talmis trois *éditions* du temple de Malouli; une sous les Pharaons et du règne d'Aménophis II successeur de Mœris; une du temps des Ptolémées, et la dernière, le temple actuel qui n'a jamais été terminé, sous Auguste, Caïus-Caligula et Trajan; et la légende du dieu *Malouli*, dans un fragment de bas-relief du 1er temple, employé dans la construction du troisième, ne diffère en rien des légendes les plus récentes. Ainsi donc, le culte local de toutes les villes et bourgades de la Nubie et d'Égypte, n'a jamais reçu de modification, on n'innovait rien, et les anciens dieux régnaient encore le jour où les temples ont été fermés par le christianisme. Ces dieux d'ailleurs s'étaient, en quelque sorte, partagé l'Égypte et la Nubie, constituant ainsi une espèce de *répartition féodale*. Chaque ville avait son patron; Chnouphis et Saté régnaient à Éléphantine, à Syène et à Béghé, et leur juridiction s'étendait sur la Nubie entière; Phré, à Ibsamboul, à Derri, et à Amada; Phtah, à Ghirsché; Anouké, à Maschakit; Thoth, le surintendant de Chnouphis sur toute la Nubie, avait ses fiefs principaux à Ghebel-addeh, et à Dakkè; Osiris était seigneur de Dandour; Isis reine, à Philae; Hathôr, à Ibsamboul, et enfin Malouli, à Kalabschi. Mais Ammon-ra règne partout et occupe la droite des sanctuaires.

Il en était de même en Égypte, et l'on conçoit que ce culte partiel ne pouvait changer, puisqu'il était attaché au pays par toute la puissance des croyances religieuses. Du reste, ce culte, pour ainsi dire exclusif dans chaque localité, ne produisait aucune haine entre les villes voisines, puisque chacune d'elles admettait dans son temple (comme syntrones), et cela par un esprit de courtoisie très-bien calculé, les divinités adorées dans les cantons limitrophes. Ainsi j'ai retrouvé à Kalabschi les dieux de Ghirsché et de Dakkè au midi, ceux de Déboud au nord, occupant une place distinguée; à Déboud, les dieux de Dakké et de Philae; à Philae, ceux de Déboud et de Dakkè au midi; ceux de Béghé, d'Éléphantine et de Syène, au nord; à Syène enfin, les dieux de Philae et ceux d'Ombos.

C'est encore à Kalabschi que j'ai remarqué pour la première fois la couleur violette employée dans les bas-reliefs peints; j'ai fini par découvrir que cette couleur provenait du mordant ou mixtion appliquée sur les parties de ces tableaux qui devaient recevoir la *dorure ;* ainsi le sanctuaire de Kalabschi et la salle qui le précède, ont été dorés aussi bien que le sanctuaire de Dakkè.

Près de Kalabschi est l'intéressant monument de *Bet-Oually*, qui nous a pris les journées des 28, 29, 30 et 31 janvier jusqu'à midi. Là mes yeux se sont consolés des sculptures barbares du temple de Kalabschi, qu'on a fait riches parce qu'on ne savait plus les faire belles, en contemplant les bas-reliefs historiques qui décorent ce spéos, d'un fort beau style et dont nous avons des copies complètes. Ces tableaux sont relatifs aux campagnes contre les *Arabes* et des peuples *africains*, les *Kouschi* (les Éthiopiens), et les *Schari*, qui sont probablement les *Bischari* d'aujourd'hui; campagnes de Sésostris dans *sa jeunesse* et *du vivant de son père*, comme le dit expressément Diodore de Sicile qui, à cette époque, lui fait soumettre en effet les *Arabes* et *presque toute la Libye*.

Le roi Rhamsès, père de *Sésostris*, est assis sur son trône dans un naos, et son fils, en costume de prince, lui présente un groupe de prisonniers arabes asiatiques. Plus loin, le pharaon est représenté comme vainqueur, frappant lui-même un homme de cette nation, en même temps que le prince (Sésostris) lui présente les chefs militaires et une foule de prisonniers. Le roi, sur son char, poursuit les Arabes, et son fils frappe de sa hache les portes d'une ville assiégée; le roi foule aux pieds les

Arabes vaincus, dont une longue file lui sont amenés captifs par le prince son fils : tels sont les tableaux historiques décorant la paroi de gauche de ce qui formait la salle principale du monument, en supposant que cette portion du *spéos* ait jamais été couverte.

La paroi de droite présente les détails de la campagne contre les *Ethiopiens*, les *Bischari* et des *Nègres*. Dans le premier tableau, d'une grande étendue, on voit les Barbares en pleine déroute, se réfugiant dans leurs forêts, sur les montagnes, ou dans des marécages : le second tableau, qui couvre le reste de cette paroi, représente le roi assis dans un naos et accueillant, avec un geste de la main, son fils aîné (Sésostris), qui lui présente, 1.° un *prince éthiopien* nommé *Aménémoph fils de Poëri*, soutenu par deux de ses enfans, dont l'un lui offre une coupe comme pour lui donner la force d'arriver aux pieds du trône du père de son vainqueur; 2° des chefs militaires égyptiens; 3° des tables et des buffets couverts de *chaînes d'or* et avec elles des *peaux de panthère ;* des sachets renfermant de *l'or en poudre ;* des troncs de bois d'*ébène ;* des *dents d'éléphant ;* des *plumes d'autruche;* des faisceaux d'*arcs* et *flèches ;* des *meubles précieux* et toutes sortes de butin pris sur l'ennemi ou imposé par la conquête; 4° à la suite de ces richesses, marchent quelques *Bischaris* prisonniers, hommes et femmes, l'une de celles-ci portant deux enfans sur ses épaules et dans une espèce de couffe; suivent des individus conduisant au roi des *animaux vivans*, les plus curieux de l'intérieur de l'Afrique, le *lion*, les *panthères*, l'*autruche*, des *singes* et la *girafe*, parfaitement dessinés, etc., etc. On reconnaîtra là, j'espère, la campagne de Sésostris contre les Éthiopiens, lesquels il força, selon Diodore de Sicile encore, de payer à l'Égypte un tribut annuel en *or*, en *ébène* et en *dents d'éléphant*.

Les autres sculptures du spéos sont toutes religieuses. Ce monument était consacré au Grand Dieu Ammon-Ra et à sa forme secondaire Chnouphis. Le premier de ces dieux déclare plusieurs fois, dans ses légendes, avoir donné toutes les mers et toutes les terres existantes à son fils chéri « le Seigneur du monde (Soleil gardien de justice) Rhamsès (IIe).» Dans le sanctuaire ce pharaon est représenté suçant le lait des déesses Anouké et Isis. « Moi qui suis ta mère, la dame d'Éléphantine, dit la première, je te reçois sur mes genoux, et te présente mon sein pour que tu y prennes ta nourriture, ô Rhamsès! » « Et moi, ta mère Isis, dit l'autre, moi, la dame de Nubie, je t'accorde les périodes des panégyries (celles de 30 ans) que tu suces avec mon lait et qui s'écouleront en une vie pure. » J'ai fait copier ces deux tableaux, ainsi que plusieurs autres, parmi lesquels deux bas-reliefs montrant le pharaon vainqueur des peuples du *midi* et des peuples du *nord*. Il ne faut pas oublier que les Égyptiens appellaient les Syriens, les Assyriens, les Ioniens et les Grecs, peuples septentrionaux.

Je dis adieu à ce monument de Bet-Oually avec quelque peine; car c'était le dernier de la belle époque et d'une bonne sculpture, que je dusse rencontrer entre Kalabschi et Thèbes.

Le 31, au coucher du soleil, nous étions à *Kardâssi* ou *Kortha*, où j'allai visiter les restes d'un petit temple d'Isis, dénué de sculpture à l'exception d'un bas-relief sur un fût de colonne. J'avais vu, deux heures auparavant, les temples de *Tafah* (l'ancienne *Taphis*) également sans sculptures ni inscriptions hiéroglyphiques. Mais il est facile de voir, à leur genre d'architecture, qu'ils appartiennent au temps de la domination romaine.

Le 1er février, nous vîmes venir à nous une cange avec pavillon autrichien: c'était du nouveau pour nous, et les conjectures de marcher; cependant, la barque avançait aussi vers nous, et je reconnus sur la proue M. Acerbi, consul général d'Autriche en Égypte, qui m'appelait et nous saluait de la main. Nous arrêtâmes nos barques, et passâmes quelques heures à causer de nos travaux avec cet excellent homme, publiciste et littérateur distingué, qui nous avait traités d'une manière si aimable pendant notre séjour à Alexandrie. Nous nous séparâmes, lui pour remonter jusqu'à la seconde cataracte, et moi pour rentrer en Égypte, avec promesse de nous rejoindre à Thèbes qui est le Paris de l'Égypte, et le rendez-vous des voyageurs, n'en déplaise à la grosse ville du Kaire et à la triste Alexandrie.

Vers 2 heures après-midi, nous étions à *Déboud* ou *Déboudé*: nous étant rendus au temple en passant sous les trois petits propylons sans sculpture, je trouvai qu'il avait été bâti, en grande partie, par un roi éthiopien nommé *Atharramon*, et qui doit être le prédécesseur ou le successeur immédiat de l'*Erga*-

mène de Dakkè. Le temple, dédié à Ammon-Ra, seigneur de *Tébot* (Déboud), et à Hathôr, et subsidiairement à Osiris et à Isis, a été continué, mais non achevé, sous les empereurs Auguste et Tibère. Dans le sanctuaire encore non sculpté, gissent les débris d'un mauvais naos monolithe, en granit rose, du temps des Ptolémées.

Notre travail étant terminé, nous rentrâmes dans nos barques, pressés de partir et de profiter du reste de la journée pour arriver à Philæ, rentrer ainsi en Égypte, et dire adieu à cette pauvre Nubie, dont la sécheresse avait déjà lassé tous mes compagnons de voyage : d'ailleurs, en remettant le pied en Égypte, nous pouvions espérer de manger du pain un peu plus supportable que les maigres galettes azymes dont nous régalait journellement notre boulanger en chef, tout-à-fait à la hauteur du gargotier arabe qu'on nous donna au Kaire comme un cuisinier cordon bleu.

C'est à neuf heures du soir que nous retouchâmes enfin la terre égyptienne, en abordant à l'île de Philæ, rendant grâces à ses antiques divinités Osiris, Isis et Horus de ce que la famine ne nous avait pas dévorés entre les deux cataractes.

Nous avons séjourné dans l'île sainte jusqu'au 7 février, terminant les travaux commencés au mois de décembre, et recueillant tous les tableaux mythologiques relatifs à l'histoire et aux attributions d'Isis et d'Osiris, les dieux principaux de Philæ, bas-reliefs qui s'y trouvent en fort grand nombre. Je me contenterai de donner ici les époques des principaux édifices de cette île.

Le petit temple du sud a été dédié à Hathôr, et construit par le pharaon Nectanébo, le dernier des rois de race égyptienne, détrôné par la seconde invasion des Perses. La grande galerie, ou portique couvert, qui, de ce joli petit édifice conduit au grand temple, est de l'époque des empereurs; ce qu'il y a de sculpté l'a été sous les règnes d'Auguste, de Tibère et de Claude.

Le premier pylone est du temps de Ptolémée Philométor, qui a encastré dans ce pylone un propylon dédié à Isis par le pharaon Nectanébo, et l'existence de ce propylon prouve qu'avant le *grand temple d'Isis* actuel, il en existait déjà un autre sur le même emplacement, lequel aura été détruit par les Perses de Darius-Ochus. Cela explique les débris de sculpture plus anciens employés dans la bâtisse des colonnes du pronaos actuel du grand temple.

C'est Ptolémée *Philadelphe* qui a construit le sanctuaire et salles adjacentes de ce monument. Le pronaos est d'Évergète II, et le second pylone, de Ptolémée Philométor. Les sculptures et bas-reliefs extérieurs de tout l'édifice ont été exécutés sous Auguste et Tibère.

Entre les deux pylones du grand temple d'Isis, il existe à droite et à gauche deux beaux édifices d'un genre particulier. Celui de gauche est un temple périptère, dédié à Hathôr et à la délivrance d'Isis qui vient d'enfanter Horus. La plus ancienne partie de ce temple est de Ptolémée Épiphane ou de son fils Évergète IIe. Les bas-reliefs extérieurs sont du règne d'Auguste et de Tibère. C'est Évergète IIe qui se donne les honneurs de la construction de ce temple, dans les longues dédicaces de la frise extérieure.

Le même roi s'est aussi emparé, par une inscription semblable, de l'édifice de droite qui, presque tout entier, est de son frère Philométor, à l'exception d'une salle sculptée sous Tibère.

J'ai donné une journée presqu'entière à une petite île voisine de Philæ, l'île de *Béghé*, où la Commission d'Égypte indiquait le reste d'un petit édifice égyptien. J'y ai, en effet, trouvé quelques colonnes d'un tout petit temple de très-mauvais travail et de l'époque de Philométor. Mais des inscriptions m'apprirent que j'étais dans l'île de *Snem*, nom de localité que j'avais rencontré souvent, depuis Ombos jusqu'à Dakkè, dans les légendes des dieux, et surtout dans celles du dieu Chnouphis et de la déesse Hathôr. C'était là un des lieux les plus saints de l'Égypte, et une île sacrée, but de pélerinages long-temps avant sa voisine l'île de Philæ, qui se nommait *Manlak* en langue égyptienne. C'est de là qu'est venu le copte *Pilach*, l'arabe *Bilaq*, et le grec *Philai*, sans que, dans tout cela, il soit le moins du monde question de *fil* (l'éléphant), comme l'ont prétendu de soi-disant étymologistes.

Le temple de Snem (Béghé) était en effet dédié à Chnouphis et à la déesse Hathôr, et le monument actuel était encore la 2de *édition* d'un temple bien plus ancien et plus étendu, bâti sous le règne du pharaon Aménophis IIe, successeur de Mœris. J'ai retrouvé les débris de ce temple, et les restes d'une statue colossale du même pharaon, qui décorait un des pylones de l'ancien édifice. J'ai recueilli dans cette île, en courant ses rochers de granit rose, une vingtaine d'inscriptions toutes des temps pharaoniques, attestant des visites et des actes d'adoration faits dans l'île sainte de *Snem* par des grands personnages de la vieille Égypte, et entr'autres : 1° un proscynéma d'un *Basilicogrammate commandant les troupes*, *sous le pharaon Aménophis III*ᵉ (Memnon), grammate nommé *Aménémoph* ; 2° une inscription attestant le *pélerinage d'un grand prêtre d'Ammon*, prince de la famille de Rhamsès ; 3° celui d'un prince éthiopien nommé *Mémosis*, sous le pharaon Aménophis III ; 4° celui du prince éthiopien *Messi*, sous Rhamsès le grand ; 5° celui d'un *grand prêtre* d'Anouké, nommé *Aménothph* ; 6° un proscynéma conçu en ces termes : « Je suis venu vers vous, moi votre serviteur, vous tous, grands dieux, qui résidez dans Snem ! accordez-moi tous les bienfaits qui sont en vos mains (*à moi*) l'intendant des terres du roi seigneur du monde Aménophis (III) Amosis. » Cet Amosis est représenté à côté de l'inscription, levant ses mains en attitude d'adoration ; 7° enfin, vers le haut d'une montagne de grands rochers de granit, j'ai copié une belle inscription attestant que l'an XXX, l'an XXXIV et l'an XXXIX du règne de Rhamsès-le-Grand (Sésostris), un des princes ses enfans a assisté à la *panégyrie* de *Snem*, et l'a célébrée par des sacrifices. Je ne parle point de plusieurs inscriptions purement onomastiques, et de quelques autres qui, ne contenant que les légendes royales, sculptées en grand, des pharaons Psammetichus Iᵉʳ, Psammetichus II, Apries et Amasis, semblent avoir eu pour motif de rappeler soit le passage de ces pharaons dans l'île de *Snem*, soit même de grands travaux d'exploitation dans les montagnes granitiques de cette île, où le granit est de toute beauté.

Avant de quitter Philæ, j'allai avec MM. Duchesne, Lhôte, Lehoux et Bertin, faire *une partie de plaisir* à la cataracte où nous prîmes un modeste repas, assis à l'ombre d'un *santh* (mimosa fort épineux), le seul arbre du lieu, en face des brisans du Nil, dont le bruissement me rappela nos torrens des Alpes. Au retour, je me fis débarquer en face de Philæ, sur la rive droite du fleuve, pour aller à la chasse des inscriptions dans les rochers de granit qui la couvrent, et du nombre desquels est le roc taillé en forme de siége, et qu'un de nos doctes amis, M. Letronne, a crû pouvoir être l'*Abaton* nommé dans les inscriptions grecques de l'obélisque de Philæ. Ce n'est cependant qu'un rocher comme un autre, avec cette différence qu'il est chargé d'inscriptions fort curieuses, mais qui n'ont aucun rapport avec les dieux de Philæ; les plus remarquables de ces inscriptions sont les suivantes :

1° une stèle sculptée sur le roc, mais à demi-effacée, monument qui rappelle une victoire remportée sur les Libyens par le pharaon *Thouthmosis IV*, l'an 7e de son règne, le 8 du mois de Phaménoth;

2° une stèle de son successeur Aménophis III (Memnon), assez bien conservée, de 14 lignes, rappelant que ce pharaon venant de soumettre les Éthiopiens, l'an Ve de son règne, a passé dans ce lieu et y a tenu une panégyrie (assemblée religieuse);

3° un proscynéma à Néith et à Mandou, pour le salut du roi Mandoouthph (Smendès), de la XXIe... dynastie;

4° un proscynéma à Horammon, Saté, et Mandou, pour le salut du roi Néphérothph (Néphérites), de la XXIXe dynastie.

Je ne parle point d'une foule de proscynéma de simples particuliers, à Chnouphis et à Saté, les grandes divinités de la cataracte.

Les rochers sur la *route de Philæ à Syène* et que j'ai explorés le 7 février, en portent aussi un très-grand nombre, adressés aux mêmes divinités : j'y ai aussi copié des inscriptions et des sculptures représentant des princes éthiopiens rendant hommage à Rhamsès-le-Grand, ou à son grandpère (Mandoueï); ce sont les mêmes dont j'ai trouvé de semblables monumens en Nubie.

Je rentrai enfin à Syène que j'avais quittée en décembre. En attendant que nos bagages arrivassent de Philæ à dos de chameau, et qu'on disposât notre nouvelle escadre égyptienne, car nous avons laissé les barques nubiennes à la cataracte qu'elles ne peuvent franchir, je revis les débris du temple de Syène, consacré à Chnouphis et à Saté, sous l'empereur Nerva; c'est un monument de l'extrême décadence de l'art en Égypte; il m'a intéressé toutefois, 1° parce que c'est le seul qui porte la légende hiéroglyphique de *Nerva* ; 2° parce qu'il m'a fait connaître le nom hiéroglyphique-phonétique de Syène, *Souan*, qui est le nom copte *Souan*, et l'origine du *Syéné* des Grecs et de l'*Osouan* des Arabes ; 3° enfin, parce que le nom symbolique de cette même ville représentant un *aplomb* d'architecte ou de maçon, fait, sans aucun doute, allusion à l'antique position de Syène sous le tropique du cancer, et à ce fameux puits dans lequel les rayons du soleil tombaient d'aplomb le jour du solstice d'été : les auteurs grecs sont pleins de cette tradition, qui a pu, en effet, être fondée sur un fait réel, mais à une époque infiniment reculée.

J'ai couru, en bateau, les rochers de granit des environs de Syène, en remontant vers la cataracte ; j'y ai trouvé l'hommage d'un prince éthiopien à Aménophis III, et à la reine Taïa sa femme ; un acte d'adoration à Chnouphis, le dieu local, pour le salut de Rhamsès-le-Grand, de ses filles *Isénofré*, *Bathianthi* et de leurs frères *Scha-hem-kamé* et *Mérenphtah* ; le prince éthiopien *Mémosis* (le même dont j'avais déjà recueilli une inscription dans l'île de Snem), agenouillé et adorant le prénom du roi Aménophis III ; enfin plusieurs proscynéma de simples particuliers ou de fonctionnaires publics, aux divinités de Syène et de la cataracte, Chnouphis, Saté, et Anouké.

Je visitai pour la seconde fois l'île d'*Éléphantine* qui, toute entière, formerait à peine un parc convenable pour un bon bourgeois de Paris, mais dont certains chronologistes modernes ont voulu toutefois faire un *royaume* pour se débarrasser de la vieille dynastie égyptienne des *Éléphantins*. Les deux temples ont été récemment détruits, pour bâtir une caserne et des magasins à Syène ; ainsi a disparu le petit temple dédié à Chnouphis par le pharaon Aménophis IIIe. Je n'ai retrouvé debout que les deux montans des portes en granit, ayant appartenu à un autre temple de Chnouphis, de Saté et d'Anouké, dédié sous Alexandre, fils d'Alexandre-le-Grand. Mais un mauvais mur de quai, de construction romaine, m'a offert les débris, entremêlés et mutilés, de plusieurs des plus curieux édifices d'Éléphantine, construits sous les rois Moeris, Mandoueï et Rhamsès-le-Grand. Dans les restes d'une chambre qui termine l'escalier du quai égyptien, j'ai copié plusieurs proscynéma hiéroglyphiques assez curieux, et l'inscription d'une stèle mutilée, du pharaon Mandoueï.

Étant allé rejoindre mon escadre et n'ayant plus rien à voir ni à faire sur l'ancienne *limite de l'empire romain*, je quittai les rochers granitiques de Syène et d'Éléphantine, et nous nous dirigeâmes sur *Ombôs*, où le vent a juré de nous empêcher d'arriver, puisque, au moment où j'écris cette ligne, nous sommes au 12 février, il est 7 h. du matin, et le Nil mugit à 4 pouces de distance du lit sur lequel je suis assis.

P. S. *Ombos*, le 14 février, à 2 heures.

Je suis enfin arrivé avant hier à *Ombos* vers le milieu du jour. Nous avons repris nos travaux du mois de décembre, et à cette heure-ci, ils sont terminés. Tout est encore ici de l'époque grecque : le grand temple est cependant d'une très-belle architecture et d'un grand effet ; il a été commencé par Épiphane, continué sous Philométor et Évergète IIe : quelques bas-reliefs sont même du temps de *Cléopâtre*-Cocce et de Soter II. Ce grand édifice, dont les ruines ont un aspect très-imposant, était consacré à deux Triades qui se partagent le temple, divisé, en effet, longitudinalement, en deux parties bien distinctes, l'une passant presque toujours dans des massifs de la construction. Sévek-Ra (la forme primordiale de Saturne, Kronos) à tête de crocodile ; Hathôr (Vénus), et leur fils Khons-Hôr, forment la première Triade. La seconde se compose d'Aroëri, de la déesse Tsonénoufré et de leur fils Pnévtho ; ce sont les dieux seigneurs d'Ombos, et le crocodile que portent les médailles du nome Ombite, est l'animal sacré du principal dieu, Sévek-Ra.

La femme de Philométor, Cléopâtre, porte dans les dédicaces et dans les cartouches sculptés sur la corniche du pronaos, un surnom qui ne peut être que le grec Tryphæne ou Dropion ; mais la première lecture est plus probable ; il est répété trente fois, et il est impossible de s'y tromper.

Le petit temple d'Ombos était, comme l'un de ceux de Philæ, et le temple d'Hermonthis, un *Eimisi* ou *Mammisi*, c'est-à-dire un édifice sacré figurant le *lieu de la naissance* du jeune dieu de la Triade locale, c'est-à-dire une image terrestre du lieu où les déesses Hathôr et Tsonénoufré avaient enfanté leurs fils Khons-Hôr et Pnevtho, les deux fils des deux Triades d'Ombos.

C'est en me glissant à travers les pierres éboulées de ce petit monument, et en visitant une à une toutes celles qui bientôt seront englouties par le Nil, lequel ayant sapé les fondations a déjà détruit la plus grande partie du monument, que j'ai trouvé des blocs ayant appartenu à une construction bien plus ancienne, c'est-à-dire à un temple dédié par le roi Thouthmosis III (Mœris) au dieu Sévek-Ra, et avec les débris duquel on avait construit une partie de l'*Eimisi,* sous Évergète II, Cocce et Soter II.

Le grand temple d'Ombos n'est donc encore qu'une seconde édition : et c'est au plus ancien temple de Saturne qu'appartenaient les jambages d'un tout petit propylon encastré aujourd'hui sur la face extérieure de l'enceinte en brique, qui environne les temples du côté du sud-est. Les sculptures en sont du temps de Thouthmosis III, et le nom hiéroglyphique de ce *propylon*, inscrit au bas des deux jambages, était *Porte* (ou propylon) *de la reine* Amensé, *conduisant au temple de Sévek-Ra* (Saturne). On n'a point oublié que ce roi-reine est Amensé, mère de Moeris. Le grand propylon voisin du Nil, est de l'époque de Philométor et conduisait au petit temple actuel.

Le vent souffle toujours avec autant de violence; s'il cesse dans la nuit, nous en profiterons pour aller à *Ghebel-Selséléh*, où nous attend une belle moisson des temps pharaoniques. Je ne clos donc ma lettre que conditionnellement.

Toujours Ombos, le 16. Je me réjouis d'avance en pensant que j'aurai peut-être à Thèbes un nouveau courrier; j'y serai à la fin du mois. Je trouve les lettres de Paris un peu courtes; on oublie que je suis à mille lieues de France, et les soirées sont si longues! Toujours fumer ou jouer à la bouillotte! Il nous faudrait une bonne édition des petits paquets de Paris. Qu'on ne me trouve pas exigeant; j'ai presque le droit de l'être sous les auspices des 27 pages que je viens d'écrire, et que je clos au plus vîte de peur qu'on ne dise que les plus grands bavards du monde sont les gens qui reviennent de la seconde cataracte..... Comme nos courriers pour le Kaire vont à pied, et que le vent ne les arrête pas, je fais partir ce soir même celui qui nous a apporté nos lettres de France.... Je n'ai pas oublié les notes de M. Letronne; il apprendra avec intérêt que le listel sur lequel est gravée l'inscription d'Ombos était doré, et que les lettres ont conservé une couleur rouge vif encore très-visible; je n'ai pu vérifier ce qu'il y avait sur Sérapis à *Tafah*, la pierre qui devait porter ce nom n'existant plus.... Adieu.

DOUZIEME LETTRE.

Biban-el-Molouk (Thèbes), le 25 mars 1829.

J'ai écrit un mot en courant le 11 de ce mois ou environ, que le consul général d'Autriche, M. Acerbi, quittant la ville royale, m'a promis d'expédier d'Alexandrie par le premier bâtiment partant pour l'Europe. J'annonçais notre arrivée, en très bonne santé (tous tant que nous sommes), à Thèbes, où nous rentrâmes le 8 mars au matin, après avoir heureusement terminé notre voyage de Nubie et de la Haute-Thébaïde; nos barques furent amarrées au pied des colonnades du palais de *Louqsor* que nous avons étudié et exploité jusqu'au 23 du mois courant. Je tenais à profiter de nos barques pour notre travail de Louqsor, parce que ce magnifique palais, le plus profane de tous les monumens de l'Égypte, obstrué par des cahutes de fellah, qui masquent et défigurent ses beaux portiques, sans parler de la chétive maison d'un *brin-bachi* juchée sur la plate-forme violemment percée à coups de pic, pour donner passage aux balayures du Turc, qui sont dirigées sur un superbe sanctuaire sculpté sous le règne du fils d'Alexandre-le-Grand; ce magnifique palais, dis-je, ne nous offrait aucun local commode ni assez propre pour y établir notre ménage. Il a donc fallu garder notre maasch, la dahabié et les petites barques, jusqu'au moment où nos travaux de Louqsor ont été finis.

Nous passâmes sur la rive gauche le 23, et après avoir envoyé notre gros bagage à une maison de *Kourna,* que nous a laissée un très brave et excellent homme nommé Piccinini, agent de M. d'Anastasy à Thèbes, nous avons tous pris la route de la vallée de *Biban-el-Molouk* où sont les tombeaux des rois de la XVIIIe et de la XIXe dynasties. Cette vallée étant étroite, pierreuse, circonscrite par des montagnes assez élevées et dénuées de toute espèce de végétation, la chaleur doit y être insupportable aux mois de mai, juin et juillet; il importait donc d'exploiter cette riche et inépuisable mine à une époque où l'atmosphère, quoique déjà fort échauffée, est cependant encore supportable. Notre caravane s'y est donc établie le jour même, et nous occupons le meilleur logement et le plus magnifique qu'il soit possible de trouver en Égypte. C'est le roi Rhamsès (le IVe

de la XIXe dynastie) qui nous donne l'hospitalité, car nous habitons tous son magnifique tombeau, le second que l'on rencontre à droite en entrant dans la vallée de Biban-el-Molouk. Cet hypogée, d'une admirable conservation, reçoit assez d'air et assez de lumière pour que nous y soyons logés à merveille; nous occupons les trois premières salles qui forment une longueur de 65 pas; les parois, de 15 à 20 pieds de hauteur, et les plafonds sont tout couverts de sculptures peintes, dont les couleurs conservent presque tout leur éclat; c'est une véritable habitation de prince, à l'inconvénient près de l'enfilade des pièces; le sol est couvert en entier de nattes et de roseaux; enfin, les deux *kaouas* (nos gardes du corps) et les domestiques, couchent dans deux tentes dressées à l'entrée du tombeau. Tel est notre établissement dans la vallée des rois, véritable séjour de la mort, puisqu'on n'y trouve ni un brin d'herbe, ni êtres vivans, à l'exception des schacals et des hyènes qui, l'avant-dernière nuit, ont dévoré à cent pas de notre *palais*, l'âne qui avait porté mon domestique barabra Mohammed, pendant le temps que l'ânier passait agréablement sa nuit de Ramadhan dans notre cuisine qui est établie dans un tombeau royal totalement ruiné. Mais en voilà assez sur le ménage.

Un courrier que j'ai reçu à Thèbes, m'a apporté les lettres du 20 décembre; ce sont les plus récentes de toutes celles qui me sont parvenues. Je me suis réjoui des bonnes nouvelles qu'elles me donnent, et surtout du bon état de notre vénérable M. Dacier. Je lui présente mes félicitations et mes respects; j'espère que sa santé se sera soutenue, et que mes vœux partis de la deuxième cataracte le 1er janvier dernier, seront exaucés pour l'année courante et à toujours.

L'annonce de la Commission archæologique pour la Morée, donnée par S. Ex. le ministre de l'intérieur à notre ami Dubois, m'a causé une vive satisfaction; il y a 20 ans que nous rêvions ensemble les voyages d'Égypte et de Grèce que nous exécutons aujourd'hui; ce rêve se réalise enfin! Je puis donc écrire de Thèbes à Athènes; que de temps historiques rapprochés dans un même but! C'est comme une fouille générale que fait la civilisation moderne dans les débris de l'ancienne, et j'espère que ce travail ne sera pas infructueux. Je vois d'ici notre ami sous les colonnades du Parthénon, ou dans l'Altis d'Olympie, à la tête de 400 pionniers, ce qui serait encore mieux.

J'ai aussi fait commencer des fouilles à *Karnac* et à *Kourna.* J'ai réuni 18 momies de tout genre et de toute espèce; mais je n'emporterai que les plus remarquables et surtout les momies gréco-égyptiennes, portant à la fois des inscriptions grecques et des légendes démotiques et hiératiques. J'en ai plusieurs de ce genre, et quelques momies d'enfant intactes, ce qui est rare jusqu'à présent. Tous les bronzes qui proviennent de mes fouilles de *Karnac*, et tirés des maisons même de la vieille Thèbes, à 15 ou 20 pieds au-dessous du niveau de la plaine, sont dans un état d'oxidation complet, ce qui ne permet pas d'en tirer parti. J'ai mis à la tête de mes excavations sur la rive orientale, l'ancien chef fouilleur de M. Drovetti, le nommé *Temsahh* (le crocodile), qui me paraît un homme adroit et qui ne manque pas de me donner de grandes espérances. J'y compte peu, parce qu'il faudrait travailler en grand, et que mes moyens ne suffiraient pas. Je tâcherai cependant de donner un peu d'activité à mes fouilles dans les mois de juin, juillet et août, époque à laquelle je serai fixé sur les lieux, soit à Karnac soit à Kourna. J'ai 40 hommes en train, et je verrai si les produits compensent à peu près les dépenses et si mon budget pourra les supporter. J'ai aussi 36 hommes qui fouillent à Kourna de compte à demi avec Rosellini. Il est évident que je ne puis songer à emporter ce qui manque justement au musée royal, de grosses pièces, parce que le transport seul jusqu'à Alexandrie épuiserait mes finances et de beaucoup.

Cela dit, je reprendrai le fil de mon itinéraire et la notice des monumens depuis *Ombos* d'où est datée ma dernière lettre.

Partis d'*Ombos* le 17 février, nous n'arrivâmes, à cause de l'impéritie du réïs de notre grande barque et de la mollesse de nos rameurs, que le 18 au soir à *Ghébel-Selséléh* (Silsilis), vastes carrières où je me promettais une ample récolte. Mon espoir fut pleinement réalisé et les 5 jours que nous y avons passés ont été bien employés.

Les deux rives du Nil, resserré par des montagnes d'un très beau grès, ont été exploitées par les anciens Egyptiens, et le voyageur est effrayé s'il considère, en parcourant les carrières, l'immense quantité de pierres qu'on a dû en tirer pour produire les galeries à ciel ouvert et les vastes espaces excavés qu'il se lasse de parcourir. C'est sur la rive gauche qu'on trouve les monumens les plus remarquables.

On rencontre d'abord, en venant du côté de Syène, trois chapelles taillées dans le roc et presque contigues. Toutes trois appartiennent à la belle époque pharaonique, et se ressemblent soit pour le plan et la distribution, soit pour toute la décoration intérieure et extérieure; toutes s'ouvrent par deux colonnes formées de boutons de lotus tronqués.

La première de ces chapelles (la plus au sud), a été creusée dans le roc sous le règne du Pharaon *Ousiréi* de la XVIIIe dynastie; elle est détruite en très grande partie. Deux bas-reliefs seuls sont encore visibles et ne présentent d'intérêt que sous le rapport du travail, qui a toute la finesse et toute l'élégance de l'époque.

La seconde chapelle date du règne suivant, celui de Rhamsès II. Les tableaux qui décorent les parois de droite et de gauche nous font connaître à quelle divinité ce petit édifice avait été dédié par le Pharaon. Il y est représenté adorant d'abord la Triade thébaine, les plus grands des dieux de l'Égypte, Ammon-Ra, Mouth, et Khons, ceux qu'on invoquait dans tous les temples, parce qu'ils étaient le type de tous les autres; plus loin il offre le vin au dieu Phré, à Phtha seigneur de justice et au Dieu Nil, nommé dans l'inscription hiéroglyphique *Hapi-moou*, le père vivifiant de tout ce qui existe. C'est à cette dernière divinité que la chapelle de Rhamsès II, ainsi que les deux autres, furent particulièrement consacrées; cela est constaté par une très longue inscription hiéroglyphique, dont j'ai pris copie, et datée de « l'an IV, le 10e jour de mésori, sous la majesté de l'Aroéri puissant, ami de la vérité et fils du soleil, Rhamsès, chéri d'Hapimoou le père des dieux. » Le texte, qui contient les louanges du dieu Nil (ou Hapimoou), l'identifie avec le Nil céleste *Nenmoou*, l'eau primordiale, le grand Nilus, que Cicéron, dans son Traité sur la nature des Dieux, donne comme le père des principales divinités de l'Égypte, même d'Ammon, ce que j'ai trouvé attesté ailleurs par des inscriptions monumentales. La troisième chapelle appartient au règne du fils de Rhamsès-le-Grand; il était nature que les chapelles de Silsilis fussent dédiées à Hap-Moou (le Nil terrestre) parce que c'est le lieu de l'Égypte où le fleuve est le plus resserré et qu'il semble y faire une seconde entrée, après avoir brisé les montagnes de grès qui lui fermaient ici le passage, comme il a brisé les rochers de granit de la cataracte pour faire sa première entrée en Égypte.

On trouve plus au nord de ces chapelles, une suite de tombeaux creusés pour recevoir deux ou trois corps embaumés ; tous remontent jusques aux premiers Pharaons de la XVIIIe dynastie, et quelques-uns appartiennent à des chefs de travaux ou inspecteurs supérieurs des carrières de Silsilis. Nous avons aussi copié des stèles portant des dates du règne de divers Rhamsès de la XVIIIe et de la XIXe, ainsi qu'une grande inscription de l'an XXII de Sésonchis.

Le plus important des monumens de Silsilis est un grand *spéos*, ou édifice creusé dans la montagne, et plus singulier encore par la variété des époques des bas reliefs qui le décorent. Cette belle excavation a été commencée sous le roi Horus de la XVIIIe dynastie ; on en voulait faire un temple dédié à Ammon-Ra d'abord, et ensuite au dieu Nil, divinité du lieu, et au dieu Sevek (Saturne à tête de crocodile), divinité principale du nome Ombite auquel appartenait Silsilis. C'est dans cette intention qu'ont été exécutées, sous le règne d'Horus, les sculptures et inscriptions de la porte principale, tous les bas-reliefs du sanctuaire, et quelques-uns des bas-reliefs qui décorent une longue et belle galerie transversale qui précède le sanctuaire.

Cette galerie, très-étendue, forme un véritable musée historique. Une de ses parois est tapissée dans toute sa longueur de deux rangées de grandes stèles ou de bas reliefs sculptés sur le roc, et, pour la plupart, d'époques diverses ; des monumens semblables décorent les intervalles des cinq portes qui donnent entrée dans ce curieux muséum.

Les plus anciens bas-reliefs, ceux du roi Horus, occupent une portion de la paroi ouest : le Pharaon y est représenté debout, la hache d'armes sur l'épaule, recevant d'Ammon-Ra l'emblême de la vie divine, et le don de subjuguer le nord et de vaincre le midi. Au-dessous sont des Éthiopiens, les uns renversés, d'autres levant des mains suppliantes devant un chef égyptien qui leur reproche, dans la légende, d'avoir fermé leur cœur à la prudence et de n'avoir pas écouté lorsqu'on leur disait : « Voici que le lion s'approche de la terre d'Éthiopie (Kousch) ». Ce lion là était le roi Horus qui fit la conquête de l'Éthiopie et dont le triomphe est retracé sur les bas reliefs suivans.

Le roi vainqueur est porté par des chefs militaires sur un riche palanquin, accompagné de flabellifères. Des serviteurs préparent le chemin que le cortége doit parcourir; à la suite du Pharaon viennent des guerriers conduisant des chefs captifs; d'autres soldats, le bouclier sur l'épaule, sont en marche, précédés d'un trompette; un groupe de fonctionnaires égyptiens, sacerdotaux et civils, reçoit le roi et lui rend des hommages.

La légende hiéroglyphique de ce tableau exprime ce qui suit: « Le dieu gracieux revient (en Égypte), porté par les chefs de tous les pays (les Nomes); son arc est dans sa main comme celui de Mandou, le divin seigneur de l'Égypte; c'est le roi directeur des vigilans, qui conduit (captifs) les chefs de la terre de Kousch (l'Éthiopie), race perverse; ce roi directeur des mondes, approuvé par Phré, fils du soleil et de sa race, le serviteur d'Ammon, Hôrus, le vivificateur. Le nom de sa majesté s'est fait connaître dans la terre d'Éthiopie que le roi a châtiée conformément aux paroles que lui avait adressées son père Ammon. »

Un autre bas-relief représente la conduite, par les soldats, des prisonniers du commun en fort grand nombre; leur légende exprime les paroles suivantes qu'ils sont censés prononcer dans leur humiliation : « O toi vengeur! roi de la terre de Kémé (l'Égypte), soleil des Niphaïat (les peuples Libyens), ton nom est grand dans la terre de Kousch (l'Éthiopie), dont tu as foulé les signes royaux sous tes pieds! »

Tous les autres bas-reliefs de ce spéos, soit stèles, soit tableaux, appartiennent à diverses époques postérieures, mais qui ne descendent pas plus bas que le 3e roi de la XIXe dynastie. On y remarque entr'autres sujets : 1° Un tableau représentant une adoration à Ammon-Ra, Sévek (le dieu du nome) et Bubastis, par le Basilico-Grammate chargé de l'exécution du palais du roi Rhamsès-Meïamoun dans la partie occidentale de Thèbes (le palais de Médinet-Habou), le nommé *Phori* homme véridique;

2° Trois magnifiques inscriptions en caractères hiératiques, rappelant que le même fonctionnaire est venu à Silsilis l'an V[e], au mois de Paschons, du règne de Rhamsès-Meïamoun, faire exploiter les carrières pour la construction du palais de ce Pharaon (le palais de Médinet-Habou);

3° Un grand bas-relief : Le roi Rhamsès-Meïamoun adorant le dieu Phtha et sa compagne Pascht (Bubastis).

Ces monumens démontrent, sans aucun doute, que tout le

grès employé dans la construction du palais de Médinet-Habou à Thèbes, vient de Silsilis, et que ce grand édifice a été commencé au plutôt la 5e année du règne de son fondateur.

4° Une grande stèle représentant le même roi adorant les dieux de Silsilis, et dédiée par le Basilico-Grammate *Honi*, surintendant des bâtimens de Rhamsès-Meïamoun, intendant de tous les palais du roi existans en Égypte, et chargé de la construction du temple du soleil bâti à Memphis par ce Pharaon.

Des tableaux d'adoration et plusieurs stèles plus anciennes que les précédentes, constatent aussi que Rhamsès-le-Grand (Sésostris) a tiré de Silsilis les matériaux de plusieurs des grands édifices construits sous son règne.

Plusieurs de ces stèles, dédiées soit par des intendans des bâtimens, soit par des princes qui étaient venus en Haute-Égypte pour y tenir des panégyries dans les années 30, 34, 37, 40 et 44 de son règne, m'ont fourni des détails curieux sur la famille du conquérant. Une de ces stèles nous apprend que Rhamsès-le-Grand a eu deux femmes, la première, Nofré-Ari, fut l'épouse de sa jeunesse, celle qui paraît, ainsi que ses enfans, dans les monumens d'Ibsamboul et de la Nubie; la seconde (et dernière jusqu'à présent) se nommait *Isénofré*; c'était la mère, 1° de la princesse *Bathianti*, qui paraît avoir été sa fille chérie, la Benjamine de la vieillesse de Sésostris; 2° du prince *Schahemkémé*, celui qui présidait les panégyries dans les dernières années du règne de son père, comme le prouvent trois des grandes stèles de Silsilis. C'est probablement ce fils qui lui succéda en quittant son nom princier, et prenant sur les monumens celui de Thmeïothph (le possesseur de la vérité, ou bien, celui que la vérité possède); c'est le Sésoosis IIe de Diodore et le Phéron d'Hérodote. Ce fut aussi, comme son père, un grand constructeur d'édifices, mais dont il ne reste que peu de traces. On trouve dans le spéos de Silsilis, 1° une petite chapelle dédiée en son honneur par l'intendant des terres du nome ombite, appelé *Pnahasi*; 2° une stèle (date effacée) dédiée par le même Pnahasi, et constatant qu'on a tiré des carrières de Silsilis les pierres qui ont servi à la construction du palais que ce Roi avait fait élever à Thèbes, où il n'en reste aucune trace, à ma connaissance du moins. Cette stèle nous apprend que la femme de ce Pharaon se nommait *Isénofré* comme sa mère, et son fils aîné *Phthamèn*.

3° Une stèle de l'an II, 5e jour de Mésori, rappelant qu'on a pris à Silsilis les pierres pour la construction du palais du roi Thmeïothph à Thèbes, et pour des additions ou réparations faites au palais de son père, le Rhamséion (l'édifice qu'on a improprement nommé tombeau d'Osymandyas et Memnonium.)

Il existe enfin à Silsilis des stèles semblables relatives à quelques autres rois de la XVIIIe et de la XIXe dynasties. Deux stèles d'Aménophis-Memmon, le père du roi Horus, existent sur la rive orientale où se trouvent les carrières les plus étendues; ces stèles donnent la première date certaine des plus anciennes exploitations de Silsilis. Il est certain qu'après la XIXe dynastie, ces carrières ont toujours fourni des matériaux pour la construction des monumens de la Thébaïde. La stèle de Sésonchis Ier le prouve; on y parle en effet d'exploitations de l'an XXII du règne de ce prince, destinées à des constructions faites dans la *grande demeure d'Ammon*: ce sont celles qui forment le côté droit de la première cour de Karnac, près du second pylone, monument du règne de Sésonchis et des rois Bubastites ses descendans et ses successeurs; enfin, il est naturel de croire que les matériaux des temples d'Edfou et d'Esné viennent en grande partie de ces mêmes carrières.

Le 24 février au matin nous courions le portique et les colonnades d'*Edfou* (Apollonopolis-Magna). Ce monument imposant par sa masse porte cependant l'empreinte de la décadence de l'art égyptien sous les Ptolémées, au règne desquels il appartient tout entier; ce n'est plus la simplicité antique; on y remarque une recherche et une profusion d'ornemens bien mal-adroites et qui marquent la transition entre la noble gravité des monumens pharaonique et le papillotage fatiguant et de sa mauvais goût du temple d'*Esnéh*, construit du temps des empereurs.

La partie la plus *antique* des décorations du grand temple d'*Edfou* (l'intérieur du naos et le côté droit extérieur) remonte seulement au règne de Philopator. On continua les travaux sous Épiphane, dont les légendes couvrent une partie du fût des colonnes et des tableaux intérieurs de la paroi droite du pronaos, qui fut terminé sous Évergète IIe.

Les sculptures de la frise extérieure et des parois de l'extérieur des murailles du pronaos, furent décorées sous Soter IIe.

Sous le même roi, on sculpta la galerie de droite de sa cour en avant du pronaos. La galerie de gauche appartient à Philométor, ainsi que toutes les sculptures des deux massifs du pylone. J'ai trouvé, cependant, vers le bas du massif de droite, un mauvais petit bas-relief représentant l'empereur Claude adorant les dieux du temple.

Le mur d'enceinte qui environne le naos est entièrement chargé de sculptures; celles de la face intérieure datent du règne de Cléopâtre-Cocce et de Soter IIe, de Cocce, de Ptolémée-Alexandre I et de sa femme la reine Bérénice.

Voilà qui peut donner une idée exacte de l'antiquité du grand temple d'Edfou : ce ne sont point ici des conjectures, ce sont des faits écrits sur cent portions du monument, en caractère de 10 pouces, et quelquefois de 2 pieds de hauteur.

Ce grand et magnifique édifice était consacré à une triade composée, 1° du dieu Har-Hat, la science et la lumière célestes personnifiées, et dont le soleil est l'image dans le monde matériel; 2° de la déesse Hathôr, la Vénus égyptienne; 3° de leur fils Harsont-Tho (l'Horus, soutien du monde), qui répond à l'amour (Eros) des mythologies grecque et romaine.

Les qualifications, les titres et les diverses formes de ces trois divinités, que nous avons recueillis avec soin, jettent un grand jour sur plusieurs parties importantes du système théogonique égyptien. Il serait trop long d'entrer ici en de pareils détails.

J'ai fait dessiner aussi une série de 14 bas-reliefs de l'intérieur du pronaos, représentant le *lever* du dieu Har-Hat, identifié avec le soleil, son *coucher* et ses formes symboliques à chacune des 12 heures du jour, avec les noms de ces heures. Ce recueil est du plus grand intérêt pour l'intelligence de la petite portion des mythes égyptiens véritablement relative à l'astronomie.

Le second édifice d'Edfou, dit le *Typhonium*, est un de ces petits temples nommés *Mammisi* (lieu d'accouchement), que l'on construisait toujours à côté de tous les grands temples où une Triade était adorée; c'était l'image de la demeure céleste où la déesse avait enfanté le 3e personnage de la Triade, qui est toujours figuré sous la forme d'un jeune enfant. Le Mammisi d'Edfou représente en effet l'enfance et l'éducation du jeune *Har-Sont-Tho*, fils d'Har-Hat et d'Hathôr, auquel la flatterie a associé Évergète IIe,représenté aussi comme un enfant et partageant les caresses que les dieux de tous les ordres prodiguent au nouveau-né d'Har-Hat. J'ai fait copier un assez grand nombre de bas-reliefs de ce monument du règne d'Évergète IIe et de Soter II.

Nos travaux terminés à Edfou, nous allâmes reposer nos yeux, fatigués des mauvais hiéroglyphes et des pitoyables sculptures égyptiennes du temps des Lagides, dans les tombeaux d'*Éléthya* (*El-Kab*), où nous arrivâmes le samedi 28 février. Nous fûmes accueillis par la *pluie*, qui tomba par torrens avec tonnerre et éclairs pendant la nuit du 1 au 2 mars. Ainsi nous pourrons dire, comme Hérodote, je crois : De notre temps il a plu en Égypte.

Je parcourus avec empressement l'intérieur de l'enceinte de l'ancienne ville d'Éléthya, encore subsistante, ainsi que la seconde enceinte qui renfermait les temples et les édifices sacrés. Je n'y trouvai pas une seule colonne debout; les barbares ont détruit depuis quelques mois ce qui restait des deux temples intérieurs, et le temple entier situé hors de la ville. Il a fallu me contenter d'examiner une à une les pierres oubliées par les dévastateurs et sur lesquelles il restait quelques sculptures.

J'espérais y trouver quelques débris de légendes, suffisants pour m'éclairer sur l'époque de la construction de ces édifices et sur les divinités auxquelles ils furent consacrés. J'ai été assez heureux dans cette recherche pour me convaincre pleinement que le temple d'Éléthya, dédié à Sevek (Saturne) et à Sowan (Lucine), appartenait à diverses époques pharaoniques ; ceux que la ville renfermait avaient été construits et décorés sous le règne de la reine Amensé, sous celui de son fils Thouthmosis IIIe (Moeris), et sous les Pharaons Aménophis-Memnon et Rhamsès-le-Grand Les rois Amyrthée et Acoris, deux des derniers princes de race égyptienne, avaient réparé ces antiques édifices et y avaient ajouté quelques constructions nouvelles. Je n'ai rien trouvé à Éléthya qui rappelle l'époque grecque ou la romaine. Le temple à l'extérieur de la ville est dû au règne de Moeris.

Les tombeaux ou hypogées creusés dans la chaîne arabique voisine de la ville, remontent pour la plupart à une antiquité reculée. Le premier que nous avons visité est celui dont la

Commission d'Égypte a publié les bas-reliefs peints, relatifs aux travaux agricoles, à la pêche et à la navigation. Ce tombeau a été creusé pour la famille d'un hiérogrammate nommé *Phapé*, attaché au collége des prêtres d'Éléthya (Sowan-Kah). J'ai fait dessiner plusieurs bas-reliefs inédits de ce tombeau, et j'ai pris copie de toutes les légendes des scènes agricoles et autres, publiées assez négligemment. Ce tombeau est d'une très-haute antiquité. Un second hypogée, celui d'un *grand-prêtre de la déesse Ilythia* ou *Éléthya* (Sowan), la déesse éponyme de la ville de ce nom, porte la date du règne de *Rhamsès-Méïamoun*; il présente une foule de détails de famille et quelques scènes d'agriculture en très-mauvais état. J'y ai remarqué entr'autres faits, le foulage ou battage des gerbes de blé par les bœufs, et au-dessus de la scène on lit en hiéroglyphes presque tous phonétiques, la *chanson* que le conducteur du foulage est censé chanter, car dans la vieille Égypte, comme dans celle d'aujourd'hui, tout se faisait en chantant, et chaque genre de travail a sa chanson particulière.

Voici celle du battage des grains, en 5 lignes, sorte d'allocution adressée aux bœufs, et que j'ai retrouvée ensuite, avec de très-légères variantes, dans des tombeaux bien plus antiques encore :

Battez pour vous (*bis*) — ô bœufs — Battez pour vous (*bis*), — Des boisseaux pour vous, — Des boisseaux pour vos maîtres.

La poésie n'en est pas très-brillante; probablement l'air faisait passer la chanson : du reste, elle est convenable à la circonstance dans laquelle on la chantait, et elle me paraîtrait déjà fort curieuse quand même elle ne ferait que constater l'antiquité du Bis qui est écrit à la fin de la 1re et de la 3e ligne. J'aurais voulu en trouver la musique pour l'envoyer à notre respectable ami le général de La Salette : elle lui aurait fourni quelques données de plus pour ses savantes recherches sur la musique des anciens.

Le tombeau voisin de celui-ci est plus intéressant encore sous le rapport historique. C'était celui d'un nommé *Ahmosis*, *fils de Obschné*, *chef des mariniers* ou plutôt *des nautonniers* : c'était un grand personnage. J'ai copié dans son hypogée ce qui reste d'une inscription de plus de 30 colonnes, dans laquelle cet Ahmosis adresse la parole à tous les individus présens et futurs, et leur raconte son histoire que voici : Après avoir exposé qu'un de ses ancêtres tenait un rang distingué parmi les serviteurs d'un ancien roi de la XVIe dynastie, il nous apprend qu'il est entré lui-même dans la carrière nautique dans les jours du roi *Ahmosis* (le dernier de la XVIIe dynastie légitime); qu'il est allé rejoindre le roi à Tanis; qu'il a pris part aux guerres de ce temps où il a servi *sur l'eau*; qu'il a ensuite combattu dans le midi, où il a fait des prisonniers de sa main; que dans les guerres de l'an VIe du même Pharaon, il a pris un riche butin sur les ennemis; qu'il a suivi le roi Ahmosis lorsqu'il est monté par eau en *Éthiopie* pour lui imposer des tributs; qu'il se distingua dans la guerre qui s'ensuivit; et qu'enfin il a commandé des *bâtimens* sous le roi *Thouthmosis* Ier. C'est là, sans aucun doute, le tombeau d'un de ces braves qui, sous le Pharaon Ahmosis, ont presqu'achevé l'expulsion des pasteurs et délivré l'Égypte des barbares.

Pour ne pas trop alonger l'article d'Éléthya, je terminerai par l'indication d'un tombeau presque ruiné; il m'a fait connaître 4 générations de grands personnages du pays, qui l'ont gouverné sous le titre de *souten-si de Sowan* (princes d'Éléthya), durant les règnes des cinq premiers rois de la XVIIIe dynastie, savoir : Aménothph Ier (Aménoftep), Thouthmosis Ier, Thouthmosis II, Amensé, et Thouthmosis III (Moeris), auprès desquels ils tenaient un rang élevé dans leur service personnel, ainsi que dans celui des reines Ahmosis-Ataré et Ahmosis, femmes des deux premiers rois nommés, et de Ranofré, fille de la reine Amensé et sœur de Moeris. Tous ces personnages royaux sont successivement nommés dans les inscriptions de l'hypogée, et forment ainsi un supplément et une confirmation précieuse de la Table d'Abydos.

Le 3 mars, au matin, nous arrivâmes à *Esnèh*, où nous fûmes très-gracieusement accueillis par Ibrahim-bey, le mamour ou gouverneur de la province; avec son aide, il nous fut permis d'étudier le grand temple d'Esnèh, encombré de coton, et qui, servant de magasin général de cette production, a été crépi de limon du Nil, surtout à l'extérieur. On a également fermé avec des murs de boue l'intervalle qui existe entre le premier rang de colonnes du pronaos, de sorte que notre travail a dû se faire souvent une chandelle à la main, ou avec le secours de nos échelles, afin de voir les bas-reliefs de plus près.

Malgré tous ces obstacles, j'ai recueilli tout ce qu'il importait de savoir relativement à ce grand temple, sous les rapports mythologiques et historiques. Ce monument a été regardé, d'après de simples conjectures établies sur une façon particulière d'interpréter le zodiaque du plafond, comme le plus *ancien* monument de l'Égypte : l'étude que j'en ai faite m'a pleinement convaincu que c'est au contraire le plus *moderne* de ceux qui existent encore en Égypte : car les bas-reliefs qui le décorent, et les hiéroglyples surtout, sont d'un style tellement grossier et tourmenté, qu'on y aperçoit, au premier coup d'œil, le point extrême de la décadence de l'art. Les inscriptions hiéroglyphiques ne confirment que trop cet aperçu : les masses de ce pronaos ont été élevées sous l'empereur *César-Tiberius-Claudius-Germanicus* (l'empereur Claude), dont la porte du pronaos offre la dédicace en grands hiéroglyphes. La corniche de la façade et le premier rang de colonnes ont été sculptées sous les empereurs *Vespasien* et *Titus;* la partie postérieure du pronaos porte les légendes des empereurs *Antonin, Marc-Aurèle* et *Commode;* quelques colonnes de l'intérieur du pronaos furent décorées de sculptures sous *Trajan, Hadrien* et *Antonin;* mais, à l'exception de quelques bas-reliefs de l'époque de *Domitien*, tous ceux des parois de droite et de gauche du pronaos portent les images et les légendes de *Septime Sévère* et de GÉTA, que son frère Caracalla eut la barbarie d'assassiner, en même temps qu'il fit proscrire son nom dans tout l'empire; il paraît que cette proscription du tyran fut exécutée à la lettre jusqu'au fond de la Thébaïde, car les cartouches noms-propres de l'empereur *Géta*, sont tous *martelés* avec soin; mais ils ne l'ont pas été au point de m'empêcher de lire très-clairement le nom de ce malheureux prince : l'EMPEREUR CÉSAR-GÉTA *le directeur*.

Je crois que l'on connaît déjà des inscriptions latines ou grecques dans lesquelles ce nom est martelé : voilà des légendes hiéroglyphiques à ajouter à cette série.

Ainsi donc, l'antiquité du pronaos d'Esnéh est incontestablement fixée; sa construction ne remonte pas au-delà de l'empereur Claude; et ses sculptures descendent jusqu'à *Caracalla*, et du nombre de celles-ci est le fameux zodiaque dont on a tant parlé.

Ce qui reste du naos, c'est-à-dire le mur du fond du pronaos, est de l'époque de *Ptolémée Épiphane*, et cela encore est d'hier, comparativement à ce qu'on croyait. Les fouilles que nous avons faites derrière le pronaos nous ont convaincus que le temple proprement dit a été rasé jusqu'aux fondemens.

Cependant, que les amis de l'antiquité des monumens de l'Égypte se consolent : *Latopolis* ou plutôt Esné (car ce nom se lit en hiéroglyphes sur toutes les colonnes et sur tous les bas-reliefs du temple) n'était point un village aux grandes époques pharaoniques; c'était une ville importante, ornée de beaux monumens, et j'en ai découvert la preuve dans l'inscription des colonnes du pronaos.

J'ai trouvé sur deux de ces colonnes, dont le fût est presque entièrement couvert d'inscriptions hiéroglyphiques disposées verticalement, la notice des fêtes qu'on célébrait annuellement dans le grand temple d'Esnéh. Une d'elles se rapportait à la commémoration de la dédicace de l'ancien temple, faite par le roi Thouthmosis IIIe (*Moeris*); de plus il existe, et j'ai dessiné dans une petite rue d'Esnéh, au quartier de Scheïkh-Mohammed-Ebbédri, un jambage de porte en très-beau granit rose, portant une dédicace du Pharaon Thouthmosis IIe, et provenant sans doute d'un des vieux monumens de l'*Esnéh* pharaonique. J'ai aussi trouvé à *Edfou* une pierre qui est le seul débris connu du temple qui existait dans cette ville avant le temple actuel bâti sous les Lagides; l'ancien était encore de *Mœris*, et dédié, comme le nouveau, au grand dieu *Har-Hat, seigneur d'*Hatfoûh (Edfou). C'est donc Thouthmosis III (Mœris) qui, en Thébaïde comme en Nubie, avait construit la plupart des édifices sacrés, après l'invasion des *Hykschos ;* de la même manière que les Ptolémées ont rebâti ceux d'Ombos, d'Esnéh et d'Edfou, pour remplacer les temples *primitifs* détruits pendant l'invasion persane.

Le grand temple d'Esnéh était dédié à l'une des plus grandes formes de la divinité, à Chnouphis, qualifié des titres nev-en-tho-sné, *seigneur du pays d'Esnéh, esprit créateur de l'univers, principe vital des essences divines, soutien de tous les mondes*, etc. A ce dieu sont associés la déesse Neith représentée sous des formes diverses et sous les noms variés de *Menhi, Thébouaou*, etc., et le jeune Hâke, représenté sous la forme d'un enfant, ce qui complète la Triade adorée à Esnéh. J'ai ramassé une foule de détails très-curieux sur les attributions de ces trois personnages auxquels étaient consacrées les principales fêtes et panégyries célébrées annuellement à Esnéh. Le 23 du mois d'hathor, on célébroit la fête de la déesse *Tnébouaou ;* celle de la déesse *Menhi* avait lieu le 25 du même mois ; le 30, celle d'*Isis*, forme tertiaire des deux déesses précitées. Le 1er de choïak, on tenait une panégyrie (assemblée religieuse) en l'honneur du jeune dieu Hâke, et ce même jour, avait lieu la panégyrie de Chnouphis. Voici l'article du calendrier sacré sculpté sur l'une des colonnes du pronaos : « A la néoménie de choïak, panégyries et offrandes faites dans le temple de Chnouphis, seigneur d'Esnéh ; on étale tous les ornemens sacrés ; on offre des pains, du vin et autres liqueurs, des bœufs et des oies ; on présente des collyres et des parfums au dieu Chnouphis et à la déesse sa compagne ; ensuite le lait à Chnouphis ; quant aux autres dieux du temple, on offre une oie à la déesse Menhi ; une oie à la déesse Neith ; une oie à Osiris ; une oie à Khons et à Thôth ; une oie aux dieux Phré, Atmou, Thoré, ainsi qu'aux autres dieux adorés dans le temple ; on présente ensuite des semences, des fleurs et des épis de blé au seigneur Chnouphis, souverain d'Esnéh, et on l'invoque en ces termes : etc. » Suit la prière prononcée en cette occasion solennelle, et que j'ai copiée, parce qu'elle présente un grand intérêt mythologique.

C'est aux mêmes divinités qu'était dédié le temple situé au nord d'Esnéh, dans une magnifique plaine, jadis cultivée, mais aujourd'hui hérissée de broussailles qui nous déchirèrent les jambes, lorque, le 6 mars au soir, nous allâmes le visiter, en faisant à pied une très-longue course du Nil aux ruines, que nous trouvâmes tout nouvellement dévastées ; ce temple n'est plus tel que la Commission d'Égypte l'a laissé ; il n'en subsiste plus qu'une seule colonne, un petit pan de mur et les soubassemens presque à fleur de terre : parmi les bas-reliefs subsistans j'en ai trouvé un d'Évergète Ier et de Bérénice sa femme ; j'ai reconnu les légendes de Philopator sur la colonne ; celles d'Hadrien sur une partie d'architrave ; et sur une autre, en hiéroglyphes tout-à-fait barbares, les noms des empereurs Antonin et Vérus. Le hasard m'a fait découvrir dans le soubassement extérieur de la partie gauche du temple, une série de captifs représentant des peuples vaincus (par Évergète Ier, selon toute apparence), et, à l'aide des ongles de nos Arabes, qui fouillèrent vaillamment malgré les pierres et les plantes épineuses, je parvins à copier une dixaine des inscriptions onomastiques de peuples, gravées sur l'espèce de bouclier attaché à la poitrine des vaincus. Parmi les nations que le vainqueur se vante d'avoir subjuguées, j'ai lu les noms de l'*Arménie*, de la *Perse*, de la *Thrace* et de la *Macédoine*; peut-être encore s'agit-il ici des victoires d'un empereur romain : je n'ai rien trouvé d'assez conservé aux environs pour éclaircir ce doute.

Le 7 mars au matin, nous fîmes une course pédestre dans l'intérieur des terres, pour voir ce qui restait encore des ruines de la vieille *Tuphium*, aujourd'hui *Taoud*, située sur la rive droite du fleuve, mais dans le voisinage de la chaîne arabique et tout près d'*Hermonthis*, qui est sur la rive opposée. Là, existent deux ou trois salles d'un petit temple, habitées par des Fellah ou par leurs bestiaux. Dans la plus grande, subsistent encore quelques bas-reliefs qui m'ont donné le mythe du temple : on y adorait la Triade formée de Mandou, de la déesse Ritho et de leur fils *Harphré*, celle même du temple d'Hermonthis, capitale du nome auquel appartenait la ville de *Tuphium*.

A midi, nous étions à *Hermonthis*, dont j'ai parlé dans la lettre que j'écrivis après avoir visité ce lieu lorsque nous remontions le Nil pour aller à la seconde cataracte. Nous y passâmes encore quelques heures pour copier quelques bas-reliefs et des légendes hiéroglyphiques qui devaient compléter notre travail sur *Erment*, commencé à notre premier passage au mois de novembre dernier. Ce temple n'est encore qu'un *Mammisi* ou *Ei-misi* consacré à l'accouchement de la déesse *Ritho*, construit et sculpté, comme le prouvent tous ses bas-reliefs, en commémoration de la reine Cléopâtre, fille d'Aulétès, lorsqu'elle mit au monde *Césarion*, fils de Jules-César, lequel voulut être le *Mandou* de la nouvelle déesse *Ritho*, comme Césarion en fut l'*Harphré*. Du reste, c'était assez l'usage du dictateur romain de chercher à compléter la *Triade*, lorsqu'il rencontrait surtout des reines qui, comme Cléopâtre, avaient en elles quelque chose de divin, sans dédaigner pour cela les joies terrestres.

Une courte distance nous séparait de *Thèbes*, et nos cœurs étaient gros de revoir ses ruines imposantes : nos estomacs se nettaient aussi de la partie, puisqu'on parlait d'une barque de provisions fraîches, arrivée à Louqsor à mon adresse. C'était encore une courtoisie de notre excellent consul-général, M. Drovetti, et nous avions hâte d'en profiter. Mais un vent du nord, d'une violence extrême, nous arrêta pendant la nuit entre Hermonthis et Thèbes, où nous ne fûmes rendus que le lendemain matin, 8 mars, d'assez bonne heure.

Notre petite escadre aborda au pied du quai antique déchaussé par le Nil, et qui ne pourra long-temps encore défendre le palais de *Louqsor*, dont les dernières colonnes touchent presque aux bords du fleuve. Ce quai est évidemment de deux époques ; le quai *égyptien* primitif est en grandes briques cuites, liées par un ciment d'une dureté extrême, et ses ruines forment d'énormes blocs de 15 à 18 pieds de large et de 25 à 30 de longueur, semblables à des rochers inclinés sur le fleuve au milieu duquel ils s'avancent. Le quai en pierres de grès est d'une époque très-postérieure ; j'y ai remarqué des pierres portant encore des fragmens de sculptures du style des bas temps, et provenant d'édifices démolis.

Notre travail sur *Louqsor* a été terminé (à très-peu-près) avant de venir nous établir ici à *Biban-el-Molouk ;* et je suis en état de donner tous les détails nécessaires sur l'époque de la construction de toutes les parties qui composent ce grand édifice.

Le fondateur du *palais de Louqsor*, ou plutôt *des palais de Louqsor*, a été le Pharaon *Aménophis-Memnon* (Amenothph IIIe) de la XVIIIe dynastie. C'est ce prince qui a bâti la série d'édifices qui s'étend du Sud au Nord, depuis le Nil jusqu'aux 14 grandes colonnes de 45 pieds de hauteur, et dont les masses appartiennent encore à ce règne. Sur toutes les architraves des autres colonnes ornant les cours et les salles intérieures, colonnes au nombre de 105, la plupart intactes, on lit, en grands hiéroglyphes d'un relief très-bas et d'un excellent travail, des dédicaces faites au nom du roi *Aménophis*. Je mets ici la traduction de l'une d'elles, pour donner une idée de toutes les autres, qui ne diffèrent que par quelques titres royaux de plus ou de moins.

« La vie ! l'Horus puissant et modéré, régnant par la justice, l'organisateur de son pays, celui qui tient le monde en repos, parce que, grand par sa force, il a frappé les Barbares ; le roi

SEIGNEUR DE JUSTICE, bien aimé du soleil, le fils du soleil AMÉNOPHIS, modérateur de la région pure (l'Égypte), a fait exécuter ces constructions consacrées à son père Ammon, le dieu seigneur des trois zônes de l'univers, dans l'Oph du midi (1); il les a fait exécuter en pierres dures et bonnes, afin d'ériger un édifice durable, c'est ce qu'a fait le fils du soleil AMÉNOPHIS, chéri d'Ammon-Ra.

Ces inscriptions lèvent donc toute espèce de doute sur l'époque précise de la construction et de la décoration de cette partie de Louqsor; mes inscriptions ne sont pas sans verbe comme les inscriptions grecques expliquées par M. Letronne, et qu'on a chicanées si mal à propos; je puis lui annoncer à ce sujet que je lui porterai les *inscriptions dédicatoires égyptiennes* des temples de *Philae*, d'*Ombos* et de *Dendéra*, où le verbe *construire* ne manque jamais.

Les bas-reliefs qui décorent le palais d'*Aménophis* sont, en général, relatifs à des actes religieux faits par ce prince aux grandes divinités de cette portion de Thèbes, qui étaient 1° Ammon-Ra, le dieu suprême de l'Égypte, et celui qu'on adorait presque exclusivement à Thèbes, sa ville éponyme; 2° sa forme secondaire, Ammon-Ra-Générateur, mystiquement surnommé *le mari de sa mère*, et représenté sous une forme priapique; c'est le dieu *Pan* égyptien, mentionné dans les écrivains grecs; 3° la déesse *Thamoun* ou *Tamon*, c'est-à-dire *Ammon femelle*, une des formes de Neïth, considérée comme compagne d'Ammon générateur; 4° la déesse Mouth, la grand' mère divine, compagne d'Ammon-Ra; 5° et 6° les jeunes dieux Khons et Harka, qui complètent les deux grandes Triades adorées à Thèbes, savoir :

Pères.	*Mères.*	*Fils.*
Ammon-Ra.	Mouth.	Khons.
Ammon générateur.	Thamoun.	Harka.

Le Pharaon est représenté faisant des offrandes, quelquefois très-riches, à ces différentes divinités, ou accompagnant leurs *Bari* ou arches sacrées, portées processionnellement par les prêtres.

Mais j'ai trouvé et fait dessiner dans deux des salles du pa-

(1) C'est-à-dire la partie méridionale de la portion de Thèbes (Amon-Ei), sise sur la rive droite du Nil.

lais une série de bas-reliefs plus intéressans encore et relatifs à la personne même du fondateur. Voici un mot sur les principaux.

Le dieu Thoth annonçant à la reine *Tmauhemva*, femme du Pharaon *Touthmosis* IVe, qu'Ammon générateur lui a accordé un fils.

La même reine, dont l'état de grossesse est visiblement exprimé, conduite par Chnouphis et Hathôr (Vénus) vers la chambre d'enfantement (le *mammisi*); cette même princesse placée sur un lit, mettant au monde le roi *Aménophis;* des femmes soutiennent la gisante, et des génies divins, rangés sous le lit, élèvent l'emblème de la vie vers le nouveau-né.— La reine nourrissant le jeune prince. — Le dieu Nil peint en *bleu*, (le temps des basses eaux), et le dieu Nil peint en *rouge* (le temps de l'inondation), présentant le petit Aménophis, ainsi que le petit dieu Harka et autres enfans divins, aux grandes divinités de Thèbes. — Le royal enfant dans les bras d'Ammon-Ra, qui le caresse. —Le jeune roi institué par Ammon-Ra; les déesses protectrices de la haute et de la basse Égypte lui offrant les couronnes, emblèmes de la domination sur les deux pays, et Thoth lui choisissant son grand nom, c'est-à-dire son prénom royal, *Soleil Seigneur de justice et de vérité*, qui, sur les monumens, le distingue de tous les autres *Aménophis.*

L'une des dernières salles du palais, d'un caractère plus religieux que toutes les autres, et qui a dû servir de chapelle royale ou de sanctuaire, n'est décorée que d'adorations aux deux Triades de Thèbes par Aménophis; et, dans cette salle, dont le plafond existe encore, on trouve un second sanctuaire emboîté dans le premier, et dont voici la dédicace qui en donne très-clairement l'époque tout-à-fait récente, en comparaison de celle du grand sanctuaire : « Restauration de l'édifice faite par le roi (chéri de Phré, approuvé par Ammon) le fils du soleil, seigneur des diadèmes Alexandre, en l'honneur de son père Ammon-Ra, gardien des régions des Oph (Thèbes); il a fait construire le sanctuaire nouveau en pierres dures et bonnes à la place de celui qui avait été fait sous la majesté du roi Soleil, seigneur de justice, le fils du Soleil Aménophis, modérateur de la région pure.

Ainsi, ce second sanctuaire remonte seulement à l'origine de la domination des Grecs en Égypte, au règne d'Alexandre, fils d'Alexandre-le-Grand, et non ce dernier, ce que prouve d'ailleurs le visage enfantin du roi, représenté, à l'extérieur comme à l'intérieur de ce petit édifice, adorant les Triades thébaines. Dans un de ces bas-reliefs, la déesse Thamoun est remplacée par la *ville de Thèbes* personnifiée sous la forme d'une femme, avec cette légende :

« Voici ce que dit Thèbes (Toph), la grande rectrice du monde : « Nous avons mis en ta puissance toutes les contrées (les Nomes); nous t'avons donné Kémé (l'Égypte), terre nourricière. »

La déesse Thèbes adresse ces paroles au jeune roi Alexandre, auquel Ammon générateur dit en même temps : « Nous accordons que les édifices que tu élèves soient aussi durables que le firmament. »

On ne trouve que cette seule partie moderne dans le vieux palais d'Aménophis : car il ne vaut la peine de citer le fait suivant que sous le rapport de la singularité. Dans une salle qui précède le sanctuaire, existe une pierre d'architrave, qui, ayant été renouvelée sous un Ptolémée et ornée d'une inscription, produit, en lisant les caractères qu'elle porte, une dédicace bizarre, en ce qu'on ne s'est point inquiété des vieilles pierres d'architrave, voisines, conservant la dédicace primitive : la voici :

1re *Pierre moderne*. « Restauration de l'édifice faite par le roi Ptolémée, toujours vivant, aimé de Ptha. » — 2e *pierre antique*. « Monde, le Soleil Seigneur de justice, le fils du Soleil Aménophis, a fait exécuter ces constructions en l'honneur de son père Ammon, etc. »

L'ancienne pierre, remplacée par le Lagide, portait la légende : « L'Aroëris puissant, etc., Seigneur du monde, etc. » On ne s'est point inquiété si la nouvelle légende se liait ou non avec l'ancienne.

C'est aux 14 grandes colonnes de Louqsor que finissent les travaux du règne d'Aménophis, sous lequel ont cependant encore été décorées la 2e et la 7e des deux rangées, en allant du midi au nord. Les bas-reliefs appartiennent au règne du roi *Horus*, fils d'Aménophis, et les 4 dernières au règne suivant.

Toute la partie nord des édifices de Louqsor est d'une autre époque, et formait un monument particulier, quoique lié par la grande colonnade à l'*Aménophion* ou palais d'Aménophis. C'est à Rhamsès-le-Grand (Sésostris) que l'on doit ces constructions, et il a eu l'intention, non pas d'embellir le palais d'Aménophis, son ancêtre, mais de construire un édifice distinct, ce qui résulte évidemment de la dédicace suivante, sculptée en grands hiéroglyphes au-dessous de la corniche du pylone, et répétée sur les architraves de toutes les colonnades que les cahutes modernes n'ont pas encore ensevelies.

« La vie! l'Aroëris, enfant d'Ammon, le maître de la région supérieure et de la région inférieure, deux fois aimable, l'Horus plein de force, l'ami du monde, le Roi (Soleil gardien de vérité, approuvé par Phré), le fils préféré du Roi des dieux, qui, assis sur le trône de son père, domine sur la terre, a fait exécuter ces constructions en l'honneur de son père Ammon-Ra, Roi des Dieux. Il a construit ce Rhamesséion dans la ville d'Ammon, dans l'Oph du midi. C'est ce qu'a fait le fils du Soleil (le chéri d'Ammon-Rhamsès), vivificateur à toujours (1). »

C'est donc ici un monument particulier, distinct de l'Aménophion, et cela explique très-bien pourquoi ces deux grands édifices ne sont pas sur le même alignement, défaut choquant remarqué par tous les voyageurs qui supposaient, à tort, que toutes ces constructions étaient du même temps et formaient un seul tout, ce qui n'est pas.

C'est devant le pylone nord du *Rhamséion* de Louqsor, que s'élèvent les deux célèbres obélisques de granit rose, d'un travail si pur et d'une si belle conservation. Ces deux masses énormes, véritables joyaux de plus de 70 pieds de hauteur, ont été érigées à cette place par Rhamsès-le-Grand, qui a voulu en décorer son *Rhamesseion*, comme cela est dit textuellement dans l'inscription hiéroglyphique de l'obélisque de gauche, face nord, colonne médiale, que voici : « Le Seigneur du monde, soleil gardien de la vérité (ou justice), approuvé par Phré, a fait exécuter cet édifice en l'honneur de son père Ammon-Ra, et il lui a érigé ces deux grands obélisques de pierre, devant le Rhamesséion de la ville d'Ammon. »

Je possède des copies exactes de ces deux beaux monolithes.

(1) Les mots entre deux parenthèses indiquent le contenu des cartouches prénom et nom propre des rois.

Je les ai prises avec un soin extrême, en corrigeant les erreurs des gravures déjà connues, et en les complétant par les fouilles que nous avons faites jusqu'à la base des obélisques. Malheureusement il est impossible d'avoir la fin de la face est de l'obélisque de droite, et de la face ouest de l'obélisque de gauche : il aurait fallu abattre pour cela quelques maisons de terre et faire déménager plusieurs pauvres familles de Fellah.

Je n'entre pas dans de plus grands détails sur le contenu des légendes des deux obélisques. On sait déjà que, loin de renfermer, comme on l'a cru si long-temps, de grands mystères religieux, de hautes spéculations philosophiques, les secrets de la science occulte, ou tout au moins des leçons d'astronomie, ce sont tout simplement des dédicaces plus ou moins fastueuses, des édifices devant lesquels s'élèvent les monumens de ce genre. Je passe donc à la description des pylones qui sont d'un bien autre intérêt.

L'immense surface de chacun de ces deux massifs est couverte de sculptures d'un très-bon style, sujets tous militaires et composés de plusieurs centaines de personnages. *Massif de droite :* le roi Rhamsès-le-Grand, assis sur son trône au milieu de son camp, reçoit les chefs militaires et des envoyés étrangers; détails du camp, bagages, tentes, fourgons, etc., etc.; en dehors, l'armée égyptienne est rangée en bataille; chars de guerre à l'avant, à l'arrière et sur les flancs; au centre, les fantassins régulièrement formés en carrés. *Massif de gauche :* bataille sanglante, défaite des ennemis, leur poursuite, passage d'un fleuve, prise d'une ville; on amène ensuite les prisonniers.

Voilà le sujet général de ces deux tableaux, d'environ 50 pieds chacun; nous en avons des dessins fort exacts, ainsi que du peu d'inscriptions entremêlées aux scènes militaires. Les grands textes relatifs à cette campagne de Sésostris, sont au-dessous des bas-reliefs. Malheurensement il faudrait abattre une partie du village de Louqsor pour en avoir des copies. Il a donc fallu me contenter d'apprendre par le haut des lignes encore visibles, que cette guerre avait eu lieu en l'an V[e] du règne du conquérant, et que la bataille s'était donnée le 5 du mois d'Epiphi. Ces dates me prouvent qu'il s'agit ici de la même guerre que celle dont on a sculpté les événemens sur la paroi droite du grand monument d'*Ibsamboul*, et qui portent aussi la date de l'an V.

La bataille figurée dans ce dernier temple est aussi du mois d'Epiphi, mais du 9 et non pas du 5. Il s'agit donc évidemment de deux affaires de la même campagne. Les peuples que les Égyptiens avaient à combattre sont des Asiatiques, qu'à leur costume on peut reconnaître pour des Bactriens, des Mèdes et des Babyloniens. Le pays de ces derniers est expressément nommé (*Naharaïna-Kah*, le pays de Naharaïna, la Mésopotamie) dans les inscriptions d'Ibsamboul, ainsi que les contrées de Schôt, Robschi, Schbatoun, Marou, Bachoua, qu'il faut chercher nécessairement dans la géographie primitive de l'Asie occidentale.

Les obélisques, les quatre colonnes, le pylone, et le vaste péristyle ou cour environnée de colonnes, qui s'y rattachent, forment tout ce qui reste du Rhamesséion de la rive droite, et on lit *partout* les dédicaces de Rhamsès-le-Grand, deux seuls points exceptés de ce grand édifice. Il paraît, en effet, que vers le 8e siècle avant J.-C., l'ancienne décoration de la grande partie située entre ces deux massifs du pylone, était, par une cause quelconque, en fort mauvais état, et qu'on en refit les masses entièrement à neuf; les bas-reliefs de Rhamsès-le-Grand furent alors remplacés par de nouveaux qui existent encore et qui représentent le chef de la XXIVe dynastie, le conquérant éthiopien *Sabaco* ou Sabacon, qui, pendant de longues années, gouverna l'Égypte avec beaucoup de douceur, faisant les offrandes accoutumées aux dieux protecteurs du palais et de la ville de Thèbes. Ces bas-reliefs, sur lesquels on voit le nom du roi, qui est écrit *Schabak* et qu'on y lit très-clairement, quoiqu'on ait pris soin de le marteler à une époque fort ancienne; ces bas-reliefs, dis-je, sont très-curieux aussi sous le rapport du style. Les figures en sont fortes et très-accusées avec les muscles vigoureusement prononcés, sans qu'elles aient pour cela la lourdeur des sculptures du temps des Ptolémées et des Romains. Ce sont, au reste, les seules sculptures de ce règne que j'aie rencontrées en Égypte.

Une seconde restauration, mais de peu d'importance, a eu également lieu au Rhamesséion de Louqsor. Trois pierres d'une architrave et le chapiteau de la Ire colonne gauche du péristyle ont été renouvelés sous Ptolémée-Philopator, et l'on n'a pas manqué de sculpter sur l'architrave l'inscription suivante:

« Restauration de l'édifice, faite par le roi Ptolémée toujours vivant, chéri d'Isis et de Phtha, et par la dominatrice du monde, Arsinoë, dieux Philopatores aimés par Ammon-Ra roi des dieux. »

Je ne mets point au nombre des restaurations quelques sculptures de Rhamsès-Méïamoun, que l'on remarque en dehors du Rhamesséion, du côté de l'est, parce qu'elles peuvent avoir appartenu à un édifice contigu et sans liaison réelle avec le monument de Sésostris.

Je termine ici, pour cette fois, mes notices monumentales; je parlerai, dans ma prochaine lettre, des tombeaux des rois thébains que nous exploitons dans ce moment... Adieu.

P. S. 2 avril. Je ferme aujourd'hui ma lettre, le courrier devant partir ce matin même pour le Caire. Rien de nouveau depuis le 25, toujours bonne santé et bon courage. Je donne ce soir à nos compagnons une fête dans une des plus jolies salles du tombeau d'Ousiréi; nous y oublierons la stérilité et le voisinage de la 2e cataracte, où nous avions à peine du pain à manger. La chère ne répondra pas à la magnificence du local, mais on fera l'impossible pour n'être pas trop au-dessous. Je voulais offrir à notre jeunesse un plat nouveau pour nous et qui devait ajouter aux plaisirs de la réunion; c'était un morceau de jeune crocodile mis à la sauce piquante, le hasard ayant voulu qu'on m'en apportât un tué d'hier matin; mais j'ai joué de malheur, la pièce de crocodile s'est gâtée; nous n'y perdrons vraisemblablement qu'une bonne indigestion chacun.

TREIZIEME LETTRE.

Thèbes (*Biban-el-Molouk*), le 26 *mai* 1829.

Les détails topographiques, donnés par Strabon, ne permettent point de chercher ailleurs que dans la vallée de *Biban-el-Molouk*, l'emplacement des tombeaux des anciens rois. Le nom de cette vallée, qu'on veut entièrement dériver de l'arabe en le traduisant par *les portes des rois*, mais qui est à-la-fois une corruption et une traduction de l'ancien nom égyptien *Bib an-Ourôou* (les hypogées des rois), comme l'a fort bien dit M. Silvestre de Sacy, lèverait d'ailleurs toute espèce de doute à ce sujet. C'était la *nécropole royale*, et on avait choisi un lieu parfaitement convenable à cette triste destination, une vallée aride, encaissée par de très-hauts rochers coupés à pic, ou par des montagnes en pleine décomposition, offrant presque toutes de larges fentes occasionnée soit par l'extrême chaleur, soit par des éboulemens intérieurs, et dont les croupes sont parsemées de bandes noires, comme si elles eussent été brûlées en partie; aucun animal vivant ne fréquente cette vallée de mort : je ne compte point les mouches, les renards, les loups et les hyènes, parce que c'est notre séjour dans les tombeaux et l'odeur de notre cuisine qui avaient attiré ces quatre espéces affamées.

En entrant dans la partie la plus reculée de cette vallée, par une ouverture étroite évidemment faite de main d'homme et offrant encore quelques légers restes de sculptures égyptiennes, on voit bientôt au pied des montagnes, ou sur les pentes, des portes carrées, encombrées pour la plupart, et dont il faut approcher pour apercevoir la décoration : ces portes, qui se ressemblent toutes, donnent entrée dans les *tombeaux des rois*. Chaque tombeau a la sienne, car jadis aucun ne communiquait avec l'autre ; ils étaient tous isolés : ce sont les chercheurs de trésors, anciens ou modernes, qui ont établi quelques communications forcées.

Il me tardait, en arrivant à Biban-el-Molouk, de m'assurer que ces tombeaux, au nombre de seize (je ne parle ici que des tombeaux conservant des sculptures et les noms des rois pour qui ils furent creusés), étaient bien, comme je l'avais déduit d'avance de plusieurs considérations, ceux de rois appartenant *tous à des dynasties thébaines*, c'est-à-dire à des princes dont la *famille était originaire de Thèbes*. L'examen rapide que je fis alors de ces excavations avant de monter à la seconde cataracte, et le séjour de plusieurs mois que j'y ai fait à mon retour, m'ont pleinement convaincu que ces hypogées ont renfermé les corps des rois des XVIIIe, XIXe et XXe dynasties, qui sont en effet toutes trois des dynasties *diospolitaines* ou *thébaines*. Ainsi j'y ai trouvé d'abord les tombeaux de six des rois de la XVIIIe, et celui du plus ancien de tous, Aménophis-Memnon, inhumé à part dans la vallée isolée de l'ouest.

Viennent ensuite le tombeau de Rhamsès-Maïamoun et ceux de six autres Pharaons, successeurs de Meïamoun et appartenant à la XIXe ou à la XXe dynastie.

On n'a suivi aucun ordre, ni de dynastie, ni de succession dans le choix de l'emplacement des diverses tombes royales : chacun a fait creuser la sienne sur le point où il croyait rencontrer une veine de pierre convenable à sa sépulture et à l'immensité de l'excavation projetée. Il est difficile de se défendre d'une certaine surprise lorsque, après avoir passé sous une porte assez simple, on entre dans de grandes galeries ou corridors, couverts de sculptures parfaitement soignées, conservant en grande partie l'éclat des plus vives couleurs, et conduisant successivement à des salles soutenues par des piliers encore plus riches de décorations, jusqu'à ce qu'on arrive enfin à la salle principale, celle que les Égyptiens nommaient la *salle dorée*, plus vaste que toutes les autres, et au milieu de laquelle reposait la momie du roi dans un énorme sarcophage de granit. Les plans de ces tombeaux, publiés par la Commission d'Égypte, donnent une idée exacte de l'étendue de ces excavations et du travail immense qu'elles ont coûté pour les exécuter au pic et au ciseau. Les vallées sont presque toutes encombrées de collines formées par les petits éclats de pierre provenant des effrayans travaux exécutés dans le sein de la montagne.

Je ne puis donner ici une description détaillée de ces tombeaux; plusieurs mois m'ont à peine suffi pour rédiger une notice un peu détaillée des innombrables bas-reliefs qu'ils renferment et pour copier les inscriptions les plus intéressantes. Je donnerai cependant une idée générale de ces monumens par la description rapide et très-succincte de l'un d'entr'eux, celui du Pharaon Rhamsès, fils et successeur de Meïamoun. La décoration des tombeaux royaux était systématisée, et ce que l'on trouve dans l'un reparaît dans presque tous les autres, à quelques exceptions près, comme je le dirai plus bas

Le bandeau de la porte d'entrée est orné d'un bas-relief (le même sur toutes les premières portes des tombeaux royaux) qui n'est au fond que la *préface* ou plutôt le *résumé* de toute la décoration des tombes pharaoniques. C'est un disque jaune au milieu duquel est le soleil à tête de bélier, c'est-à-dire le soleil couchant entrant dans l'hémisphère inférieur, et adoré par le roi à genoux; à la droite du disque, c'est-à-dire à l'orient, est la déesse Nephthys, et à la gauche (occident) la déesse Isis occupant les deux extrémités de la course du dieu dans l'hémisphère supérieur : à côté du soleil et dans le disque, on a sculpté un grand scarabée qui est ici, comme ailleurs, le symbole de la régénération ou des renaissances successives : le roi est agenouillé sur la montagne céleste sur laquelle portent aussi les pieds des deux déesses.

Le sens général de cette composition se rapporte au roi défunt : pendant sa vie, semblable au soleil dans sa course de l'orient à l'occident, le roi devait être le vivificateur, l'illuminateur de l'Égypte et la source de tous les biens physiques et moraux nécessaires à ses habitans; le Pharaon mort fût donc encore naturellement comparé au soleil se couchant et descendant vers le ténébreux hémisphère inférieur qu'il doit parcourir pour renaître de nouveau à l'orient et rendre la lumière et la vie au Monde supérieur (celui que nous habitons), de la même manière que le roi défunt devait renaître aussi soit pour continuer ses transmigrations, soit pour habiter le Monde céleste et être absorbé dans le sein d'Ammon, le Père universel.

Cette explication n'est point de mon crû; le temps des conjectures est passé pour la vieille Égypte; tout cela résulte de l'ensemble des légendes qui couvrent les tombes royales.

Ainsi, cette comparaison ou assimilation du roi avec le soleil dans ses deux états pendant les deux parties du jour, est la clef ou plutôt le motif et le sujet dont tous les autres bas-reliefs ne sont, comme on va le voir, que le développement successif.

Dans le tableau décrit est toujours une légende dont suit la traduction littérale : « Voici ce qui dit Osiris, seigneur de l'Amenti (région occidentale habitée par les morts) : Je t'ai accordé une demeure dans la montagne sacrée de l'Occident, comme aux autres dieux grands (les rois ses prédécesseurs); à toi Osirien roi seigneur du Monde, Rhamsès, etc., encore vivant. »

Cette dernière expression prouverait, s'il en était besoin, que les tombeaux des Pharaons, ouvrages immenses, et qui exigeaient un travail fort long, étaient commencés de leur vivant, et que l'un des premiers soins de tout roi égyptien fut, conformément à l'esprit bien connu de cette singulière nation, de s'occuper incessamment de l'exécution du monument sépulcral qui devait être leur dernier asile.

C'est ce que démontre encore mieux le premier bas-relief qu'on trouve toujours à sa gauche en entrant dans tous ces tombeaux. Ce tableau avait évidemment pour but de rassurer le roi vivant sur le fâcheux augure qui semblait résulter pour lui du creusement de sa tombe au moment où il était plein de vie et de santé : ce tableau montre en effet le Pharaon en costume royal, se présentant au dieu Phré à tête d'épervier, c'est-à-dire au soleil dans tout l'éclat de sa course (à l'heure de midi), lequel adresse à son représentant sur la Terre ces paroles consolantes :

« Voici ce que dit Phré, dieu grand, seigneur du Ciel : nous « t'accordons une longue série de jours pour régner sur le » Monde et exercer les attributions royales d'Horus sur la « Terre. »

Au plafond de ce premier corridor du tombeau, on lit également de magnifiques promesses faites au roi pour cette vie terrestre, et le détail des priviléges qui lui sont réservés dans les régions célestes ; il semble qu'on ait placé ici ces légendes, comme pour rendre plus douce la pente toujours trop rapide qui conduit à la salle du sarcophage.

Immédiatement après ce tableau, sorte de précaution oratoire assez délicate, on aborde plus franchement la question par un tableau symbolique, le disque du soleil Criocéphale, parti de l'Orient, et avançant vers la frontière de l'Occident, qui est marqué par un crocodile, emblème des ténèbres, et dans lesquels le dieu et le roi vont entrer chacun à sa manière. Suit immédiatement un très-long texte, contenant les noms des soixante-quinze parèdres du soleil dans l'hémisphère inférieur, et des invocations à ces divinités du troisième ordre, dont chacune préside à l'une des soixante-quinze subdivisions du Monde inférieur, qu'on nommait KELLÉ, *demeure qui enveloppe*, *enceinte*, *zône*.

Une petite salle, qui succède ordinairement à ce premier corridor, contient les images sculptées et peintes des 75 parèdres, précédées ou suivies d'un immense tableau dans lequel on voit successivement l'image abrégée des 75 zônes et de leurs habitans dont il sera parlé plus loin.

A ces tableaux généraux et d'ensemble, succède le développement des détails : les parois des corridors et salles qui suivent (presque toujours les parois les plus voisines de l'Orient) sont couvertes d'une longue série de tableaux représentant la marche du soleil dans l'hémisphère supérieur (image du roi pendant sa vie), et sur les parois opposées, on a figuré la marche du soleil dans l'hémisphère inférieur (image du roi après sa mort).

Les nombreux tableaux relatifs à la marche du dieu au-dessus de l'horizon et dans l'hémisphère lumineux, sont partagés en douze séries annoncées chacune par un riche battant de porte, sculpté, et gardé par un énorme serpent. Ce sont les portes des douze heures du jour, et ces réptiles ont tous des noms significatifs, tels que TEK-HO, serpent à face étincelante ; SATEMPEFBAL, serpent dont l'œil lance la flamme ; TAPENTHO, la corne du Monde, etc., etc. A côté de ces terribles gardiens on lit constamment la légende : *Il demeure au-dessus de cette grande porte, et l'ouvre au dieu Soleil.*

Près du battant de la première porte, celle du lever, on a figuré les vingt-quatre heures du jour astronomique sous forme humaine, une étoile sur la tête, et marchant vers le fond du tombeau, comme pour marquer la direction de la course du dieu, et indiquer celle qu'il faut suivre dans l'étude des tableaux qui offrent un intérêt d'autant plus piquant, que, dans chacune des douze heures de jour, on a tracé l'image détaillée de la barque du dieu, naviguant dans le fleuve céleste sur le *fluide primordial* ou *l'Æther*, le principe de toutes les choses physiques selon la vieille philosophie égyptienne, avec la figure des dieux qui l'assistent successivement, et de plus, la représentation des *demeures célestes* qu'il parcourt, et les scènes mythiques propres à chacune des heures du jour.

Ainsi, à la première heure, sa *bari*, ou barque, se met en mouvement et reçoit les adorations des esprits de l'Orient ; parmi les tableaux de la seconde heure, on trouve le grand serpent Apophis, le frère et l'ennemi du soleil, surveillé par le dieu Atmou ; à la troisième heure, le dieu Soleil arrive dans la zône céleste où se décide le sort des ames, relativement aux corps qu'elles doivent habiter dans leurs nouvelles transmigrations ; on y voit le dieu Atmou assis sur son tribunal, pesant à sa balance les ames humaines qui se présentent successivement : l'une d'elles vient d'être condamnée, on la voit ramenée sur Terre dans une *bari* qui s'avance vers la porte gardée par Anubis, et conduite à grands coups de verges par des cynocéphales, emblêmes de la justice céleste ; le coupable est sous la forme d'une énorme truie, au-dessus de laquelle on a gravé en grand caractère *gourmandise* ou *gloutonnerie*, sans doute le péché capital du délinquant, quelque glouton de l'époque.

Le dieu visite, à la cinquième heure, *les Champs-Élysées* de la mythologie égyptienne, habités par les ames bienheureuses se reposant des peines de leurs transmigrations sur la Terre : elles portent sur leur tête la plume d'autruche, emblême de leur conduite juste et vertueuse. On les voit présenter des offrandes aux dieux ; ou bien, sous l'inspection du *seigneur de la joie du cœur*, elles cueillent les fruits des arbres célestes de ce paradis : plus loin, d'autres tiennent en main des faucilles ; ce sont les ames qui cultivent les champs de la vérité ; leur légende porte : « elles font des libations de l'eau et des offrandes « des grains des campagnes de gloire ; elles tiennent une faucille « et moissonnent les champs qui sont leur partage ; le dieu So- « leil leur dit : prenez vos faucilles, moissonnez vos grains, « emportez-les dans vos demeures, jouissez-en et les présentez « aux dieux en offrande pure. » Ailleurs enfin on les voit se baigner, nager, sauter et folâtrer dans un grand bassin que remplit l'eau céleste et primordiale, le tout sous l'inspection du dieu *Nil-Céleste*. Dans les heures suivantes, les dieux se préparent à combattre le grand ennemi du Soleil, le serpent *Apophis*. Ils s'arment d'épieux, se chargent de filets, parce que le monstre habite les eaux du fleuve sur lequel navigue le vaisseau du soleil ; ils tendent des cordes ; Apophis est pris ; on le charge de liens ; on sort du fleuve cet immense reptile, au moyen d'un câble que la déesse Selk lui attache au cou et que douze dieux tirent, secondés par une *machine fort compliquée*, manœuvrée par le dieu *Sév* (Saturne) assisté des génies des quatre points cardinaux. Mais tout cet attirail serait impuissant contre les efforts d'Apophis, s'il ne sortait d'en bas une *main énorme* (celle d'Ammon) qui saisit la corde et arrête la fougue du dragon. Enfin, à la onzième heure du jour, le serpent captif est étranglé, et bientôt après le dieu Soleil arrive au point extrême de l'horizon où il va disparaître. C'est la déesse *Netphé* (Rhéa) qui, faisant l'office de la Thétys des Grecs, s'élève à la surface de l'abîme des eaux célestes ; et montée sur la tête de son fils Osiris, dont le corps se termine en volute comme celui d'une syrène, la déesse reçoit le vaisseau du Soleil que prend bientôt dans ses bras immenses le Nil-Céleste, le vieil *Océan* des mythes égyptiens.

La marche du soleil dans *l'hémisphère inférieur*, celui des ténèbres, pendant les 12 heures du nuit, c'est-à-dire la contre-partie des scènes précédentes, se trouve sculptée sur les parois des tombeaux royaux, opposées à celles dont je viens de donner une idée très-succincte. Là le dieu, assez constamment peint en *noir*, de la tête aux pieds, parcourt les 75 cercles ou zônes auxquels président autant de personnages divins de toute forme, et armés de glaives. Ces cercles sont habités par les *ames coupables* qui subissent divers supplices. C'est véritablement là le type primordial de l'*Enfer* du Dante, car la variété des tourmens a de quoi surprendre; et je ne suis pas étonné que quelques voyageurs, effrayés de ces scènes de carnage, aient cru y trouver la preuve de l'usage des sacrifices humains dans l'ancienne Égypte; mais les légendes lèvent toute espèce d'incertitude à cet égard : ce sont des affaires de l'autre Monde, et qui ne préjugent rien pour les us et coutumes de celui-ci.

Les ames coupables sont punies d'une manière différente dans la plupart des zônes infernales que visite le dieu Soleil : on a figuré ces esprits impurs, et persévérant dans le crime, presque toujours sous la forme humaine, quelquefois aussi sous la forme symbolique de la *grue*, ou celle de l'*épervier à tête humaine* entièrement peint en *noir*, pour indiquer à-la-fois et leur nature perverse et leur séjour dans l'abîme des ténèbres; les unes sont fortement liées à des poteaux, et les gardiens de la zône, brandissant leurs glaives, leur reprochent les crimes qu'elles ont commis sur la Terre; d'autres sont suspendues la tête en bas; celles-ci, les mains liées sur la poitrine et la tête coupée, marchent en longues files; quelques-unes, les mains liées derrière le dos, traînent sur la terre leur cœur sorti de leur poitrine; dans de grandes chaudières, on fait bouillir des ames vivantes, soit sous forme humaine, soit sous celle d'oiseau, ou seulement leurs têtes et leurs cœurs. J'ai aussi remarqué des ames jetées dans la chaudière avec l'emblème du bonheur et du repos céleste (l'éventail), auxquels elles avaient perdu tous leurs droits. J'ai des copies fidèles de cette immense série de tableaux et des longues légendes qui les accompagent. A chaque zône et auprès des suppliciés, on lit toujours leur condamnation et la peine qu'ils subissent. « Ces ames en-« nemies, y est-il dit, ne voient point notre dieu lorsqu'il lance « les rayons de son disque ; elles n'habitent plus dans le Monde « terrestre et elles n'entendent point la voix du dieu grand « lorsqu'il traverse leurs zônes. »

Tandis qu'on lit au contraire à côté de la représentation des ames heureuses, sur les parois opposées : « Elles ont trouvé « grâce aux yeux du Dieu grand ; elles habitent les demeures « de gloire, celles où l'on vit de la vie céleste ; les corps qu'el-« les ont abandonnés reposeront à toujours dans leurs tom-« beaux, tandis qu'elles jouiront de la présence du Dieu su-« prême. »

Cette double série de tableaux nous donne donc le *système psychologique égyptien* dans ses deux points les plus importans et les plus moraux, *les récompenses et les peines.* Ainsi se trouve complètement démontré tout ce que les anciens ont dit de la doctrine égyptienne *sur l'immortalité de l'ame* et le but positif de la vie humaine. Elle est certainement grande et heureuse, l'idée de symboliser la *double destinée* des ames par le plus frappant des phénomènes célestes, le cours du soleil dans les deux hémisphères, et d'en lier la peinture à celle de cet imposant et magnifique spectacle.

Cette galerie psychologique occupe les parois des deux grands corridors et des deux premières salles du tombeau de *Rhamsès* V, que j'ai pris pour type de ma description des tombes royales, parce qu'il est le plus complet de tous. Le même sujet, mais composé dans un esprit directement *astronomique*, et sur un plan plus régulier, parce que c'était un tableau de science, est reproduit sur les plafonds et occupe toute la longueur de ceux du second corridor et des deux premières salles qui suivent.

Le ciel, sous la forme d'une femme dont le corps est parsemé d'étoiles, enveloppe de trois côtés cette immense composition : le torse se prolonge sur toute la longueur du tableau dont il couvre la partie supérieure ; sa tête est à l'occident ; ses bras et ses pieds limitent la longueur du tableau divisé en deux bandes égales : celle d'en-haut représente l'hémisphère supérieur et le cours du soleil dans les 12 heures du jour ; celle d'en-bas, l'hémisphère inférieur, la marche du soleil pendant les 12 heures de la nuit.

A l'orient, c'est-à-dire vers le point sexuel du grand corps céleste (de la déesse Ciel), est figurée la naissance du soleil ; il sort du sein de sa divine mère *Néith*, sous la forme d'un petit enfant portant le doigt à sa bouche, et renfermé dans un disque rouge : le dieu *Méuï* (l'Hercule égyptien, la raison divine), debout dans la barque destinée aux voyages du jeune dieu, élève les bras pour l'y placer lui-même ; après que le soleil enfant a reçu les soins de deux déesses nourrices, la barque part et navigue sur l'*océan céleste*, l'æther, qui coule comme un fleuve de l'*orient à l'occident*, où il forme un vaste bassin, dans lequel aboutit une branche du fleuve traversant l'*hémisphère inférieur, d'occident en orient.*

Chaque heure du jour est indiquée sur le corps du ciel par un disque rouge, et dans le tableau par 12 barques ou *bari* dans lesquelles paraît le dieu soleil naviguant sur l'Océan céleste avec un cortége qui change à chaque heure, et qui l'accompagne sur *les deux rives*.

A la première heure, au moment où le vaisseau se met en mouvement, les esprits de l'Orient présentent leurs hommages au dieu debout dans son naos qui est élevé au milieu de ce bari ; l'équipage se compose de la déesse *Sori* qui donne l'impulsion à la proue ; du dieu *Sev* (Saturne), à la tête de lièvre, tenant une longue perche pour sonder le fleuve, et dont il ne fait usage qu'à partir de la 8e heure, c'est-à-dire lorsqu'on approche des parages de l'Occident ; le reïs ou commandant est Horus, ayant en sous-ordre le dieu Haké-Oëris, le Phaëton et le compagnon fidèle du soleil : le pilote manœuvrant le gouvernail est un hiéracocéphale nommé *Haôu*, plus la déesse Neb-Wa (la dame de la barque), dont j'ignore les fonctions spéciales, enfin le dieu gardien supérieur des tropiques. On a représenté sur les bords du fleuve, les dieux ou les esprits qui président à chacune des heures du jour ; ils adorent le soleil à son passage, ou récitent tous les noms mystiques par lesquels on le distinguait. A la seconde heure paraissent les ames des rois ayant à leur tête le défunt Rhamsès V, allant au-devant de la bari du dieu pour adorer sa lumière : aux 4e, 5e et 6e heures, le même pharaon prend part aux travaux des dieux qui font la guerre au grand Apophis caché dans les eaux de l'Océan. Dans les 7e et 8e heures, le vaisseau céleste cotoie les demeures des bienheureux, jardins ombragés par des arbres de différentes espèces, sous lesquels se promènent les dieux et les ames pures. Enfin le dieu approche de l'Occident : *Sev* (Saturne) sonde le fleuve incessamment, et des dieux échelonnés sur le rivage dirigent la barque avec précaution ; elle contourne le grand bassin de l'ouest, et reparaît dans la bande supérieure du tableau, c'est-à-dire dans l'hémisphère inférieur sur le fleuve qu'elle remonte d'occident en orient. Mais, dans toute cette navigation des douze heures de nuit, comme il arrive encore pour les barques qui remontent le Nil, la *Bari* du soleil est toujours tirée à la corde par un grand nombre de génies subalternes, dont le nombre varie à chaque heure différente. Le grand cortége du dieu et l'équipage ont disparu, il ne reste plus que le pilote debout et inerte à l'entrée du Naos renfermant le dieu auquel la déesse Thméï (la vérité et la justice) qui préside à l'enfer ou à la région inférieure, semble adresser des consolations.

Des légendes hiéroglyphiques placées sur chaque personnage et au commencement de toutes les scènes, en indiquent les noms et les sujets, en faisant connaître l'heure du jour ou de la nuit à laquelle se rapportent ces scènes symboliques. J'ai pris copie moi-même et des tableaux et de toutes les inscriptions.

Mais, sur ces mêmes plafonds et en dehors de la composition que je viens de décrire en gros, existent des textes hiéroglyphiques d'un intérêt plus grand peut-être, quoique liés au même sujet. Ce sont des *tables des constellations et de leurs influences pour toutes les heures de chaque mois de l'année ;* elles sont ainsi conçues :

Mois de Tôbi, la dernière moitié. — *Orion* domine et influe sur l'oreille gauche.

Heure 1re, la constellation d'*Orion* (influe) sur le bras gauche.

Heure 2e, la constellation de *Sirius* (influe) sur le cœur.

Heure 3e, le commencement de la constellation *des deux étoiles* (les gémeaux?), sur le cœur.

Heure 4e, les constellations *des deux étoiles* (influent) sur l'oreille gauche.

Heure 5e, les étoiles *du fleuve* (influent) sur le cœur.

Heure 6e, la tête (ou le commencement) *du lion* (influe) sur le cœur.

Heure 7e, *la flèche* (influe) sur l'œil droit.

Heure 8e, *les longues étoiles*, — sur le cœur.

Heure 9e, les serviteurs des parties antérieures (du quadrupède), *Menté* (le lion marin?) (influent) sur le bras gauche.

Heure 10e, le quadrupède *Menté* (le lion marin?), — sur l'œil gauche.

Heure 11e, les serviteurs du *Menté*, — sur le bras gauche.

Heure 12e, *le pied de la truie* (influe) sur le bras gauche.

Nous avons donc ici une *table des influences,* analogue à celle qu'on avait gravée sur le fameux *cercle doré* du monument d'Osymandyas, et qui donnait, comme le dit Diodore de Sicile, les heures du lever des constellations *avec les influences de chacune d'elles*. Cela démontrera sans réplique, comme l'a affirmé notre savant ami M. Letronne, que l'*astrologie* remonte, en Égypte, jusqu'aux temps les plus reculés; cette question, par le fait, est décidée sans retour, c'est un petit souvenir que je lui adresse, en attendant ses commissions pour Thèbes.

La traduction que je viens de donner d'une des vingt-quatre tables qui composent la série des levers, est certaine dans les passages où j'ai introduit les noms actuels des constellations de notre planisphère; n'ayant pas eu le temps de pousser plus loin mon travail de concordance, j'ai été obligé de donner partout ailleurs le mot à mot du texte hiéroglyphique.

J'ai dû recueillir, et je l'ai fait avec un soin religieux, ces restes précieux de l'*astronomie antique*, science qui devait être nécessairement liée à l'*astrologie*, dans un pays où la religion fut la base immuable de toute l'organisation sociale. Dans un pareil système politique, toutes les sciences devaient avoir deux parties distinctes : *la partie des faits observés,* qui constitue seule nos sciences actuelles; *la partie spéculative*, qui liait la science à la croyance religieuse, lien nécessaire, indispensable même en Égypte, où la religion, pour être forte et pour l'être toujours, avait voulu renfermer l'Univers entier et son étude dans son domaine sans borne; ce qui a son bon et son mauvais côté, comme toutes les conceptions humaines.

Dans le tombeau de Rhamsès V, les salles ou corridors qui suivent ceux que je viens de décrire, sont décorés de tableaux symboliques relatifs à divers états du soleil considéré soit physiquement, soit surtout dans ses rapports purement mythiques :

mais ces tableaux ne forment point un ensemble suivi, c'est pour cela qu'ils sont totalement omis ou qu'ils n'occupent pas la même place dans les tombes royales. La salle qui précède celle du sarcophage, en général consacrée aux quatre génies de l'amenti, contient, dans les tombeaux les plus complets, la comparution du roi devant le tribunal des 42 juges divins qui doivent décider du sort de son ame, tribunal dont ne fut qu'une simple image celui qui, sur la terre, accordait ou refusait aux Rois les honneurs de la sépulture. Une paroi entière de cette salle dans le tombeau de Rhamsès V, offre les images de ces 42 assesseurs d'Osiris, mêlées aux justifications que le roi est censé présenter, ou faire presenter en son nom, à ces juges sévères, lesquels paraissent être chargés, chacun, de faire la recherche d'un crime ou péché particulier, et de le punir dans l'ame soumise à leur juridiction. Ce grand texte, divisé par conséquent en 42 versets ou colonnes, n'est à proprement parler qu'une *confession négative*, comme on peut en juger par les exemples qui suivent :

O dieu (tel)! *le roi*, soleil modérateur de justice, approuvé d'Ammon, *n'a point commis de méchancetés.*

Le fils du soleil Rhamsès, *n'a point blasphémé.*

Le roi, soleil modérateur, etc., *ne s'est point énivré.*

Le fils du soleil Rhamsès, *n'a point été paresseux.*

Le roi, soleil modérateur, etc., *n'a point enlevé les biens voués aux dieux.*

Le fils du soleil Rhamsès, *n'a point dit de mensonges.*

Le roi, soleil, etc., *n'a point été libertin.*

Le fils du soleil Rhamsès, *ne s'est point souillé par des impuretés.*

Le roi, soleil, etc., *n'a point secoué la tête en entendant des paroles de vérité.*

Le fils du soleil Rhamsès, *n'a point inutilement alongé ses paroles.*

Le roi soleil, etc., *n'a pas eu à dévorer son cœur* (c'est-à-dire à se repentir de quelque mauvaise action.)

On voyait enfin, à côté de ce texte curieux, dans le tombeau de *Rhamsès Meïamoum*, des images plus curieuses encore, celles des péchés capitaux : il n'en reste plus que trois de bien visibles, ce sont *la luxure*, *la paresse* et *la voracité*, figurées sous forme humaine, avec les têtes symboliques de *bouc*, de *tortue* et de *crocodile*.

La grande salle du tombeau de Rhamsès V^{e}, celle qui renfermait le sarcophage, et la dernière de toutes, surpasse aussi les autres en grandeur et en magnificence. Le plafond creusé en berceau et d'une très-belle coupe, a conservé toute sa peinture : la fraîcheur en est telle, qu'il faut être habitué aux miracles de conservation des monumens de l'Égypte, pour se persuader que ces frêles couleurs ont résisté à plus de trente siècles. On a répété ici, mais en grand et avec plus de détails dans certaines parties, la marche du soleil dans les deux hémisphères pendant la durée du jour astronomique, composition qui décore les plafonds des premières salles du tombeau et qui forme le motif général de toute la décoration des sépultures royales.

Les parois de cette vaste salle sont couvertes, du soubassement au plafond, de tableaux sculptés et peints comme dans le reste du tombeau, et chargées de milliers d'hiéroglyphes formant les légendes explicatives; le soleil est encore le sujet de ces bas-reliefs, dont un grand nombre contiennent aussi, sous des formes emblématiques, tout le système cosmogonique et les principes de la physique générale des Égyptiens. Une longue étude peut seule donner le sens entier de ces compositions que j'ai toutes copiées moi-même, en transcrivant en même temps tous les textes qui les accompagnent. C'est du mysticisme le plus raffiné; mais il y a certainement, sous ces apparences emblématiques, de vieilles vérités que nous croyons très-jeunes.

J'ai omis dans cette description, aussi rapide que possible d'un seul des tombeaux royaux, de parler des bas-reliefs dont sont couverts les piliers qui soutiennent les diverses salles; ce sont des adorations aux divinités de l'Égypte et principalement à celles qui président aux destinées des ames, Phtha-Socharis, Atmou, la déesse *Méresochar*, *Osiris* et *Anubis*.

Tous les autres tombeaux des rois de Thèbes, situés dans la vallée de Biban-el-Molouk et dans la vallée de l'Ouest, sont décorés, soit de la totalité, soit seulement d'une partie des tableaux que je viens d'indiquer, et selon que ces tombeaux sont plus ou moins vastes et surtout plus ou moins *achevés*.

Les tombes royales véritablement achevées et complètes, sont en très-petit nombre, savoir : celle d'Aménophis IIIe

(Memnon), dont la décoration est presque entièrement détruite; celle de Rhamsès-Meïamoun, celle de Rhamsès V, probablement aussi celle de *Rhamsès-le-Grand*, enfin celle de la reine Thaoser. Toutes les autres sont incomplètes. Les unes se terminent à la première salle, changée en grande salle sépulchrale, d'autres vont jusqu'à une seconde salle des tombeaux complets; quelques-unes même se terminent brusquement par un petit réduit creusé à la hâte, grossièrement peint, et dans lequel on a déposé le sarcophage du roi, à peine ébauché. Cela prouve invinciblement ce que j'ai dit au commencement, que ces rois ordonnaient leur tombeau en montant sur le trône; et si la mort venait les surprendre avant qu'il fût terminé, les travaux étaient arrêtés et le tombeau demeurait incomplet. On peut donc juger à coup sûr de la longueur du règne de chacun des rois inhumés à Biban-el-Molouk, par l'achèvement ou par l'état plus ou moins avancé de l'excavation destinée à sa sépulture. Il est à remarquer à ce sujet, que les règnes d'Aménophis IIIe, de Rhamsès-le-Grand et de Rhamsès V, furent, en effet, selon Manéthon, de plus de 30 ans chacun, et leurs tombeaux sont aussi les plus étendus.

Il me reste à parler de certaines particularités que présentent quelques-unes de ces tombes royales.

Quelques parois conservées du tombeau d'Aménophis IIIe (Memnon), sont couvertes d'une simple peinture, mais exécutée avec beaucoup de soin et de finesse. La grande salle contient encore une portion de la course du soleil dans les deux hémisphères; mais cette composition est peinte sur les murailles sous la forme d'un immense papyrus déroulé, les figures étant tracées au simple trait comme dans les manuscrits, et les légendes, en hiéroglyphes linéaires, arrivant presque aux formes *hiératiques*. Le Musée royal possède des rituels conçus en ce genre d'écriture de transition.

Le tombeau de cet illustre Pharaon a été découvert par un des membres de la Commission d'Égypte dans la vallée de l'Ouest. Il est probable que tous les rois de la première partie de la XVIIIe dynastie, reposaient dans cette même vallée, et que c'est là qu'il faut chercher les sépulchres d'Aménophis Ier et IIe, et des quatre Thouthmosis. On ne pourra les découvrir qu'en exécutant des déblayemens immenses au pied des grands rochers coupés à pic, dans le sein desquels ces tombes ont été creusées. Cette même vallée recèle peut-être encore le dernier asile des rois thébains des anciennes époques; c'est ce que je me crois autorisé à conclure de l'existence d'un second tombeau royal d'un très-ancien style, découvert dans la partie la plus reculée de la même vallée, celui d'un Pharaon thébain nommé *Skhaï*, lequel n'appartient certainement point aux quatre dernières dynasties thébaines, les XVIIe, XVIIIe, XIXe et XXe.

Dans la vallée proprement dite de Biban-el-Molouk, nous avons admiré, comme tous les voyageurs qui nous ont précédés, l'étonnante fraîcheur des peintures et la finesse des sculptures du tombeau d'Ousiréï Ier, qui, dans ses légendes, prend les divers surnoms de *Noubei*, *d'Athothi* et *d'Amonei*, et dans son tombeau celui d'Ousiréï; mais cette belle catacombe dépérit chaque jour. Les piliers se fendent et se délient; les plafonds tombent en éclats, et la peinture s'enlève en écailles. J'ai fait dessiner et colorier sur place les plus riches tableaux de cet hypogée, pour donner en Europe une idée exacte de tant de magnificence. J'ai fait également dessiner la série de *peuples* figurée dans un des bas-reliefs de la première salle à piliers. J'avais cru d'abord, d'après les copies de ces bas-reliefs publiées en Angleterre, que ces quatre peuples, de race bien différente, conduits par le dieu Horus, tenant le bâton pastoral, étaient les nations soumises au sceptre du Pharaon Ousiréï; l'étude des légendes m'a fait connaître que ce tableau a une signification plus générale. Il appartient à la 3e heure du jour, celle où le soleil commence à faire sentir toute l'ardeur de ses rayons et réchauffe toutes les contrées habitées de notre hémisphère. On a voulu y représenter, d'après la légende même, *les habitans de l'Égypte et ceux des contrées étrangères*. Nous avons donc ici sous les yeux l'image des diverses *races d'hommes* connues des Égyptiens, et nous apprenons en même temps les grandes divisions géographiques ou *ethnographiques*, établies à cette époque reculée.

Les hommes guidés par le pasteur des peuples, Horus, sont figurés au nombre de douze, mais appartenant à quatre familles bien distinctes. Les trois premiers (les plus voisins du dieu) sont *de couleur rouge sombre*, taille bien proportionnée, physionomie douce, nez légèrement aquilin, longue chevelure nattée, vêtus de blanc, et leur légende les désigne sous le nom de RÔT-EN-NE-RÔME, *la race des hommes*, les hommes par excellence, c'est-à-dire les Égyptiens.

Les trois suivans présentent un aspect bien différent : peau couleur de chair tirant sur le jaune, ou teint basané, nez fortement aquilin, barbe noire, abondante et terminée en pointe, court vêtement de couleurs variées ; ceux-ci portent le nom de NAMOU.

Il ne peut y avoir aucune incertitude sur la race des trois qui viennent après ; ce sont des *nègres* ; ils sont désignés sous le nom général de NAHASI.

Enfin, les trois derniers ont la teinte de peau que nous nommons couleur de chair, ou peau blanche de la nuance la plus délicate, le nez droit ou légèrement voussé, les yeux bleus, barbe blonde ou rousse, taille haute et très-élancée, vêtus de peaux de bœuf conservant encore leur poil, véritables sauvages tatoués sur diverses parties du corps ; on les nomme TAMHOU.

Je me hâtai de chercher le tableau correspondant à celui-ci dans les autres tombes royales, et en le retrouvant en effet dans plusieurs, les variations que j'y observai me convainquirent pleinement qu'on a voulu figurer ici *les habitans des quatre parties du Monde*, selon l'ancien système égyptien, savoir : 1° *les habitans de l'Égypte*, qui, à elle seule, formait une partie du Monde, d'après le très-modeste usage des vieux peuples ; 2° Les *Asiatiques* ; 3° les habitans propres de l'*Afrique*, les nègres ; 4° enfin (et j'ai honte de le dire, puisque notre race est la dernière et la plus sauvage de la série) les *Européens* qui, à ces époques reculées, il faut être juste, ne faisaient pas une trop belle figure dans ce monde. Il faut entendre ici tous les peuples de race blonde et à peau blanche, habitant non-seulement l'*Europe*, mais encore l'*Asie*, leur point de départ.

Cette manière de considérer ces tableaux est d'autant plus la véritable que, dans les autres tombes, les mêmes noms génériques reparaissent et constamment dans le même ordre. On y trouve aussi les Égyptiens et les Africains représentés de la même manière, ce qui ne pouvait être autrement : mais les *Namou* (les Asiatiques) et les *Tamhou* (les races européennes) offrent d'importantes et curieuses variantes.

Au lieu de l'arabe ou du juif, si simplement vêtu dans le tombeau-d'Ousireï, l'Asie a pour représentant dans d'autres tombeaux (ceux de *Rhamsès-Meïamoun*, etc.) trois individus toujours à teint basané, nez aquilin, œil noir et barbe touffue, mais costumés avec une rare magnificence. Dans l'un, ce sont évidemment des *Assyriens* : leur costume, jusque dans les plus petits détails, est parfaitement semblable à celui des personnages gravés sur les cylindres assyriens; dans l'autre, les peuples *Mèdes* ou habitans primitifs de quelque partie de la Perse, leur physionomie et costume se retrouvant en effet, trait pour trait, sur les monumens dits *persépolitains*. On représentait donc l'Asie par l'un des peuples qui l'habitaient, indifféremment. Il en est de même de nos bons vieux ancêtres les *Tamhou*, leur costume est quelquefois différent; leurs têtes sont plus ou moins chevelues et chargées d'ornemens diversifiés : leur vêtement sauvage varie un peu dans sa forme; mais leur teint blanc, leurs yeux et leur barbe conservent tout le caractère d'une race à part. J'ai fait copier et colorier cette curieuse série ethnographique. Je ne m'attendais certainement pas, en arrivant à Biban-el-Molouk, d'y trouver des sculptures qui pourront servir de vignettes à l'histoire des habitans primitifs de l'Europe, si on a jamais le courage de l'entreprendre. Leur vue a toutefois quelque chose de flatteur et de consolant, puisqu'elle nous fait bien apprécier le chemin que nous avons parcouru depuis.

Le tombeau de *Rhamsès* Ier, le père et le prédécesseur d'Ousireï, était enfoui sous les décombres et les débris tombés de la montagne; nous l'avons fait déblayer : il consiste en deux longs corridors sans sculptures, se terminant par une salle peinte, mais d'une étonnante conservation, et renfermant le sarcophage du roi, en granit, couvert seulement de peintures. Cette simplicité accuse la magnificence du fils, dont la somptueuse catacombe est à quelques pas de là.

J'avais le plus vif désir de retrouver à Biban-el-Molouk la tombe du plus célèbre des Rhamsès, celle de *Sésostris*; elle y existe en effet : c'est la troisième à droite dans la vallée principale; mais la sépulture de ce grand homme semble avoir été en bute, soit à la dévastation par des mains barbares, soit aux ravages des torrens accidentels qui l'ont comblée à très-peu près jusqu'aux plafonds. C'est en faisant creuser une espèce de boyau au milieu des éclats de pierres qui remplissent cette intéressante catacombe, que nous sommes parvenus, en rampant et malgré l'extrême chaleur, jusqu'à la première salle. Cet hypogée, d'après ce qu'on peut en voir, fut exécuté sur un plan très vaste et décoré de sculptures du meilleur style, à en juger par les petites portions encore subsistantes. Des fouilles entreprises en grand produiraient sans doute la découverte du sarcophage de cet illustre conquérant : on ne peut espérer d'y trouver la momie royale, car ce tombeau aura sans doute été violé et spolié à une époque fort reculée, soit par les Perses, soit par des chercheurs de trésors, aussi ardens à détruire, que l'étranger, avide d'exercer des vengeances.

Au fond d'un embranchement de la vallée et dans le voisinage de ce respectable tombeau, reposait le fils de Sésostris ; c'est un très-beau tombeau, mais non achevé. J'y ai trouvé, creusée dans l'épaisseur de la paroi d'une salle isolée, une petite chapelle consacrée aux mânes de son père Rhamsès-le-Grand.

Le dernier tombeau, au fond de la vallée principale, se fait remarquer par son état d'imperfection ; les premiers bas-reliefs sont achevés et exécutés avec une finesse et un soin admirables ; la décoration du reste de la catacombe, formée de trois longs corridors et de deux salles, a été seulement tracée en rouge, et l'on rencontre enfin les débris du sarcophage du pharaon, en granit, dans un très-petit cabinet dont les parois à peine dégrossies sont couvertes de quelques mauvaises figures de divinités, dessinées et barbouillées à la hâte.

Son successeur, dont le nom monumental est *Rhamerri*, ne s'était probablement pas beaucoup inquiété du soin de sa sépulture : au lieu de se faire creuser un tombeau comme ses ancêtres, il trouva plus commode de s'emparer de la catacombe voisine de celle de son père, et l'étude que j'ai dû faire de ce tombeau *Palimpseste*, m'a conduit à un résultat fort important pour le complément de la série des règnes formant la 18e dynastie.

Le temps ayant causé la chûte du stuc appliqué par l'usurpateur Rhamerri sur les sculptures primitives de certaines parties du tombeau qu'il voulait s'approprier, je distinguai sur la porte principale les légendes d'une reine nommée *Thaoser*, et le temps faisant aussi justice de la couverte dont on avait masqué les premiers bas-reliefs de l'intérieur, a mis à découvert des tableaux représentant cette même reine, faisant les mêmes offrandes aux dieux et recevant des divinités les mêmes promesses et les mêmes assurances que les Pharaons eux-mêmes dans les bas-reliefs de leurs tombeaux, et occupant la même place que ceux-ci. Il devint donc évident que j'étais dans une catacombe creusée pour recevoir le corps d'une reine, et je dois ajouter d'une reine ayant exercé par elle-même le pouvoir souverain, puisque son mari, quoique portant le titre de roi, ne paraît qu'après elle dans cette série de bas-reliefs, la reine seule se montrant dans les premiers et les plus importans. *Ménéph-tha-Siphtha* fut le nom de ce souverain en sous-ordre.

Comme j'avais déjà trouvé à *Ghebel-Selséléh* des bas-reliefs de ce prince qui avait, après le roi Horus, continué la décoration du grand Spéos de la carrière, j'ai dû reconnaître alors dans la reine *Thaoser* la fille même du roi Horus, laquelle succédant à son père, dont elle était la seule héritière en âge de régner, exerça long-temps le pouvoir souverain, et se trouve dans la liste des rois de Manéthon, sous le nom de la reine *Achenchersès*. Je m'étais trompé à Turin, en prenant l'épouse même d'Horus, la reine *Tmauhmot*, pour la fille de ce prince, mentionnée dans le texte de l'inscription d'un groupe. Cette erreur de nom, indifférente pour la série des règnes, n'aurait point été commise si la légende de la reine épouse d'Horus eût conservé ses titres initiaux, qu'une fracture a fait disparaître. *Siphtha* ne porte donc le titre de roi qu'en sa qualité d'époux de la reine régnante ; ce qui déjà avait eu lieu pour les deux maris de la reine *Amensé*, mère de Thouthmosis IIIe (Mœris).

Ce fait diminue un peu l'odieux de l'usurpation du tombeau de la reine *Thaoser* et de son mari *Siphtha* par leur cinquième ou sixième successeur, qui ne devait point, en effet, avoir pour eux le respect dû à des ancêtres, parce qu'il descendait directement de Rhamsès Ier, et que, d'après les listes, il était tout au plus le frère de la reine Thaoser Archenchersès, et continuait directement la ligne masculine à partir du roi Horus. Mais cela ne saurait justifier le nouvel occupant, d'abord d'avoir substitué partout à l'image de la reine, la sienne propre, au moyen d'additions ou de suppressions ; en l'affublant d'un casque ou de vêtemens et d'insignes convenables seulement à des rois et non à des reines ; et en second lieu, d'avoir recouvert de stuc tous les cartouches renfermant les noms de la reine et de Siphtha, pour y faire peindre sa propre légende. Cette opération a dû, toutefois, s'exécuter fort à la hâte, puisqu'après avoir métamorphosé la reine Thaoser en roi Rhamerri, on n'a point eu la précaution de corriger, sur les bas-reliefs, le texte des discours que les dieux sont censés prononcer, lesquels sont toujours adressés à la reine, et ne sauraient l'être convenablement au roi, ni par leur forme, ni par leur contenu.

Le plus grand et le plus magnifique de tous les tombeaux de la vallée encore existans, fut sans contredit celui du successeur de Rhamerri, Rhamessès-Méïamoun; mais aujourd'hui, le temps ou la fumée a terni l'éclat des couleurs qui recouvrent la plupart de ces sépulchres; il se recommande d'ailleurs par huit petites salles percées latéralement dans le massif des parois du 1er et du 2e corridor, cabinets ornés de sculptures du plus haut intérêt et dont nous avons fait prendre des copies soignées. L'un de ces petits boudoirs contient, entr'autres choses, la représentation des travaux de la cuisine; un autre celle des meubles les plus riches et les plus somptueux; un troisième est un arsenal complet où se voient des armes de toute espèce et les insignes militaires des légions égyptiennes : ici on a sculpté les barques et les canges royales avec toutes leurs décorations. L'un d'eux aussi nous montre le tableau symbolique de l'année égyptienne, figurée par six images du Nil et six images de l'Égypte personnifiée, alternées, une pour chaque mois et portant les productions particulières à la division de l'année que ces images représentent. J'ai dû faire copier, dans l'un de ces jolis réduits, les deux fameux joueurs de harpe avec toutes leurs couleurs, parce qu'ils n'ont été exactement publiés par personne.

En voilà assez sur *Biban-el-Molouk*. J'ai hâte de retourner à Thèbes où l'on ne sera point fâché de me suivre. Je dois cependant ajouter que plusieurs de ces tombes royales portent sur leurs parois le témoignage écrit qu'elles étaient, il y a bien des siècles, abandonnées et seulement visitées, comme de nos jours, par beaucoup de curieux désœuvrés, lesquels, comme ceux de nos jours encore, croyaient s'illustrer à jamais en griffonnant leurs noms sur les peintures et les bas-reliefs, qu'ils ont ainsi défigurés. Les sots de tous les siècles y ont de nombreux représentans ; on y trouve d'abord des Égyptiens de toutes les époques, qui se sont inscrits, les plus anciens en Hiératique, les plus modernes en Démotique ; beaucoup de Grecs de très-ancienne date, à en juger par la forme des caractères ; de vieux Romains de la république, qui s'y décorent avec orgueil du titre du *Romanos ;* des noms de Grecs et de Romains du temps des premiers Empereurs ; une foule d'inconnus du Bas-Empire noyés au milieu des superlatifs qui les précèdent ou qui les suivent; plus, des noms de Coptes accompagnés de très-humbles prières; enfin les noms des voyageurs européens que l'amour de la science, la guerre, le commerce, le hasard ou le désœuvrement ont amenés dans ces tombes solitaires. J'ai recueilli les plus remarquables de ces inscriptions, soit pour leur contenu, soit pour leur intérêt sous le rapport paléographique, Ce sont toujours des matériaux, et tout trouve sa place dans mes portefeuilles égyptiens, qui auront bien quelque prix translatés à Paris.... J'y pense souvent.... Adieu.

QUATORZIEME LETTRE.

Thèbes, le 18 *juin* 1829.

Depuis mon retour au milieu des ruines de cette aînée des villes royales, toutes mes journées ont été consacrées à l'étude de ce qui reste d'un de ses plus beaux édifices pour lequel je conçus, à sa première vue, une prédilection marquée. La connaissance complète que j'en ai acquise maintenant, la justifie au-delà de ce que je devais espérer. Je veux parler ici d'un monument dont le véritable nom n'est pas encore fixé, et qui donne lieu à de fort vives controverses : celui qu'on a appelé d'abord le *Memnonium*, et ensuite *le Tombeau d'Osymandias*. Cette dernière dénomination appartient à la Commission d'Égypte ; quelques voyageurs persistent à se servir de l'autre qui, certainement, est fort mal appliquée et très-inexacte. Pour moi, je n'emploirai désormais, pour désigner cet édifice, que son nom égyptien même, sculpté dans cent endroits et répété dans les légendes des frises, des architraves et des bas-reliefs qui décorent ce palais. Il portait le nom de *Rhamesséion*, parce que c'était à la munificence du pharaon Rhamsès-le-Grand que Thèbes en était redevable.

L'imagination s'ébranle et l'on éprouve une émotion bien naturelle en visitant ces galeries mutilées et ces belles colonnades, lorsqu'on pense qu'elles sont l'ouvrage et furent souvent l'habitation du plus célèbre et du meilleur des princes que la vieille Égypte compte dans ses longues annales, et toutes les fois que je le parcours, je rends à la mémoire de Sésostris l'espèce de culte religieux dont l'environnait l'antiquité tout entière.

Il n'existe aucune partie complète du Rhamesséion ; mais ce qui a échappé à la barbarie des Perses et aux ravages du temps, suffit pour restaurer l'ensemble de l'édifice et pour s'en faire une idée très-exacte ; laissant à part sa partie architecturale qui n'est point de mon ressort, mais à laquelle je dois rendre un juste hommage, en disant que le Rhamesséion est peut-être ce qu'il y a de plus noble et de plus pur à Thèbes en fait de grand monument, je me bornerai à indiquer rapidement le sujet des principaux bas-reliefs qui le décorent, et le sens des inscriptions qui les accompagnent.

Les sculptures qui couvraient les faces extérieures des deux massifs du premier pylone construit en grès, ont entièrement disparu, car ces massifs se sont éboulés en grande partie. Des blocs énormes de calcaire blanc restent encore en place ; ce sont les jambages de la porte, ils sont décorés, ainsi que l'épaisseur des deux massifs entre lesquels s'élevait cette porte, des légendes royales de Rhamsès-le-Grand, et de tableaux représentant le Pharaon faisant des offrandes aux grandes divinités de Thèbes, Amon-Ra, Amon générateur, la déesse Mouth, le jeune dieu Chons, Phtha et Mandou. Dans quelques tableaux, le roi reçoit à son tour les faveurs des dieux, et je donne ici l'analyse du principal d'entr'eux, parce que c'est là que j'ai lu pour la première fois le nom véritable de l'édifice entier.

Le dieu Atmou (une des formes de Phré) présente au dieu Mandou le Pharaon Rhamsès-le-Grand, casqué et en habits royaux ; cette dernière divinité le prend par la main en lui disant : « Viens, avance vers les demeures divines pour contem- « pler ton père, le seigneur des dieux, qui t'accordera une « longue suite de jours pour gouverner le Monde et régner sur

« le trône d'Horus. » Plus loin, en effet, on a figuré le grand dieu Amon-Ra assis, adressant ces paroles au Pharaon : « Voici « ce que dit Amon-Ra, roi des dieux, et qui réside dans le *Rha-« messéion de Thèbes* : Mon fils bien-aimé et de mon germe, « seigneur du Monde Rhamsès! mon cœur se rejouit en con-« templant tes bonnes œuvres ; tu m'a voué cet édifice ; je te « fais le don d'une vie pure à passer sur le trône de Sev (Saturne), « (c'est-à-dire dans la royauté temporelle.) »

Il ne peut donc, à l'avenir, rester la moindre incertitude sur le nom à donner à ce monument.

Les tableaux militaires, relatifs aux conquêtes du roi, couvrent les faces des deux massifs du pylone sur la première cour du palais ; ils sont visibles en assez grande partie, parce que l'éboulement des portions supérieures du pylone a eu lieu du côté opposé. Ces scènes militaires offrent la plus grande analogie avec celles qui sont sculptées dans l'intérieur du temple d'*Ibsamboul* et sur *le pylone de Louqsor*, qui font partie du Rhamesséion ou Rhamséion oriental de Thèbes. Les inscriptions sont semblables, et tous ces bas-reliefs se rapportent évidemment à une même campagne contre des peuples asiatiques qu'on ne peut, d'après leur physionomie et d'après leur costume, chercher ailleurs, je le répète, que dans cette vaste contrée sise entre le Tigre et l'Euphrate d'un côté, l'Oxus et l'Indus de l'autre, contrée que nous appelons assez vaguement la Perse. Cette nation, ou plutôt le pays qu'elle habitait, se nommait *Chto*, *Chéto*, *Scéhto* ou *Schto*, car je me suis aperçu, enfin, que le nom par lequel on la désigne ordinairement dans les textes historiques, et qui peut se prononcer *Pscharanschétko*, *Pscharinschèto* ou *Pschareneschto* (vû l'absence des voyelles médiales), est composé de trois parties distinctes 1° d'un mot égyptien, épithète injurieuse *Pscharé* qui signifie une plaie ; 2° de la préposition N (*de*) que j'avais d'abord crue radicale ; 3° *Chto*, *Schto*, *Schéto*, véritable nom de la contrée. Les Égyptiens désignèrent donc ces peuples ennemis sous la dénomination de *la plaie de Schéto*, de la même manière que l'Éthiopie est toujours appelée *la mauvaise race de Kousch*. Ce n'est point ici le lieu d'exposer les raisons qui me portent à croire fermement que c'est de peuples du nord-est de la Perse, de Bactriens, ou Scythes-Bactriens qu'il s'agit ici.

On a sculpté sur le massif de droite, la réception des ambassadeurs Scytho-Bactriens dans le camp du roi ; ils sont admis en la présence de Rhamsès qui leur adresse des reproches ; les soldats, dispersés dans le camp, se reposent ou préparent leurs armes, et donnent des soins aux bagages ; en avant du camp, deux Égyptiens administrent la bastonade à deux prisonniers ennemis, afin, porte la légende hiéroglyphique, de leur faire dire ce que fait *la plaie de Schéto*. Au bas du tableau, est l'armée égyptienne en marche, et à l'une des extrémités se voit un engagement entre les chars des deux nations.

La partie gauche de ce massif offre l'image d'une série de forteresses desquelles sortent des Égyptiens emmenant des captifs : les légendes sculptées sur les murs de chacune d'elles, donnent leur nom, et apprennent que Rhamsès-le-Grand les a prises de vive force, la VIIIe année de son règne.

Il manque près de la moitié du massif de droite du pylone ; ce qui reste offre les débris d'un vaste bas-relief représentant une grande bataille, toujours contre les Schéto. Comme j'aurai l'occasion d'en décrire une seconde tout-à-fait semblable et beaucoup mieux conservée, je passerai rapidement sur celle-ci, disant seulement qu'on y a représenté l'un des principaux chefs Bactriens, nommé *Schiropsiro* ou *Schiropasiro*, blessé et gissant sur le bord du fleuve, vers lequel se dirige aussi, fuyant devant le vainqueur, un allié, le chef de la mauvaise race *du pays de Schirbech* ou *Schilbesch*. A côté de la bataille est un tableau triomphal : Rhamsès-le-Grand, debout, la hache sur l'épaule, saisit de sa main gauche la chevelure d'un groupe de captifs, au-dessus desquels on lit : « Les chefs des contrées du Midi et « du Nord conduits en captivité par sa majesté. »

Les colonnades qui fermaient latéralement la première cour, n'existent plus aujourd'hui. Le vaste espace compris jadis entre ces galeries et les deux pylones, est encombré des énormes débris du plus grand et du plus magnifique colosse que les Égyptiens aient peut-être jamais élevé : c'était celui *de Rhamsès-le-Grand*. Les inscriptions qui le décorent ne permettent pas d'en douter. Les légendes royales de cet illustre Pharaon, se lisent en grands et beaux hiéroglyphes, vers le haut des bras, et se répètent plusieurs fois sur les quatre faces de la base. Ce colosse, *quoiqu'assis*, *n'avait pas moins de* 53 *pieds de hauteur*, non compris la base, second bloc d'environ 33 pieds de long sur 6 de haut.

Il faut admirer à la fois la puissance du peuple qui érigea ce merveilleux colosse, et celle des barbares qui l'ont mutilé avec tant d'adresse et de soins.

Ce beau monument s'élevait devant le massif de gauche du second pylone ou mur détruit jusqu'au niveau du sol actuel : c'est par nos fouilles que je me suis assuré que l'on avait aussi couvert ce massif de sculptures représentant des scènes militaires : j'y ai retrouvé le bas d'un tableau représentant le roi, après une grande bataille, recevant des principaux officiers, le compte des ennemis tués dans l'action, et dont les mains coupées sont entassées à ses pieds. Plus loin, existait une inscription toujours relative à la guerre contre les Schéto; le peu qui reste des dernières lignes, interrompu par de nombreuses fractures, m'a fait vivement regretter la destruction de ces documens historiques abondans en noms propres et en désignations géographiques. Il y est surtout question des honneurs que le roi accorde à deux chefs scythes ou bactriens, *Iroschtoasiro*, grand chef du pays de Schéto, et *Peschorsenmausiro*, qualifié aussi de grand chef : ce sont, très-probablement, les gouverneurs établis par le conquérant après la soumission du pays.

Les sculptures du massif de droite du 2e pylone ou mur, subsistent en très-grande partie sous la galerie de la seconde cour à droite en entrant; c'est le tableau d'une bataille livrée sur le bord d'un fleuve, dans le voisinage d'une ville que ceignent deux branches de ce fleuve, et sur les murailles de laquelle on lit : *la ville forte Watsch* ou *Batsch* (la première lettre est douteuse). Vers l'extrémité actuelle du tableau, à la gauche du spectateur, l'on voit le roi Rhamsès sur son char lancé au galop, au milieu du champ de bataille couvert de morts et de mourans. Il décoche des flèches contre la masse des ennemis en pleine déroute; derrière le char, sur le terrain que le héros vient de quitter, sont entassés les cadavres des vaincus, sur lesquels s'abattent les chevaux d'un chef ennemi nommé *Torokani*, blessé d'une flèche à l'épaule et tombant sur l'avant de son char brisé. Sous les pieds des coursiers du roi, gissent, dans diverses positions, les corps de *Torokato, chef des soldats du pays de Nakbésou*, et ceux de plusieurs autres guerriers de distinction. Le grand chef Bactrien, *Schiropasiro* se retire sur le bord du fleuve; les flèches du roi ont déjà atteint *Tiotouro* et *Simaïrrosi* fuyant dans la plaine et se dirigeant du côté de la ville. D'autres chefs se réfugient vers le fleuve dans lequel se précipitent les chevaux du chef *Krobschatosi*, blessé et qu'ils entraînent avec eux. Plusieurs enfin, tels que *Thotdro* et *Mafèrima*, *frère* (allié) *de la plaie de Schéto* (des Bactriens), sont allés mourir en face de la ville, sur la rive du fleuve, que d'autres, tels que le Bactrien *Sipaphèro*, ont été assez heureux pour traverser, secourus et accueillis sur la rive opposée par une foule immense accourue pour connaître le résultat de la bataille. C'est au milieu de tout ce peuple amoncelé, qu'on aperçoit un groupe donnant des secours empressés à un chef que l'on vient de retirer du fleuve où il s'est noyé ; on le tient *suspendu par les pieds la tête en bas*, et on s'efforce de lui faire rendre l'eau qui le suffoque, afin de le rappeler à la vie. Sa longue chevelure semble ruisseler, et le traitement ne produira aucun effet, si l'on en juge par la physionomie et le mouvement de l'assistance. On lit au-dessus de ce groupe : « Le chef de la « mauvaise race du pays des *Schirbesch*, qui s'est éloigné de « ses guerriers en fuyant le roi du côté du fleuve. »

Enfin, au milieu de la foule sortie de la ville par *un pont* jeté sur l'une des branches du fleuve, on remarque des symptômes d'un prochain changement dans l'état des esprits : un individu adresse un discours à ceux qui l'entourent ; sa harangue a pour but d'encourager ses compatriotes à se soumettre au joug de Rhamsès-le-Grand ; on lit en effet au-dessus du bras de l'orateur, le commencement d'une inscription ainsi conçue : « Je célèbre la gloire du Dieu gracieux, parce qu'il a dit...... » Le reste est détruit.

J'ai voulu, en entrant dans tous ces détails, donner une idée des bas-reliefs historiques dont on décorait les grands monumens de l'Égypte, de ces compositions immenses que je me plais à nommer des *tableaux homériques* ou de la sculpture héroïque, parce qu'ils sont pleins de ce feu et de ce désordre sublimes qui nous entraînent, à la lecture des batailles de l'Iliade. Chaque groupe considéré à part, sera trouvé certainement défectueux dans quelques points relatifs à la perspective, ou aux proportions, comparativement aux parties voisines; mais ces petits défauts de détails sont rachetés, et au-delà, par l'effet des masses, et j'ose dire ici que *les plus beaux vases grecs*, représentant des *combats*, pèchent précisément (si péché il y a) sous les mêmes rapports que ces bas-reliefs égyptiens.

Sur le haut de cette grande paroi, on a sculpté un long bas-relief, mutilé au commencement et à la fin, représentant Rhamsès-le-Grand célébrant la Panégyrie du grand dieu de Thèbes, le double Horus, ou Amon-Générateur. Comme j'aurai l'occasion de décrire une fête semblable existant, dans tout son entier, au palais de Médinet-Habou, je me contenterai de dire que c'est ici qu'existe une série de statuettes de rois rangés par ordre de règne; ce sont : 1° Mènes (le premier roi terrestre); 2° un prénom inconnu, antérieur à la dix-septième dynastie; 3° Amosis; 4° Aménothph Ier; 5° Thouthmosis Ier; 6° Thoutmosis IIIe; 7° Aménothph IIe; 8° Thouthmosis IVe; 9° Aménothph IIIe; 10° Horus; 11° Rhamsès Ier; 12° Ousireï; 13° Rhamsès-le-Grand lui-même. Cette série ne donne que la ligne directe des ancêtres du conquérant; ainsi Thouthmosis IIe est omis parce que Thouthmoris IIIe (Mœris) était fils d'une fille de Thouthmosis Ier.

De nombreux bas-reliefs représentant des actes d'adoration du roi Rhamsès aux grandes divinités de Thèbes, couvrent trois faces des piliers formant la galerie devant le pylone; sur la quatrième face de chacun d'eux, on voit, sculptée de plein relief, une image colossale du roi, d'environ trente pieds de hauteur. Voici les légendes les mieux conservées des quatre qui subsistent encore :

« Le Dieu gracieux a fait ces grandes constructions; il les a « élevées par son bras, lui, le roi soleil, gardien de justice, « approuvé par Phré, le fils du soleil, l'ami d'Ammon, Rham- « sès, le bien-aimé d'Amon-Ra.

« Le Dieu gracieux dominant dans sa patrie, l'a comblée de « ses bienfaits, lui, le roi soleil, etc.

« Le bien-aimé d'Amon-Ra, le Dieu gracieux, chef plein de « vigilance, le plus grand des vainqueurs, a soumis toutes les « contrées à sa domination, lui, le roi soleil, etc., le bien-aimé « de la déesse Mouth. »

Ainsi, ces inscriptions rappellent tout ce que l'antiquité s'est plue à louer dans Sésostris: les grands ouvrages qu'il a fait exécuter, les bonnes lois qu'il donna à sa patrie, et la vaste étendue de ses conquêtes.

Les piliers ornés de colosses qui font face à ceux-ci, et les colonnes qui formaient la seconde cour du palais du côté droit, se font aussi remarquer par la richesse des tableaux religieux qui les décorent. Les piliers et les colonnades qui formaient la partie gauche de la cour, sont entièrement détruits.

Je ne m'étendrai point sur les intéressans bas-reliefs qui couvrent la partie gauche du mur du fond du péristyle ; je me hâte d'entrer dans la salle hypostyle dont environ trente colonnes subsistent encore intactes, et charmeraient par leur élégante majesté les yeux même les plus prévenus contre tout ce qui n'est pas architecture grecque ou romaine.

Quant à la destination de cette belle salle, à la disposition des colonnes, et à la forme des chapiteaux qui les décorent, je laisserai parler, sur ces divers points, la dédicace elle-même de la salle, sculptée, au nom du fondateur, sur les architraves de gauche, en très-beaux hiéroglyphes.

« L'Haroëris puissant, ami de la vérité, le seigneur de la ré-« gion supérieure et de la région inférieure, le défenseur de « l'Égypte, le castigateur des contrées étrangères, l'Horus res-« plendissant possesseur des palmes et le plus grand des vain-« queurs, le roi seigneur du Monde (soleil gardien de justice « approuvé par Phré), le fils du soleil, le seigneur des diadê-« mes, le bien-aimé d'Ammon, Rhamsès, a fait exécuter ces « constructions en l'honneur de son père Amon-Ra roi des « dieux, il a fait construire *la Grande salle d'Assemblée*, en « bonne pierre blanche de grès, soutenue par de *grandes co-« lonnes* à chapiteaux imitant des fleurs épanouies, flanquées de « colonnes plus petites à chapiteaux imitant un bouton de Lotus « tronqué ; salle qu'il voue au seigneur des dieux pour la célé-« bration de sa panégyrie gracieuse ; c'est ce qu'a fait le roi de « son vivant. »

Ainsi donc, les salles hypostyles, qui donnent aux palais égyptiens un caractère si particulier, furent véritablement destinées, comme on le soupçonnait, à tenir de grandes assemblées, soit politiques, soit religieuses, c'est-à-dire, ce qu'on nommait des *panégyries* ou réunions générales : c'est ce dont j'étais déjà convaincu avant d'avoir découvert cette curieuse dédicace, parce que, observant la forme du caractère hiéroglyphique exprimant l'idée *panégyrie* sur les obélisques de Rome où ce caractère est sculpté en grand, je m'étais aperçu qu'il représentait, au propre, une salle hypostyle avec des siéges disposés au pied des colonnes.

C'est à l'entrée de la salle hypostyle du Rhamesséion, à droite, qu'existe un bas-relief dans lequel on a représenté la reine mère du conquérant. Elle se nommait *Taouaï*; une belle statue de cette princesse existe aussi au Capitole. J'en avais copié les inscriptions, mais des fractures pouvaient donner lieu à quelques incertitudes; elles sont levées par le bas-relief que j'ai sous les yeux.

On trouve, du même côté, un grand tableau historique décrit ou dessiné par tous les voyageurs qui ont visité l'Égypte; le seul dessin exact que l'on puisse citer, est celui que M. Cailliaud a publié dans son voyage à Méroë. J'en ai fait prendre une copie plus en grand, et j'ai transcrit moi-même les légendes, qui sont intéressantes, quoiqu'incomplètes sur plusieurs points. C'est encore ici un grand tableau de guerre, mais qui se partage en deux parties principales : dans une vaste plaine, le roi Rhamsès vient de vaincre les Schéto qu'il a mis en pleine déroute. Deux princes sont à la poursuite de l'ennemi; ces fils du roi se nomment *Mandouhi Schôpsch* et *Schat-hemkémé*. C'étaient le 4e et le 5e des enfans de Rhamsès. Les vaincus sont encore des peuples de Schéto (des Bactriens ?); ils se dirigent vers une ville placée à l'extrémité droite du tableau, où s'ouvre une nouvelle scène. Quatre autres fils du conquérant, les 7e, 8°, 9e et 10e de ses enfans, appelés *Méiamoun, Amenhemwa*, *Ñoubtei* et *Setpanré*, sont établis sous les murs de la place; les assiégés opposent une vigoureuse résistance; mais déjà les Égyptiens ont dressé les échelles, et les murailles vont être escaladées. Une fracture a malheureusement fait disparaître la première partie du nom de la ville assiégée; il ne reste plus que les syllabes *Apouro*.

Des tableaux religieux, exécutés avec beaucoup de soin, existent sous le fût des grandes et des petites colonnes de la salle hypostyle; on y voit successivement toutes les divinités égyptiennes du premier ordre, et principalement celle dont le culte appartenait d'une manière plus spéciale au nome diospolitain, annoncer à Rhamsès les bienfaits dont elles veulent le combler en échange des riches offrandes qu'il leur présente. Ici, comme dans la sculpture des piliers et des colonnes de la seconde cour, reparaissent en première ligne les divinités protectrices du palais, et auxquelles ce bel édifice était plus particulièrement consacré : celles-ci prennent toujours un titre qui se traduit exactement par *résidant* ou *qui résident dans le Rhamesséion de Thèbes*. A leur tête, paraît Amon-Ra, sous la forme du roi des dieux, ou sous celle de générateur; viennent ensuite les dieux Phtha, Phré, Atmou, Meuï, Sev, et les déesses Pascht et Hâthor. Chacune d'elles accorde au Pharaon une grâce particulière. Voici quelques exemples de ces formules donatrices, extraites des galeries et des colonnades du Rhamesséion :

« J'accorde que ton édifice soit aussi durable que le ciel « (Amon-Ra).

« Je te donne une longue suite de jours pour gouverner l'É- « gypte (Isis).

« Je t'accorde la domination sur toutes les contrées (Amon-Ra).

« J'inscris à ton nom les attributions royales du soleil (Thoth).

« Je t'accorde de vaincre, comme Mandou, et d'être vigilant « comme le fils de Netphé (Amon-Ra).

« Je te livre le Midi et le Nord, l'Orient et l'Occident (Amon-Ra).

« Je t'accorde une longue vie pour gouverner le Monde par « un règne joyeux (Sev, Saturne).

« Je te donne l'Égypte supérieure et l'Égypte inférieur à di- « riger en roi (Netphé, Rhéa).

« Je te livre les barbares du Midi et ceux du Nord à fouler « sous tes sandales (Thméi, la justice).

« Je t'ouvrirai toutes les bonnes portes qui seront devant « toi (Le gardien des portes célestes).

« Je veux que ton palais subsiste à toujours (Meuï).

« Je t'accorde de grandes victoires dans toutes les parties du « Monde (La déesse Pascht).

« Je t'accorde que ton nom s'imprime dans le cœur des Bar- « bares (La déesse Pascht). »

La portion des murailles de la salle hypostyle échappée aux ravages des hommes, présente des scènes plus riches et plus développées : sur le mur de fond, à la droite et à la gauche de la porte centrale, existent encore deux vastes tableaux remarquables par la grande proportion des figures et le fini de leur exécution. Dans le premier, la déesse Pascht à tête de lion, *l'épouse de Phtha, la dame du palais céleste*, lève sa main droite vers la tête de Rhamsès couverte d'un casque, en lui disant : « Je t'ai préparé le diadême du soleil, que ce casque demeure sur ta corne (le front) où je l'ai placé. » Elle présente en même temps le roi au Dieu suprême, Amon Ra, qui, assis sur son trône, tend vers la face du roi les emblêmes d'une vie pure.

Le second tableau représente l'*institution royale* du héros égyptien, les deux plus grandes divinités de l'Égypte l'investissant des pouvoirs royaux. Amon-Ra, assisté de Mouth, la grande mère divine, remet au roi Rhamsès la *faulx de bataille*, le type primitif de la *harpé* des mythes grecs, arme terrible appelée *schopsch* par les Égyptiens, et lui rend en même temps les emblêmes de la direction et de la modération, le fouet et le pedum, en prononçant la formule suivante :

« Voici ce que dit Amon-Ra qui réside dans le Rhamesséion :
« Reçois la faulx de bataille pour contenir les nations étrangères et trancher la tête des impurs; prends le fouet et le pedum pour diriger la terre de Kémé (l'Égypte). »

Le soubassement de ces deux tableaux offre un intérêt d'un autre genre : on y a représenté en pied, et dans un ordre rigoureux de primogéniture, les enfans mâles de Rhamsès-le-Grand. Ces princes sont revêtus du costume réservé à leur rang ; ils portent les insignes de leur dignité, le pedum et un éventail formé d'une longue plume d'autruche fixée à une élégante poignée, et sont au nombre de 23 ; famille nombreuse, il est vrai, mais qui ne doit point surprendre si l'on considère d'abord que Rhamsès eut, à notre connaissance, au moins deux femmes légitimes, la reine Nofré-Ari et Isénofré, et qu'il est de plus très-probable que les enfans donnés au conquérant par des concubines ou des maîtresses, prenaient rang avec les enfans légitimes, usage dont fait foi l'ancienne histoire orientale tout entière. Quoiqu'il en soit, on a sculpté au-dessus de la tête de chacun des princes, d'abord le titre qui leur est commun à tous, savoir : le fils du roi et de son germe ; et pour quelques-uns (les trois premiers et les plus âgés par conséquent), la désignation des hautes fonctions dont ils se trouvaient revêtus à l'époque où ces bas-reliefs furent exécutés. Le premier se trouve ainsi qualifié : porte-éventail à la gauche du roi ; le jeune secrétaire royal (Basilico-Grammante), commandant en chef des soldats (l'armée), le premier né et le préféré de son germe, Amenhischôpsch ; le second, nommé Rhamsès comme son père, était porte éventail à la gauche du roi et secrétaire royal commandant en chef les soldats du maître du Monde (les troupes composant la garde du roi); et le troisième, porte-éventail à la gauche du roi, comme ses frères (titre donné en général à tous les princes sur d'autres monumens), était de plus secrétaire royal, commandant de la cavalerie, c'est-à-dire des chars de guerre de l'armée égyptienne. Je me dispense de transcrire ici les noms propres des vingt autres princes; je dirai seulement que les noms de quelques-uns d'entr'eux font certainement allusion soit aux victoires du roi, au moment de leur naissance, tels que Nébenschari (le maître du pays de Schari), Nébenthonib (le maître du Monde entier), Sanaschtenamoun (le vainqueur par Ammon); soit à des titres nouveaux adoptés dans le protocole de Rhamsès-le-Grand, comme, par exemple, Pataveamoun (Ammon est mon père), et Setpenri (approuvé par le soleil), titre qui se retrouve dans le prénom du roi.

J'observe en même temps dans cette série de princes un fait très-notable : on y a, postérieurement à la mort de Rhamsès-le-Grand, caractérisé d'une manière particulière celui de ses vingt-trois enfans qui monta sur le trône après lui; ce fut son 13e fils, nommé Ménéphtha, qui lui succéda. Il est visible qu'on a en conséquence modifié, après coup, le costume de ce prince, en ornant son front de l'Urœus et en changeant sa courte *sabou* en longue tunique royale; de plus, à côté de sa légende première, où se lit le nom de Ménéphtha qu'il conserva en montant sur le trône, on a sculpté le premier cartouche de sa légende royale, son cartouche prénom (soleil esprit aimé des dieux) que l'on retrouve en effet sur tous les monumens de son règne.

En sortant de la salle hypostyle par la porte centrale, on entre dans une salle qui a conservé une partie de ses colonnes, et où la décoration prend un caractère tout particulier. Dans la portion de palais que nous venons de parcourir, des hommages généraux sont adressés aux principales divinités de l'Égypte, comme il convenait dans des cours ou des péristyles ouverts à toute la population, et dans la salle hypostyle où se tenaient les grandes assemblées. Mais ici commencent véritablement la partie privée du palais et les salles qui servaient d'habitation au roi, le lieu qu'était censé habiter aussi plus particulièrement le roi des dieux auquel ce grand édifice était consacré. C'est ce que prouvent les bas-reliefs sculptés sur les parois à la droite et à la gauche de la porte : ces tableaux représentent quatre grandes barques ou *bari* sacrées, portant un petit naos sur lequel un voile semble jeté comme pour dérober à tous les regards le personnage qu'il renferme. Ces bari sont portées sur les épaules par 24 ou 18 prêtres, selon l'importance du maître de la bari. Les insignes qui décorent la proue et la poupe des deux premières barques, sont les têtes symboliques de la déesse Mouth et du dieu Chons, l'épouse et le fils d'Amon-Ra; enfin la 3e et la 4e portent la tête du roi et de la reine, coiffées des marques de leur dignité. Ces tableaux, comme nous l'apprennent les légendes hiéroglyphiques, représentent les deux divinités et le couple royal venant rendre hommage au père des dieux, Amon-Ra, qui établit sa demeure dans le palais de Rhamsès-le-Grand. Les paroles que prononce chacun des visiteurs ne laissent d'ailleurs aucun doute à cet égard : « Je viens, dit « la déesse Mouth, rendre hommage au roi des dieux, Amon-« Ra, modérateur de l'Égypte, afin qu'il accorde de longues « années à son fils qui le chérit, le roi Rhamsès. »

« Nous venons vers toi, dit le dieu Chons, pour servir ta « majesté, ô Amon-Ra, roi des dieux! Accorde une vie stable « et pure à ton fils, qui t'aime, le Seigneur du Monde. »

Le roi Rhamsès dit seulement : « Je viens à mon père Amon-« Ra, à la suite des dieux qu'il admet en sa présence à tou-« jours. »

Mais la reine Nofré-Ari, surnommée ici Ahmosis (engendrée de la lune), exprime ses vœux plus positivement; l'inscription porte : « Voici ce que dit la déesse épouse, la royale mère, la « royale épouse, la puissante dame du Monde, Ahmosis-Nofré-« Ari; je viens pour rendre hommage à mon père Amon, roi « des dieux; mon cœur est joyeux de tes affections (c'est-à-« dire, de l'amour que tu me portes); je suis dans l'allégresse « en contemplant tes bienfaits; ô toi, qui établis le siége de ta « puissance dans la demeure de ton fils le Seigneur du Monde

« Rhamsès, accorde-lui une vie stable et pure ; que ses années « se comptent par périodes de Panégyries ! »

Enfin, la paroi du fond de cette salle était ornée de plusieurs tableaux représentant l'accomplissement de ces vœux, et rappelant les graces qu'Amon-Ra accordait au héros égyptien; il n'en reste plus qu'un seul, à la droite de la porte. Le roi est figuré assis sur un trône, au pied de celui d'Amon-Ra-Atmou, et à l'ombre du vaste feuillage d'un persea, l'arbre céleste de la vie : le grand dieu, et la déesse Saf qui présidait à l'écriture, à la science, traçant sur les fruits cordiformes de l'arbre, le cartouche prénom de Rhamsès-le-Grand; tandis que, d'un autre côté, le dieu Thoth y grave le cartouche nom propre du roi auquel Amon-Ra-Atmou adresse les paroles suivantes : « Viens, je « sculpte ton nom pour une longue suite de jours, afin qu'il « subsiste sur l'arbre divin. »

La porte qui, de cette salle, conduisait à une seconde, également décorée de colonnes, dont quatre subsistent encore, mérite une attention particulière, soit sous le rapport de son exécution matérielle, soit pour les sculptures qui la décorent.

Les bas-reliefs qui couvrent le bandeau et les jambages, sont d'un relief tellement bas, qu'il est évident qu'on les a usés avec soin pour en diminuer la saillie; j'attribuais ce travail au temps et à la barbarie qui a certainement agi sur plusieurs points de ces surfaces, lorsque, ayant fait déblayer le bas des montans de cette porte, j'ai lu une inscription dédicatoire de Rhamsès-le-Grand, dans les formes ordinaires pour les dédicaces des portes; mais il y est dit, de plus, que cette porte a été *recouverte d'or pur*. J'ai étudié alors les surfaces avec plus de soin. En examinant de plus près l'espèce de stuc blanc et fin qui recouvrait encore quelques parties de la sculpture, je m'aperçus que ce stuc *avait été étendu sur une toile* appliquée sur les tableaux; qu'on avait rétabli sur le stuc même les contours et les parties saillantes des figures, ayant d'y appliquer la dorure. Ce procédé m'ayant paru curieux, j'ai cru utile de le noter ici.

Mais les deux tableaux qui ornent cette porte, offrent un intérêt bien plus piquant. Le bandeau et le haut des jambages sont couverts d'une douzaine de petits bas-reliefs représentant le roi Rhamsès adorant les membres de la triade thébaine : ces divinités tournent toutes le dos à l'entrée de la porte en question, parce qu'elles sont seulement en rapport avec la première salle et non avec la seconde à laquelle cette porte sert d'entrée. Mais au bas des jambages, et immédiatement au-dessus de la dédicace, sont sculptées deux divinités, la face tournée vers l'ouverture de la porte, et regardant la seconde salle qui était par conséquent sous leur juridiction. Ces deux divinités sont, à gauche, le dieu des sciences et des arts, l'inventeur des lettres, Thôth à tête d'Ibis, et à droite, la déesse Saf, compagne de Thôth, portant le titre remarquable de *Dame des Lettres* et *présidente de la bibliothèque* (mot-à-mot *la salle des livres*). De plus, le dieu est suivi d'un de ses Parèdres, qu'à sa légende et à un grand *œil* qu'il porte sur la tête, on reconnaît pour *le sens de la vue* personnifié, tandis que le Parèdre de la déesse est *le sens de l'ouïe* caractérisé par une grande oreille tracée également au-dessus de sa tête, et par le mot *sôlem* (l'ouïe) sculpté dans sa légende; il tient de plus en main tous les instrumens de l'écriture, comme pour écrire tout ce qu'il entend.

Je demande s'il est possible de mieux annoncer, que par de tels bas-reliefs, l'entrée d'une bibliothèque ? Et à ce mot, la controverse qui divise nos savans sur le fameux monument *d'Osymandyas*, si connu par sa bibliothèque, et sur ses rapports avec le Rhamesséïon, se présente naturellement à ma pensée.

Dès les premiers jours, en lisant au milieu des ruines du Rhamesséïon la description que Diodore nous a conservée du monument d'Osymandyas, je fus frappé de retrouver autour de moi et dans le même ordre, les parties analogues et presque les plus menus détails du grand édifice dont Diodore emprunte à Hécatée une notice si complète.

D'abord, l'ancien voyageur grec place le monument d'Osymandyas à dix stades des derniers tombeaux de ce qu'il nomme les Παλλακιδας του Διου, les concubines de Jupiter (Ammon). — Nous avons trouvé, en effet, à une distance à peu près égale du Rhamesséïon, une vallée renfermant les tombeaux, encore ornés de peinture et d'inscriptions, d'une douzaine de femmes, mais de reines égyptiennes, dont le premier titre dans leur légende fut toujours celui d'*épouse d'Ammon.*

Le monument d'Osymandyas s'annonçait par un grand pylone *de pierre variée* (λιθου ποικιλου). — Le premier pylône du

Rhamesséïon, dont les massifs sont en grès rougeâtre, et la porte en calcaire blanc, a quelque analogie avec cette expression.

Ce pylone donnait entrée dans un péristyle dont les piliers étaient ornés de figures colossales; on passait de là à un second pylone bien plus soigné que le premier, sous le rapport de la sculpture, et à l'entrée duquel se trouvait *le plus grand colosse de l'Égypte*, d'un seul bloc de granit de Syène. Tout cela se rapproche du Rhamesséïon, à quelques différences de mesures près; mais l'exactitude des anciens copistes, transcrivant les quantités de ces mesures, est-elle certaine? Là, existent encore aujourd'hui les immenses débris *du plus grand* colosse connu de l'Égypte; il est en granit de Syène : ce sont-là des traits remarquables.

Dans le péristyle qui suivait le pylone, dit Hécatée, on avait représenté le roi, qu'on appelle *Osymandyas*, faisant la guerre aux révoltés de Bactriane, assiégeant une ville entourée des eaux d'un fleuve, etc., etc. — C'est la description exacte des bas-reliefs encore existans sous le deuxième péristyle du Rhamesséïon; et si l'on n'y voit plus le lion combattant avec le roi contre des troupes ennemies, ni les quatre princes commandant les divisions de l'armée, c'est que les murs du fond du péristyle sont détruits, et qu'il n'en subsiste pas la huitième partie. Il est vrai qu'on voit ailleurs, sur les monumens d'Égypte, des rois assiégeant des villes *entourées par un fleuve* : cela existe réellement à Ibsamboul, à Derri, sur les pylones de Louqsor et au Rhamesséïon; mais tous ces monumens sont de Rhamsès-le-Grand, et reproduisent les événemens *de la même campagne*.

Sur le second mur du péristyle, dit la description du monument d'Osymandyas, sont représentés les captifs ramenés par le roi de son expédition; ils n'ont point de mains ni de parties sexuelles; et sur le mur de fond du péristyle du Rhamesséïon, j'ai mis à découvert, par des fouilles, les restes d'un tableau dans lequel on amène des prisonniers au roi, au pied duquel sont des monceaux de mains coupées.

Sur un troisième côté du péristyle du monument d'Osymandyas, étaient représentés des *sacrifices et le triomphe du roi au retour de cette guerre.* Au Rhamesséïon le registre supérieur de la paroi sur laquelle est sculptée la bataille, représente la fin d'une grande solennité religieuse à laquelle assistent le roi et la reine, et ce tableau commençait, sans aucun doute, sur le mur de fond du côté droit du péristyle.

On entrait ensuite, dit l'historien grec, dans la salle hypostyle du monument d'Osymandyas, par trois portes ornées de deux colosses. Tout cela se trouve exactement au Rhamesséïon, immédiatement aussi après le second péristyle.

Après la salle hypostyle de l'Osymandyéion, venait un espace désigné dans les traductions sous le nom de *Promenoir*. Dans le Rhamesséïon, une salle décorée des barques symboliques des dieux, succède à la salle hypostyle.

Ensuite, a dit Diodore, *venait la bibliothèque*, et c'est effectivement sur la porte qui, du *Promenoir* du Rhamesséïon, conduit *à la salle suivante*, que j'ai trouvé des bas-reliefs si convenables à l'entrée d'une *bibliothèque*.

La salle de la bibliothèque est presque entièrement rasée; il n'en reste que quatre colonnes et une portion des parois de droite et de gauche de la porte : sur ces murailles, on a sculpté des tableaux représentant le roi faisant successivement des offrandes aux plus grandes divinités de l'Égypte, à Amon-Ra, Mouth, Chons, Phré, Phtha, Pascht, Nofré-Thmou, Atmou, Mandou; et en outre, la plus grande partie de la surface de ces parois est occupée par deux énormes tableaux divisés en nombreuses colonnes verticales, dans lesquelles sont trois longues séries de noms de divinités et leurs images de petite proportion; c'est un panthéon complet; le roi, debout devant chacun de ces tableaux *synoptiques*, fait nommément des libations et des offrandes à tous les dieux ou déesses grandes et petites : et c'est encore ici un rapport avec le *monument d'Osymandyas*. *On voit dans la salle de la bibliothèque*, dit en effet la description grecque, *les images de tous les dieux de l'Égypte; le roi leur présente de la même manière des offrandes convenables à chacun d'eux.*

Cette comparaison des ruines du Rhamesséïon avec la description du monument d'Osymandyas, conservée dans Diodore de Sicile, a été déjà faite, et avec bien plus de détails encore, par MM. Jollois et Devilliers, dans leur Description générale de Thèbes, travail important, auquel je me plais à donner de justes éloges parce que j'ai vu les lieux, et que j'ai pu juger par moi-même de l'exactitude de leurs descriptions; mais j'ai dû reproduire rapidement ce parallèle dans cette lettre, par le besoin de mettre à leur véritable place quelques faits nouveaux que j'ai observés, et qui rendent si frappante l'analogie du monument décrit par les Grecs avec le monument dont j'étudie les ruines. Les deux savans voyageurs que je viens de citer ont mis en fait leur *identité*; d'autres l'ont combattue : pour moi, voici ma profession de foi toute simple :

De deux choses l'une : ou le monument décrit par Hécatée sous le nom de *monument d'Osymandyas*, est le même que le *Rhamesséïon occidental de Thèbes*, ou bien le *Rhamesséïon* n'est qu'une *copie*, à la différence des mesures près, si l'on peut s'exprimer ainsi, du *monument d'Osymandyas*.

Ici se terminent les débris du palais de Sésostris; il ne reste plus de traces de ses dernières constructions, qui devaient s'étendre encore du côté de la montagne. Le Rhamesséïon est le monument de Thèbes le plus dégradé, mais c'est aussi, sans aucun doute, celui qui, par l'élégante majesté de ses ruines, laisse dans l'esprit des voyageurs une impression plus profonde et plus durable. J'aurais pu passer encore bien du temps à son étude sans l'épuiser; mais d'autres monumens de la rive opposée du Nil, où est toujours Thèbes, m'arrachent à ces merveilles....... Et je pense à la France .... Adieu.

A M. Dacier. *Ouadi-Halfa*, à la 2e cataracte; janvier 1829.

Monsieur,

Quoique séparé de vous par les déserts et par toute l'étendue de la Méditerranée, je sens le besoin de me joindre, au moins par la pensée, et de tout cœur, à ceux qui vous offrent leurs vœux au renouvellement de l'année. Partant du fond de la Nubie, les miens n'en sont ni moins ardens, ni moins sincères; je vous prie de les agréer comme un témoignage du souvenir reconnaissant que je garderai toujours de vos bontés et de cette affection toute paternelle dont vous voulez bien nous honorer mon frère et moi.

Je suis fier maintenant que, ayant suivi le cours du Nil depuis son embouchure jusques à la seconde cataracte, j'ai le droit de vous annoncer qu'il n'y a rien à modifier dans *notre Lettre sur l'alphabet des hiéroglyphes*; notre alphabet est bon : il s'applique avec un égal succès, d'abord aux monumens égyptiens du temps des Romains et des Lagides, et ensuite, ce qui devient d'un bien plus grand intérêt, aux inscriptions de tous les temples, palais et tombeaux des époques pharaoniques. Tout légitime donc les encouragemens que vous avez bien voulu donner à mes travaux hiéroglyphiques, dans un temps où l'on n'était pas universellement disposé à leur prêter faveur.

Me voici au point extrême de ma navigation vers le midi. La seconde cataracte m'arrête : d'abord par l'impossibilité de la faire franchir par mon *escadre* composée de sept voiles, et en second lieu, parce que la famine m'attend au-delà, et qu'elle terminerait promptement une pointe imprudente tentée sur l'Éthiopie : ce n'est pas à moi de recommencer Cambyse ; je suis d'ailleurs un peu plus attaché à mes compagnons de voyage qu'il ne l'était probablement aux siens. Je tourne donc dès aujourd'hui ma proue du côté de l'Égypte pour redescendre le Nil, en étudiant successivement à fond les monumens de ses deux rives : je prendrai tous les détails dignes de quelque intérêt, et d'après l'idée générale que je m'en suis formée en montant, la moisson sera des plus riches et des plus abondantes.

Vers le milieu de février je serai à Thèbes, car je dois au moins donner quinze jours au magnifique temple d'*Ibsamboul*, l'une des merveilles de la Nubie, créée par la puissance colossale de Rhamsès-Sésostris, et un mois me suffira ensuite pour les monumens existants entre la 1re et la 2e cataracte. Philae a été à peu près épuisée pendant les 10 jours que nous y avons passés en remontant le Nil ; et les temples d'Ombos, d'Edfou et d'Esné, si vantés au détriment de ceux de Thèbes, m'arrêteront peu de temps, parce que je les ai déjà classés, et que je trouve sur des monumens plus anciens et d'un bien meilleur style, les détails mythologiques et religieux que je ne veux puiser qu'à des sources pures. Je me bornerai à recueillir quelques inscriptions historiques, et certains détails de costume qui sentent la décadence et qu'il est utile de recueillir.

Mes portefeuilles sont déjà bien riches : je me fais d'avance un plaisir de vous mettre successivement sous les yeux toute la vieille Égypte, religion, histoire, arts, métiers, mœurs et usages ; une grande partie de mes dessins sont coloriés, et je ne crains pas d'assurer qu'ils reprodnisent le véritable style des originaux avec une scrupuleuse fidélité. Je serai heureux de ces conquêtes si elles obtiennent votre intérêt et vos suffrages.

Je vous prie, Monsieur, d'agréer la nouvelle assurance de mon très-respectueux attachement.

QUINZIEME LETTRE.

Thèbes, le 18 juin 1829.

En quittant le noble et si élégant palais de Sésostris, *le Rhamésséion*, et avant d'étudier avec tout le soin qu'ils méritent les nombreux édifices antiques entassés sur la bute factice nommée aujourd'hui *Médinet-Habou*, je devais, pour la régularité de mes travaux, m'occuper de quelques constructions intermédiaires ou voisines qui, soit pour leur médiocre étendue, soit par leur état presque total de destruction, attirent beaucoup moins l'attention des voyageurs.

Je me dirigeai d'abord vers la vallée d'*El-Assasif*, située au nord du Rhamésséïon, et qui se termine brusquement au pied des rochers calcaires de la chaîne libyque : là existent les débris d'un édifice au nord du tombeau d'Osymandyas.

Mon but spécial était de constater l'époque encore inconnue de ces constructions et d'en assigner la destination primitive ; je m'attachai à l'examen des sculptures, et surtout des légendes hiéroglyphiques inscrites sur les blocs isolés et les pans de murailles épars sur un assez grand espace de terrain.

Je fus d'abord frappé de la finesse du travail de quelques restes de bas-reliefs martelés à moitié par les premiers chrétiens; et une porte de granit rose encore de bout au milieu de ces ruines en beau calcaire blanc, me donna la certitude que l'édifice entier appartenait à la meilleure époque de l'art égyptien.

Cette porte, ou petit propylon, est entièrement couverte de légendes hiéroglyphiques. On a sculpté sur les jambages, en relief très-bas et fort délicat, deux images en pied de Pharaons revêtus de leurs insignes. Toutes les dédicaces sont doubles et faites contemporainement au nom de deux princes : celui qui tient constamment la droite ou le premier rang, se nomme Aménenthé ; l'autre ne marche qu'après, c'est Touthmosis IIIe, nommé *Mœris* par les Grecs.

Si j'éprouvai quelque surprise de voir ici et dans tout le reste de l'édifice, le célèbre Mœris orné de toutes les marques de la royauté, céder ainsi le pas à cet Aménenthé qu'on chercherait en vain dans les listes royales, je dus m'étonner encore davantage, à la lecture des inscriptions, de trouver qu'on ne parlât de ce roi barbu, et en costume ordinaire de Pharaon, qu'en employant des noms et des verbes au féminin, comme s'il s'agissait d'une reine. Je donne ici pour exemple la dédicace même des propylons.

L'Aroëzis soutien des dévoués, le roi seigneur, etc., Soleil dévoué à la vérité! (*Elle*) a fait des constructions en l'honneur de son père (le père d'*elle*), Ammon-Ra, seigneur des trônes du Monde; *elle* lui a élevé ce propylon (qu'Ammon protège l'édifice!) en pierre de granit : c'est ce qu'*elle* a fait (pour être) vivifiée à toujours.

L'autre jambage porte une dédicace analogue, mais au nom du roi Touthmosis IIIe, ou Mœris.

En parcourant le reste de ces ruines, la même singularité se présenta partout. Non-seulement je retrouvai le prénom d'Aménenthé précédé des titres *le roi souveraine du Monde*, mais aussi son nom propre lui-même à la suite du titre *la fille du soleil*. Enfin, dans tous les bas-reliefs représentant les dieux adressant la parole à ce roi Amenenthé, on le traite en reine comme dans la formule suivante :

« Voici ce que dit Amon-Ra, seigneur des trônes du Monde, *à sa fille chérie*, soleil dévoué à la vérité : L'édifice que tu as construit est semblable à la demeure divine. »

De nouveaux faits piquèrent encore plus ma curiosité : j'observai surtout dans les légendes du propylon de granit, que les cartouches prénoms et noms propres d'Aménenthé, avaient été martelés dans les temps antiques et remplacés par ceux de Touthmosis IIIe, sculpté en surcharge.

Ailleurs, quelques légendes d'Aménenthé avaient reçu en surcharge aussi celles du pharaon Touthmosis IIe.

Plusieurs autres enfin offraient le prénom d'un Touthmosis encore inconnu, renfermant aussi dans son cartouche le nom propre de femme Amensé, le tout encore sculpté aux dépens des légendes d'Aménenthé, préalablement martelées. Je me rappelai alors avoir remarqué ce nouveau roi Touthmosis, traité en reine, dans le petit édifice de Touthmosis IIIe à Médinet-Habou.

C'est en rapprochant ces faits et ces diverses circonstances, de plusieurs observations du même genre, premiers résultats de mes courses dans le grand palais et dans le propylon de Karnac, que je suis parvenu à compléter mes connaissances sur le personnel de la première partie de la XVIIIe dynastie. Il résulte de la combinaison de tous les témoignages fournis par ces divers monumens, et qu'il serait hors de propos de développer ici :

1°. Que Touthmosis Ier succéda immédiatement au grand Aménothph Ier, le chef de la XVIIIe dynastie, l'une des Diospositaines;

2° Que son fils Touthmosis II occupa le trône après lui et mourut sans enfans;

3°. Que sa sœur Amensé lui succéda comme fille de Touthmosis Ier, et régna 21 ans en souveraine;

4°. Que cette reine eut pour premier mari un Touthmosis, qui comprit dans son nom propre celui de la reine Amensé son épouse; que ce Touthmosis fut le père de Touthmosis IIIe ou Mœris, et gouverna au nom d'Amensé;

5°. Qu'à la mort de ce Touthmosis, la reine Amensé épousa en secondes noces Aménenthé, qui gouverna aussi au nom d'Amensé, et qui fut régent pendant la minorité et les premières années de Touthmosis IIIe ou Mœris;

6°. Que Touthmosis IIIe, le Mœris des Grecs, exerça le pouvoir conjointement avec le régent Aménenthé, qui le tint sous sa tutelle pendant quelques années.

La connaissance de cette succession de personnages explique tout naturellement les singularités notées dans l'examen minutieux de tous les restes de sculptures existans dans l'édifice de la vallée d'*El-Assasif*. On comprend alors pourquoi le régent Aménenthé ne paraît dans les bas-reliefs que pour y recevoir les paroles gracieuses que les Dieux adressent à la reine Amensé, dont il n'est que le représentant; cela explique le style des dédicaces faites pour Aménenthé, parlant lui-même au nom de la reine, ainsi que les dédicaces du même genre, dans lesquelles on lit le nom de Touthmosis, premier mari d'Amensé, qui joua d'abord le premier rôle passif, et ne fut, comme son successeur Aménenthé, qu'une espèce de figurant du pouvoir royal exercé par la reine.

Les surcharges qu'ont éprouvées la plupart des légendes du régent Aménenthé, démontrent que sa régence fut odieuse et pesante pour son pupile Touthmosis IIIe. Celui-ci semble avoir pris à tâche de condamner son tuteur à un éternel oubli. C'est en effet sous le règne de Touthmosis IIIe que furent martelées presque toutes les légendes d'Aménenthé, et qu'on sculpta à la place soit les légendes de Touthmosis IIIe, dont il avait sans doute usurpé l'autorité, soit celle de Touthmosis, premier mari d'Amensé, le père même du roi régnant. J'ai observé la destruction systématique de ces légendes dans une foule de bas-reliefs existans sur divers autres points de Thèbes. Fût-il l'ouvrage immédiat de la haine personnelle de Touthmosis IIIe, ou une basse flaterie du corps sacerdotal? C'est ce qu'il nous est impossible de décider; mais le fait nous a paru assez curieux pour le constater.

Toutes les inscriptions du monument d'*El-Assasif* établissent unanimement que cet édifice a été élevé sous la régence d'Aménenthé, au nom de la reine Amensé et de son jeune fils Touthmosis IIIe. Cette construction n'est donc point postérieure à l'an 1736 avant J.-C., époque approximative des premières années du règne de Touthmosis IIIe, exerçant seul le pouvoir suprême. Ses sculptures comptent donc déjà plus de 3,500 ans d'antiquité.

Il résulte de ces mêmes dédicaces et des sculptures qui décorent quelques-unes des salles non détruites, que l'édifice intérieur était un temple consacré à la grande divinité de Thèbes, Amon-Ra, le roi des dieux, qu'on y adorait sous la figure spéciale d'Amon-Ra-Pneb-enné-ghet-en-tho, c'est-à-dire, d'Amon-Ra, seigneur des trônes et du Monde; j'ai retrouvé dans Thèbes plusieurs autres temples dédiés à ce grand être, mais sous d'autres titres qui lui sont également particuliers.

Ce temple d'Amon-Ra, d'une étendue assez considérable, décoré de sculptures du travail le plus précieux, précédé d'un Dromos et probablement aussi d'une longue avenue de Sphinx, s'élevait au fond de la vallée d'El-Assasif. Son sanctuaire pénétrait pour ainsi dire dans les rochers à pic de la chaîne libyque, criblée comme le sol même de la vallée, d'excavation plus ou moins riches, qui servaient de sépulture aux habitans de la ville capitale.

Cette position du temple au milieu des tombeaux, et les plafonds, en forme de voûtes, de quelques-unes de ces salles, ont récemment trompé quelques voyageurs, et leur ont fait croire que cet édifice était le tombeau de Mœris (Touthmosis

IIIe) ; mais tous les détails que nous avons donnés sur la construction et la destination de cet édifice sacré, détruisent une telle hypothèse. Ses divisions et ses accessoires nous le feraient reconnaître pour un véritable temple, à défaut des inscriptions dédicatoires qui le disent formellement. Sa décoration même et le sujet des bas-reliefs qui ornent les parois des salles encore subsistantes, n'ont rien de commun avec la décoration et les scènes sculptées dans les hypogées et les tombeaux. On y retrouve, comme dans les temples et les palais, des tableaux d'offrandes faites aux dieux ou aux rois, ancêtres du Pharaon fondateur du temple. Quelques bas-reliefs de ce dernier genre présentent un grand intérêt, parce qu'ils fournissent des détails précieux sur les familles des premiers rois de la XVIIIe dynastie. Je citerai d'abord, et à ce sujet, plusieurs tableaux sculptés et peints représentant Touthmosis, père de Touthmosis IIIe, et le Pharaon Touthmosis IIe recevant des offrandes faites par leur fils et neveu Touthmosis IIIe; en second lieu, un long bas-relief peint occupant toute la paroi de gauche de la grande salle voûtée, au fond du temple, dans lequel on a figuré la grande *bari* sacrée ou arche d'Amon-Ra, le dieu du temple, adoré par le régent Aménenthé, ayant derrière lui Touthmosis IIIe, suivi d'une très-jeune enfant richement parée, et que l'inscription nous dit être sa fille, *la fille du roi qu'elle aime, la divine épouse Rannofré*. En arrière de la *bari* sacrée, et comme recevant une portion des offrandes faites par les deux rois agenouillés, sont les images en pieds du Pharaon Touthmosis Ier, de la reine son épouse Ahmosis et de leur jeune fille Sotennofre. L'histoire écrite ne nous avait point conservé les noms de ces trois princesses; c'est là que je les ai lus pour la première fois. Quant au titre de divine épouse, donné à la fille de Mœris encore en bas âge, il indique seulement que cette jeune enfant avait été vouée au culte d'Aménenthé, étant du nombre de ces filles d'une haute naissance, nommées *Pallades* et *Pallacides*, dont j'ai retrouvé les tombeaux dans une autre vallée de la chaîne libyque.

Ce temple d'Amon-Ra, terminant une des vallées de la nécropole de Thèbes, reçut à différentes époques soit des restaurations, soit des accroissemens sous le règne de divers rois successeurs d'Aménenthé et de Touthmosis IIIe. J'ai retrouvé, en effet, dans les pierres provenant des diverses portions du temple, et dont on s'est servi dans des temps peu anciens pour la construction d'une muraille contre laquelle appuie aujourd'hui le jambage de droite du propylon de granit, des parties d'inscriptions mentionnant des embellissemens ou des restaurations de l'édifice sous les règnes des rois Horus, Rhamsès-le-Grand et son fils Ménephtha IIe, comme les fondateurs même du temple.

Enfin, la dernière salle du temple ayant servi de sanctuaire, est couverte de sculptures d'un travail ignoble et grossier; mais la surprise que j'éprouvai à la vue de ces pitoyables bas-reliefs, comparés à la finesse et à l'élégance des tableaux sculptés dans les deux salles précédentes, cessa bientôt à la lecture de grandes inscriptions hiéroglyphiques, constatant que cette belle restauration-là avait été faite sous le règne et au nom de Ptolémée Evergète II et de sa première femme Cléopâtre. Voilà une des mille et une preuves démonstratives contre l'opinion de ceux qui supposeraient que l'art égyptien gagna quelque perfection par l'établissement des Grecs en Égypte.

Je le répète encore, l'art égyptien ne doit qu'à lui-même tout ce qu'il a produit de grand, de pur et de beau; et n'en déplaise aux savans qui se font une religion de croire fermement à la régénération spontanée des arts en Grèce, il est évident pour moi, comme pour tous ceux qui ont bien vu l'Égypte, ou qui ont une connaissance réelle des monumens égyptiens existans en Europe, que les arts ont commencé en Grèce par une imitation servile des arts de l'Égypte, beaucoup plus avancés qu'on ne le croit vulgairement à l'époque où les premières colonies égyptiennes furent en contact avec les sauvages habitans de l'Attique ou du Péloponèse. La vieille Égypte enseigna les arts à la Grèce, celle-ci leur donna le développement le plus sublime : mais sans l'Égypte, la Grèce ne serait probablement point devenue la terre classique des beaux-arts. Voilà ma profession de foi toute entière sur cette grande question. Je trace ces lignes presqu'en face des bas-reliefs que les Égyptiens ont exécutés, avec la plus élégante finesse de travail, 1700 ans avant l'ère chrétienne. Que faisaient les Grecs alors!.... Mais cette question exigerait des volumes, et je ne fais qu'une lettre... Adieu.

SEIZIEME LETTRE.

Thèbes, le 20 juin 1829.

J'ai donné toute la journée d'hier et cette matinée à l'étude des tristes restes de l'un des plus importans monumens de l'ancienne Thèbes. Cette construction, comparable en étendue à l'immense palais de Karnac, dont on aperçoit d'ici les obélisques sur l'autre rive du fleuve, a presqu'entièrement disparu; il en subsiste encore quelques débris, s'élevant à peine au-dessus du sol de la plaine exhaussée par les dépôts successifs de l'inondation, qui recouvrent probablement aussi toutes les masses de granit, de brèches et autres matières dures employées dans la décoration de ce palais. La portion la plus considérable étant construite en pierres calcaires, les barbares les ont peu à peu brisées et converties en chaux pour élever de misérables cahutes; mais ce que le voyageur trouve encore sur ses pas, donne une bien haute idée de la magnificence de cet antique édifice.

Que l'on se figure, en effet, un espace d'environ 1,800 pieds de longueur, nivelé par les dépôts successifs de l'inondation, couvert de longues herbes, mais dont la surface déchirée sur une multitude de points, laisse encore apercevoir des débris d'architraves, des portions de colosses, des fûts de colonnes et des fragmens d'énormes bas-reliefs que le limon du fleuve n'a pas enfouis encore ni dérobés pour toujours à la curiosité des voyageurs. Là ont existé plus de dix-huit colosses dont les moindres avaient vingt pieds de hauteur; tous ces monolithes, de diverses matières, ont été brisés, et l'on rencontre leurs membres énormes dispersés çà et là, les uns au niveau du sol, d'autres au fond d'excavations exécutées par les fouilleurs modernes. J'ai recueilli, sur ces restes mutilés, les noms d'un grand nombre de peuples asiatiques dont les chefs captifs étaient représentés entourant la base de ces colosses représentant leur vainqueur, le Pharaon Aménophis, le 3e du nom, celui même que les Grecs ont voulu confondre avec le Memnon de leurs mythes héroïques. Ces légendes démontrent déjà que nous sommes ici sur l'emplacement du célèbre édifice de Thèbes connu des Grecs sous le nom de *Memnonium*. C'est ce qu'avaient cherché à prouver, par des considérations d'un autre genre, MM. Jollois et Develliers, dans leur excellente Description de ces ruines.

Les monumens les mieux conservés au milieu de cette effroyable dévastation des objets du premier ordre, dont il me reste à parler, établiraient encore mieux, si cela était nécessaire, que ces ruines sont bien celles du Memnonium de Thèbes, ou palais de Memnon appelé *Aménophion* par les Égyptiens, du nom même de son fondateur, et que je trouve mentionné dans une foule d'inscriptions hiéroglyphiques des hypogées du voisinage où reposaient jadis les momies de plusieurs grands officiers chargés, de leur vivant, de la garde ou de l'entretien de ce magnifique édifice.

C'est vers l'extrémité des ruines et du côté du fleuve que s'élèvent encore, en dominant la plaine de Thèbes, les deux fameux colosses, d'environ 60 pieds de hauteur, dont l'un, celui du Nord, jouit d'une si grande célébrité sous le nom de *colosse de Memnon*. Formés chacun d'un seul bloc de grès-brèche, transportés des carrières de la Thébaïde supérieure, et placés sur d'immenses bases de la même matière, ils représentent tous deux un Pharaon assis, les mains étendues sur les genoux, dans une attitude de repos. J'ai vainement cherché à motiver à mes yeux l'étrange erreur du respectable et spirituel Denon, qui a voulu prendre ces statues pour celles de deux princesses égyptiennes. Les inscriptions hiéroglyphiques encore subsistantes, telles que celles qui couvrent le dossier du trone du colosse du Sud et les côtés des deux bases, ne laissent aucun doute sur le rang et la nature du personnage dont ces merveilleux monolithes reproduisaient les traits et perpétuaient la mémoire. L'inscription du dossier porte textuellement : « L'Aroëris puissant, le modérateur des modérateurs, etc., le roi soleil, seigneur de vérité (ou de justice), le fils du soleil, le seigneur des diadèmes, Aménothph, modérateur de la région pure, le bien-aimé d'Amon-Ra, etc., l'Horus resplendissant, celui qui a agrandi la demeure....... (lacune) à toujours, a érigé ces constructions en l'honneur de son père Ammon ; il lui a dédié cette statue colossale de pierre dure, etc. » Et sur les côtés des bases on lit en grands hiéroglyphes de plus d'un pied de proportion, exécutés, surtout ceux du colosse du Nord, avec une perfection et une élégance au-dessus de tout éloge, la légende ou devise particulière, le prénom et le nom-propre du roi que les colosses représentent :

« Le seigneur souverain de la région supérieure et de la région inférieure, le réformateur des mœurs, celui qui tient le monde en repos, l'Horus qui, grand par sa force, a frappé les Barbares, le roi soleil seigneur de vérité, le fils du soleil, Aménothph, modérateur de la région pure, chéri d'Amon-Ra, roi des Dieux. »

Ce sont là les titres et noms du troisième Aménophis de la dix-huitième dynastie, lequel occupait le trône des Pharaons vers l'an 1680 avant l'ère chrétienne. Ainsi se trouve complètement justifiée l'assertion que Pausanias met dans la bouche des Thébains de son temps, lesquels soutenaient que ce colosse n'était nullement l'image du Memnon des Grecs, mais bien celle d'un homme du pays, nommé *Ph-Aménoph*.

Ces deux colosses décoraient, suivant toute apparence, la façade extérieure du principal pilône de l'Aménophion; et malgré l'état de dégradation où la barbarie et le fanatisme ont réduit ces antiques monumens, on peut juger de l'élégance, du soin extrême et de la recherche qu'on avait mis dans leur exécution, par celles des figures accessoires formant la décoration de la partie antérieure du trône de chaque colosse. Ce sont des figures de femme debout, sculptées dans la masse même de chaque monolithe, et n'ayant pas moins de 15 pieds de haut. La magnificence de leur coiffure et les riches détails de leur costume, sont parfaitement en rapport avec le rang des personnages dont elles rappellent le souvenir. Les inscriptions hiéroglyphiques gravées sur ces statues formant en quelque sorte les pieds antérieurs du trône de chaque statue d'Aménophis, nous apprennent que la figure de gauche représente une reine égyptienne, la mère du roi, nommée *Tmau-Hem-Va*, ou bien Maut-Hem-Va, et la figure de droite, la reine épouse du même Pharaon, *Taïa*, dont le nom était déjà donné par une foule de monumens. Je connaissais aussi le nom de la femme de Touthmosis IV, *Tmau-Hem-Va*, mère d'Aménophis-Memnon, par les bas-reliefs du palais de Louqsor, mentionnés dans la notice rapide que j'ai crayonnée de cet important édifice.

Sur un autre point des ruines de l'Aménophion, du côté de

la montagne Libyque, à la limite du désert, et un peu à droite de l'axe passant entre les deux colosses, existent deux blocs de grès-brèche, d'environ trente pieds de long chacun, et présentant la forme de deux énormes stèles. Leur surface visible est ornée de tableaux et de magnifiques inscriptions formées chacune de 24 à 25 lignes d'hiéroglyphes du plus beau style, exécutés de relief dans le creux. Il est infiniment probable que ces portions qu'on aperçoit aujourd'hui sont les dossiers des siéges de deux groupes colossals renversés et enfouis la face contre terre : j'ai manqué de moyens assez puissans ponr vérifier le fait.

Quoi qu'il en soit, les tableaux sculptés sur ces masses effrayantes nous montrent toujours le roi Aménophis-Memnon, accompagné ici de la reine Taïa son épouse, accueillis par le dieu Amon-Ra, ou par Phtah-Socharis; et les deux inscriptions sont les textes expressément relatifs à la dédicace du Memnonium ou Aménophion aux dieux de Thèbes par le fondateur de cet immense édifice.

La forme et la rédaction de cette dédicace, dont j'ai pris une copie soignée malgré une foule de lacunes, sont d'un genre tout-à-fait original et m'ont paru très-curieuses. On en jugera par une courte analyse.

Cette consécration du palais est rappelée d'une manière tout-à-fait dramatique; c'est d'abord le roi Aménophis qui prend la parole dès la première ligne et la garde jusqu'à la treizième. « Le roi Aménothph a dit : Viens, ô Amon-Ra, seigneur des trônes du Monde, toi qui résides dans des régions de Oph (Thèbes)! contemple la demeure que nous t'avons construite dans la contrée pure, elle est belle : descends du haut du ciel pour en prendre possession! » Suivent les louanges du dieu mêlées à la description de l'édifice dédié et l'indication des ornemens et décorations en pierre de grès, en granit rose, en pierre noire, en or, en ivoire et en pierres précieuses, que le roi y a prodigués, y compris deux grands obélisques dont on n'aperçoit plus aujourd'hui aucune trace.

Les sept lignes suivantes renferment le discours que tient le dieu Amon-Ra, en réponse aux courtoisies du Pharaon. « Voici ce que dit Amon-Ra, le mari de sa mère, etc. : Approche, mon fils, soleil seigneur de vérité, du germe du soleil, enfant du soleil, Aménothph! J'ai entendu tes paroles et je vois les constructions que tu as exécutées; moi qui suis ton père, je me complais dans tes bonnes œuvres, etc., etc., etc. »

Enfin, vers le milieu de la 20e ligne commence une troisième et dernière harangue; c'est celle que prononcent les dieux en présence d'Amon-Ra, leur seigneur, auquel ils promettent de combler de biens Aménothph son fils chéri, d'en rendre le règne joyeux en le prolongeant pendant de longues années, en récompense du bel édifice qu'il a élevé pour leur servir de demeure, palais dont ils déclarent avoir pris possession après l'avoir bien et dûement visité.

L'identité du Memnonium des Grecs et de l'Aménophion égyptien n'est donc plus douteuse; il l'est bien moins encore que ce palais fût une des plus étonnantes merveilles de la vieille capitale. Des fouilles en grand, exécutées par un Grec nommé Iani, ancien agent de M. Salt, ont mis à découvert une foule de bases de colonnes, un très-grand nombre de statues léontocéphales en granit noir; de plus, deux magnifiques sphinx colossals et à tête humaine, en granit rose, du plus beau travail, représentant aussi le roi Aménophis IIIe. Les traits du visage de ce prince portant, ici comme partout ailleurs, une empreinte de physionomie un peu éthiopienne, sont absolument semblables à ceux que les sculpteurs et les peintres ont donnés à ce même Pharaon dans les tableaux des stèles du Memnonium, dans les bas-reliefs du palais de Louqsor, et dans les peintures du tombeau de ce prince dans la vallée de l'Ouest à Biban-el-Molouk, nouvelle et millième preuve que les statues et bas-reliefs égyptiens présentent de véritables portraits des anciens rois dont ils portent les légendes.

A une petite distance du Ramesseïon existent les débris de 2 colosses en grès rougeâtre : c'étaient encore deux statues ornant probablement la porte latérale nord de l'Aménophion; ce qui peut donner une juste idée de l'immense étendue de ce palais dont il reste encore de si magnifiques vestiges. Je ne me suis nullement occupé des inscriptions grecques et latines qui tapissent les jambes du grand colosse du nord, la célèbre *statue du Memnon;* tout cela est bien moderne : ceci soit dit sans qu'on en puisse conclure que je nie la réalité des harmonieux accens que tant de Grecs et de Romains affirment unanimement avoir ouï moduler par la bouche même du colosse, aussitôt qu'elle était frappée des premiers rayons du soleil. Je dirai seulement que, plusieurs fois, assis, au lever de l'aurore, sur les immenses genoux de Memnon, aucun accord musical sorti de sa bouche n'est venu distraire mon attention du mélancolique tableau que je contemplais, la plaine de Thèbes, où gissent les membres épars de cette aînée des villes royales. Il y aurait matière à d'éternelles réflexions; mais je ne dois pas oublier que je ne suis qu'un voyageur passager sur ces antiques ruines-........ d'autres encore m'appellent plus loin........ et puis la France...... Adieu.

DIX-SEPTIEME LETTRE.

Thèbes (rive occidentale), 25 *juin* 1829.

Je viens de visiter et d'étudier dans toutes ses parties un petit temple d'une conservation parfaite, situé derrière l'Aménophion, dans un vallon formé par les rochers de la montagne Libyque et un grand mamelon qui s'en est détaché du côté de la plaine. Ce monument a été décrit par la Commission d'Égypte sous le nom de *Petit Temple d'Isis.*

Le voyageur est attiré dans ces lieux solitaires et dénués de toute végétation, par une enceinte peu régulière, bâtie en briques crues, et qu'on aperçoit de fort loin, parce qu'elle est placée sur un terrain assez élevé. On y pénètre par un petit propylon en grès engagé dans l'enceinte et couvert extérieurement de sculptures d'un travail lourdement recherché. Les tableaux qui ornent le bandeau de cette porte, représentent Ptolémée Soter IIe faisant des offrandes, du côté droit, à la déesse Hathôr (Vénus) et à la grande triade de Thèbes, Amon-Ra, Mouth et Chons; du côté gauche, à la déesse Thmé ou Thémeï (la vérité ou la justice, Thémis) et à une triade formée du dieu Hiéracocéphale Mandou, de son épouse Ritho et de leur fils Harphré. Ces trois divinités, celles qu'on adorait principalement à Hermonthis, occupent la partie du bandeau dirigée vers cette capitale de Nome.

Ces courts détails suffisent, lorsqu'on est un peu familiarisé avec le système de décoration des monumens égyptiens, pour déterminer avec certitude, 1° à quelles divinités fut spécialement dédié le temple auquel ce propylon donne entrée; 2° et quelles divinités y jouissent du rang de synthrône, et il devient ici de toute évidence qu'on adorait spécialement dans ce temple le principe de beauté confondu et identifié avec le principe de vérité, de justice, ou en termes mythologiques, que cet édifice était consacré à la déesse Hathôr, identifiée avec la déesse Thmeï. Ce sont, en effet, ces deux déesses qui reçoivent les premiers hommages de Soter IIe; et comme l'édifice faisait partie de Thèbes et avoisinait le Nome d'Hermonthis, on y offrait aussi, d'après une règle de saine politique que j'ai développée ailleurs, des sacrifices en l'honneur de la triade thébaine et de la triade hermonthite. On s'était donc trop hâté de donner un nom à ce temple, d'après des aperçus reposant sur de simples conjectures.

Les mêmes adorations sont répétées sur la porte du temple proprement dit, qui s'ouvre par un petit péristyle que soutiennent des colonnes à chapitaux ornés de fleurs de lotus et de houpes de papyrus combinées; les colonnes et les parois n'ont jamais été décorées de sculptures. Il n'en est point ainsi du Pronaos, formé de deux colonnes et de deux piliers ornés de têtes symboliques de la déesse Hathôr, à laquelle ce temple fut consacré. Les tableaux qui couvrent le fût des colonnes représentent des offrandes faites à cette déesse et à sa sconde forme Thmeï, ainsi qu'aux dieux Amon-Ra, Mandou, Tmouth (Esculape), et plusieurs formes tertiaires de la déesse Hathôr, adorée par le roi Ptolémée-Épiphane, sous le règne duquel a été faite la dédicace du monument, comme le prouve la grande inscription hiéroglyphique sculptée sur toute la longueur de la frise du Pronaos. Voici la traduction des deux parties affrontées de cette formule dédicatoire :

(Partie de droite.) *Première ligne.* « Le roi (Dieu Épiphane que Phtah-Thoré a éprouvé, image vivante d'Amon-Ra), le chéri des dieux et des déesses mères, le bien-aimé d'Amon-Ra, a fait exécuter cet édifice en l'honneur d'Amon-Ra, etc., pour être vivifié à toujours. »

Deuxième ligne. « La divine sœur de (Ptolémée toujours vivant, Dieu aimé de Phtah), chéri d'Amon-Ra, l'ami du dieu (Pmainousé).... (le reste est détruit.) »

(Partie de gauche.) *Première ligne.* « Le fils du soleil (Ptolémée toujours vivant, Dieu aimé de Phtah), chéri des dieux et des déesses mères, bien-aimé d'Hathôr, a fait exécuter cet édifice en l'honneur de sa mère la rectrice de l'Occident, pour être vivifié à toujours. »

Deuxième ligne. « La royale épouse (Cléopâtre) bien-aimée de Thméï, rectrice de l'Occident, a fait exécuter cet édifice... (le reste manque.) »

Ces textes justifient tout-à-fait ce que nous avions déduit des seules sculptures du Propylon relativement aux divinités particulièrement honorées dans ce temple; il est également établi que la dédicace de cet édifice sacré a été faite par le cinquième des Ptolémées vers l'an 200 avant J.-C.

Les bas-reliefs encore existans sur les parois de droite et de gauche du Pronaos, ainsi que sur la façade du temple formant le fond de ce même Pronaos, appartiennent tous au règne d'Épiphane. Tous se rapportent aux déesses Hathôr et Thméï, ainsi qu'aux grandes divinités de Thèbes et d'Hermonthis.

On a divisé le Naos en trois salles contigues; ce sont trois véritables sanctuaires : celui du milieu, ou le principal, entièrement sculpté, contient des tableaux d'offrandes à tous les dieux adorés dans le temple, les deux triades précitées, et principalement aux déesses Hathôr et Thméï, qui paraissent dans presque toutes les scènes. Aussi n'est-il question que de ces deux divinités dans les dédicaces du sanctuaire, inscrites sur les frises de droite et de gauche au nom de Ptolémée-Philopator.

« L'Horus, soutien de l'Égypte, celui qui a embelli les temples comme Thoth deux fois grand, le seigneur des panégyries comme Phtah, le chef semblable au soleil, le germe des dieux fondateurs, l'éprouvé par Phtah, etc.; le fils du soleil, Ptolémée toujours vivant, bien-aimé d'Isis, l'ami de son père (Philopator), a fait cette construction en l'honneur de sa mère Hathôr, la rectrice de l'Occident. » (Dédicace de gauche.)

Presque toutes les sculptures de ce premier sanctuaire remontent au règne de Philopator, qu'on y voit suivi de sa femme Arsinoë adorant les deux déesses; deux seuls tableaux portent l'image de Ptolémée-Épiphane, fils et successeur de Philopator. On lit enfin sur les parois de droite et de gauche, l'inscription suivante relative à des embellissemens exécutés sous le règne postérieur, celui d'Évergète IIe et de ses deux femmes :

« Bonne restauration de l'édifice exécutée par le roi, germe des dieux lumineux, l'éprouvé par Phtah, etc., etc. Ptolémée toujours vivant, etc., par sa royale sœur, la modératrice souveraine du Monde, Cléopâtre, et par sa royale épouse, la modératrice souveraine du Monde, Cléopâtre, dieux grands chéris d'Amon-Ra. »

C'est à la déesse Hathôr qu'appartenait plus spécialement le sanctuaire de droite ; cette grande divinité y est représentée sous des formes variées, recevant les hommages des rois Philopàtor et Épiphane ; les dédicaces des frises sont faites au nom de ce dernier.

Le sanctuaire de gauche fut consacré à la déesse Thmeï, la Dicé et l'Aléthé des mythes égyptiens ; aussi, tous les tableaux qui décorent cette chapelle, se rapportent-ils aux importantes fonctions que remplissait cette divinité dans l'Amenti, les régions occidentales ou l'enfer des Égyptiens.

Les deux souverains de ce lieu terrible, où les ames étaient jugées, Osiris et Isis, reçoivent d'abord les hommages de Ptolémée et d'Arsinoé, dieux Philopatores ; et l'on a sculpté sur la paroi de gauche la grande scène de la *Psychostasie*. Ce vaste bas-relief représente la salle Hypostyle (Osklı) ou le prétoire de l'Amenti, avec les décorations convenables. Le grand-juge Osiris occupe le fond de la salle, au pied de son trône s'élève le Lotus, emblême du Monde matériel, surmonté de l'image de ses quatre enfans, génies directeurs des quatre points cardinaux.

Les quarante-deux juges assesseurs d'Osiris sont aussi rangés sur deux lignes, la tête surmontée d'une plume d'autruche, symbole de la justice : debout sur un socle, en avant du trône, le cerbère égyptien, monstre composé de trois natures diverses, le crocodile, le lion et l'hyppopotame, ouvre sa large gueule et menace les ames coupables : son nom, Téouôm-enement, signifie la dévoratrice de l'occident ou de l'enfer. Vers la porte du tribunal paraît la déesse Thmeï, dédoublée, c'est-à-dire figurée deux fois, à cause de sa double attribution de déesse de la justice et de déesse de vérité ; la première forme, qualifiée de Thméï, rectrice de l'Amenti (la vérité), présente l'ame d'un Égyptien, sous les formes corporelles, à la seconde forme de la déesse (la justice), dont voici la légende : Thméï qui réside dans l'Amenti, où elle pèse les cœurs dans la balance: aucun méchant ne lui échappe. Dans le voisinage de celui qui doit subir l'épreuve, on lit les mots suivans : « Arrivée d'une ame dans l'Amenti. » Plus loin, s'élève la balance infernale, les dieux Horus, fils d'Isis, à tête d'épervier, et Anubis, fils d'Osiris, à tête de chacal, placent dans les bassins de la balance, l'un le cœur du prévenu, l'autre une plume, emblême de justice : entre le fatal instrument qui doit décider du sort de l'ame, et le trône d'Osiris, on a placé le dieu Thôth ibiocéphale, Thôth le deux fois grand, le seigneur de Schmoun (Hermopolis-Magna), le seigneur des divines paroles, le secrétaire de justice des autres dieux grands dans la salle de justice et de vérité. Ce greffier divin écrit le résultat de l'épreuve à laquelle vient d'être soumis le cœur de l'Égyptien défunt, et va présenter son rapport au souverain juge.

On voit que le fait seul de la consécration de ce troisième sanctuaire à la déesse Thméï, y a motivé la représentation de la psychostasie, et qu'on a trop légèrement conclu de la présence de ce tableau curieux reproduit également dans la deuxième partie de tous les rituels funéraires, que ce temple était une sorte d'édifice funèbre qui pouvait même avoir servi de sépulture à des membres très-distingués de la caste sacerdotale. Rien ne motive une pareille hypothèse. Il est vrai que les environs de l'enceinte qui renferme ce monument, ont été criblés d'excavations sépulcrales et de catacombes égyptiennes de toutes les époques; mais le temple d'Hathor et de Tméï n'est point le seul édifice sacré élevé au milieu des tombeaux. Il faudrait donc aussi considérer comme des temples funéraires le palais de Sésostris ou le Rhamesséïon, le temple d'Ammon à El-Assasif, le palais de Kourna, etc., ce qui est insoutenable sous tous les rapports, et formellement contredit par toutes les inscriptions égyptiennes qui en couvrent les parois. Mon opinion est fondée sur l'examen attentif et détaillé des lieux. Je n'ai pas encore fini à Thèbes, si même on peut réellement finir au milieu de tant de monumens... Mais le temps me presse... Je cours à de nouvelles explorations... Adieu.

DIX-HUITIEME LETTRE.

Thèbes (*Médinet-Habou*), *le* 30 *juin* 1829.

On peut se rendre à la grande butte de Médinet-Habou soit en prenant le chemin de la plaine en traversant le Rhamesséïon, l'emplacement de l'Aménophion (Memnonium) et les restes calcaires du Ménéphthéïon, grand édifice construit par le fils et successeur Rhamsès-le-Grand, soit en suivant le vallon à l'entrée duquel s'élève le petit temple d'Athôr et de Thmeï.

Là existe presque enfouie sous les débris des habitations particulières qui se sont succédées d'âge en âge, une masse de monumens de haute importance, qui, étudiés avec attention, montrent, au milieu des plus grands souvenirs historiques, l'état des arts de l'Égypte à toutes les époques principales de son existence politique : c'est en quelque sorte un tableau abrégé de l'Égypte monumentale. On y trouve en effet réunis un temple appartenant à l'époque pharaonique la plus brillante, celle des premiers rois de la XVIIIe dynastie ; un immense palais de la période des conquêtes ; un édifice de la première décadence sous l'invasion éthiopienne, une chapelle élevée sous un des princes qui avaient brisé le joug des Perses ; un propylon de la dynastie grecque ; des propylées de l'époque romaine ; enfin, dans une des cours du palais pharaonique, des colonnes qui jadis soutenaient le faîte d'une église chrétienne.

Le détail un peu circonstancié de ce que renferment de plus curieux des monumens si variés, me conduirait beaucoup trop loin ; je dois me contenter de donner une idée rapide de chacune des parties qui forment cet amas de constructions si intéressantes, en commençant par celles qui se présentent en arrivant à la butte du côté qui regarde le fleuve.

On rencontre d'abord une vaste enceinte construite en belles pierres de grès, peu élevée au-dessus du sol actuel, et dans laquelle on pénètre par une porte dont les jambages, surpassant à peine la corniche brute qui surmonte le mur d'enceinte, portent la figure en pied d'un empereur romain dont voici la légende hiéroglyphique inscrite dans les deux cartouches accolés : « L'empereur Cæsar-Titus AElius-Hadrianus-Antonius-Pius. »

Le même prince est aussi représenté sur l'une des deux portes latérales de l'enceinte, où il est en adoration devant la Triade de Thèbes à droite, et devant celle d'Hermonthis à gauche. C'est encore ici une nouvelle preuve de ces égards perpétuels de bon voisinage que se rendaient mutuellement les cultes locaux.

Au fond de l'enceinte s'élève une rangée de six colonnes réunies trois à trois par des murs d'entre-colonnement qui n'ont jamais reçu de sculptures. On trouve encore parmi les pierres amoncelées provenant des parties supérieures de cette construction, la légende impériale déjà citée : l'enceinte et les propylées appartiennent donc au règne d'Antonin-le-Pieux. C'est d'ailleurs ce que démontrait déjà le mauvais style des bas-reliefs.

En traversant ces propylées, on arrive à un grand pylone, dont la porte, ornée d'une corniche conservant encore ses couleurs, assez vives, est couverte de bas-reliefs religieux; l'adorateur, Ptolémée Soter II, présente des offrandes variées aux sept grandes divinités élémentaires et aux dieux des nomes Thébain et Hermonthite.

Le mur de l'enceinte et les propylées d'Antonin, aussi bien que le pylone de Soter II, m'ont offert une particularité remarquable : c'est que ces constructions modernes ont été élevées aux dépens d'un édifice antérieur et bien autrement important. Les pierres qui les forment sont couvertes de restes de légendes hiéroglyphiques, de portions de bas-reliefs religieux ou historiques, telles que des têtes ou des corps de divinités, des chars, des chevaux, des soldats, des prisonniers de guerre, enfin de nombreux débris d'un calendrier sacré; et comme on lit sur une foule de pierres, en tout ou en partie, le prénom ou le nom de Rhamsès-le-Grand, il n'est point douteux, pour moi du moins, que ces blocs ne proviennent des démolitions du grand palais de Sésostris, Le Rhamesseïon, ravagé depuis long-temps par les Perses à l'époque où, sous Ptolémée Soter II et Antonin, on bâtissait les propylées et le pylone dont il est ici question.

Au pylone de Soter succède un petit édifice d'une exécution plus élégante, semblable en son plan au petit édifice à jour de l'île de Philæ; mais les huit colonnes qui le supportaient sont maintenant rasées jusqu'à la hauteur des murs des entre-colonnemens. Tous les bas-reliefs encore existans représentent le roi Nectanèbe, de la trentième dynastie, la Sébennytique, adorant le souverain des dieux Amon-Ra, et recevant les dons et les bienfaits de tous les autres dieux de Thèbes.

Cette chapelle, du quatrième siècle avant J.-C., avait été appuyée sur un édifice plus ancien : c'est un pylone de médiocre étendue, dont les massifs, d'une belle proportion, ont souffert dans plusieurs de leurs parties. Élevé sous la domination du roi Éthiopien Taharaka, dans le septième siècle avant notre ère, le nom, le prénom, les titres, les louanges de ce prince avaient été rappelés dans les inscriptions et les bas-reliefs décorant les faces des deux massifs, et sur la porte qui les sépare. Mais, à l'époque où les Saïtes remontèrent sur le trône des Pharaons, il paraît qu'on fit marteler, par une mesure générale, les noms des conquérans éthiopiens sur tous les monumens de l'Égypte.

J'ai déjà remarqué la proscription du nom de Sabacon dans le palais de Louqsor; le nom de Taharaka subit ici un semblable outrage; mais les martaux n'ont pu faire que l'on n'en reconnaisse encore sans peine tous les élémens constitutifs dans le plus grand nombre des cartouches existans. On lit de plus sur le massif de droite, cette inscription relative à des embellissemens exécutés sous Ptolémée Soter II :

« Cette belle réparation a été faite par le roi seigneur du Monde, le grand germe des dieux grands, celui que Phtah a éprouvé, image vivante d'Amon-Ra, le fils du soleil, le seigneur des diadêmes, Ptolémée toujours vivant, le dieu aimé d'Isis, le dieu sauveur (soter, NT NOHEM), en l'honneur de son père Amon-Ra, qui lui a concédé les périodes des panégyries sur le trône d'Horus. »

Il n'est pas inutile de comparer cette fastueuse légende des Lagides, à propos de quelques pierres qu'on a changées, avec les légendes que l'Ethiopien, véritable fondateur du pylone, a fait sculpter sur le bandeau de la porte; elle ne contient que la simple formule suivante : « La vie (ou vive) le roi Taharaka, « le bien-aimé d'Amon-Ra, seigneur des trônes du Monde. »

Sur les deux massifs extérieurs du pylone, ce prince, auquel certaines traditions historiques attribuent la conquête de toute l'Afrique septentrionale, jusqu'aux colonnes d'Hercule, a été figuré de proportion colossale, tenant d'une main robuste les chevelures, réunies en groupe, de peuples vaincus qu'il menace d'une sorte de massue.

Au-delà du pylone de Taharaka et dans le mur de clôture nord, existent encore en place deux jambages d'une porte en granit rose, chargés de légendes exécutées avec soin et contenant le nom et les titres du fondateur, l'un des plus grands fonctionnaires de l'ordre sacerdotal, l'hiérogramate et prophète Pétaménoph. C'est le même personnage qui fit creuser, vers l'entrée de la ville d'El-Assasif, l'immense et prodigieuse excavation que les voyageurs admirent sous le nom de *Grande-Syringe*.

On arrive enfin à l'édifice le plus antique, celui dont les propylées de l'époque romaine, le pylone des Lagides, la chapelle de Nectanèbe et le pylone du roi Ethiopien ne sont que des dépendances; ces diverses constructions ne furent élevées que pour annoncer dignement la demeure du roi des dieux et celle du Pharaon, son représentant sur la Terre.

Ce vieux monument, qui porte à la fois le double caractère de temple et de palais, se compose encore d'un sanctuaire environné de galeries formées de piliers ou de colonnes, et de huit salles plus ou moins vastes.

Toutes les parois portent des sculptures exécutées avec une correction remarquable et une grande finesse de travail : ce sont là des bas-reliefs de la meilleure époque de l'art. Aussi, la décoration de cet édifice appartient-elle au règne de Touthmosis Ier, de Thouthmosis IIe, de la reine Amensé, du régent Aménenthé et de Touthmosis IIIe, le Moeris des historiens grecs. C'est sous ce dernier Pharaon qu'on a décoré la plus grande partie de l'édifice; les dédicaces en ont été faites en son nom : celle qu'on lit sous la galerie de droite, l'une des mieux conservées, donne une idée de toutes les autres, la voici.

1re *ligne*. « La vie : l'Horus puissant, aimé de Phré, le souverain de la haute et basse région, grand chef dans toutes les parties du monde, l'Horus resplendissant, grand par sa force, celui qui a frappé les neuf arcs (les peuples nomades); le dieu gracieux seigneur du monde, soleil stabiliteur du monde, le fils du soleil, Touthmosis, bienfaiteur du monde, vivifié aujourd'hui et à toujours. »

2e *ligne*. « Il a fait exécuter ces constructions en l'honneur de son père Amon-Ra, roi des dieux; il lui a érigé ce grand temple dans la partie occidentale du Touthmoséion d'Ammon, en belle pierre de grès : c'est ce qu'a fait le (roi) vivant toujours.»

La plupart des bas-reliefs décorant les galeries et les chambres des édifices, représentent ce roi, Touthmosis IIIe, rendant divers hommages aux dieux, ou en recevant des grâces et des dons : je citerai seulement des tableaux sculptés sur la paroi de gauche de la grande salle ou sanctuaire. Dans l'un, le plus étendu, le Pharaon casqué est conduit par la déesse Hathor et par le dieu Atmou qui se tiennent par la main, vers l'arbre mystique de la vie. Le roi des dieux, Amon-Ra assis, tracé avec un pinceau le nom de Touthmosis sur l'épais feuillage, en disant : « Mon fils, stabiliteur du monde, je place ton nom sur l'arbre Oscht, dans le palais du soleil ! » Cette scène se passe devant les 25 divinités secondaires adorées à Thèbes et disposées sur deux files, en tête desquelles on lit l'inscription suivante : «Voici ce que disent les autres grandes divinités de Toph (Thèbes) : Nos cœurs se réjouissent à cause du bel édifice construit par le roi soleil stabiliteur du monde. »

J'ai trouvé dans le second tableau, pour la première fois, le nom et la représentation de la reine, femme de Touthmosis IIIe. Cette princesse, appelée Rhamaïthé, et portant le titre de royale épouse, accompgne son mari faisant de riches offrandes à Amon-Ra générateur; la reine reparaît aussi dans deux tableaux décorant une des petites salles de gauche au fond de l'édifice.

Les six dernières salles du palais, dans l'une desquelles existe renversée une chapelle monolithe de granit rose, sont couvertes de bas-reliefs de l'époque de Touthmosis Ier, de Touthmosis II, de la reine Amensé, et de son fils Touthmosis III dont les légendes royales ont été sculptées en surcharge sur celles du régent Amenenthé, martelées avec assez de soin, ainsi que toutes les figures en pied représentant ce prince, dont la mémoire fut aussi proscrite.

La fondation de cet édifice remonte donc aux premières années du 18e siècle avant J.-C. Il est naturel par conséquent de rencontrer, en le parcourant avec soin, plusieurs restaurations annoncées d'ailleurs par des inscriptions qui en fixent l'époque et en nomment les auteurs ; telles sont :

1° La restauration des portes et d'une portion du plafond de la grande salle, par Ptolémée Evergète II, entre l'an 146 et l'an 118 avant notre ère.

2° Des réparations faites vers l'an 392 avant notre ère, aux colonnes d'ordre protodorique qui soutiennent les plafonds des galeries, sous le pharaon Mendésien Hacoris. On a employé pour cela des pierres provenant d'un petit édifice construit par la princesse Neitocris, fille de Psammetichus II.

3° Toutes les sculptures des façades supérieures sud et nord exécutées sous le règne de Rhamsès-Méïamoun, au 15e siècle avant notre ère.

Ces derniers embellissemens, les plus anciens et les plus notables de tous, avaient été ordonnés sans doute pour lier, par la décoration, le petit palais de Mœris avec le grand palais de Rhamsès-Méïamoun, qui, avec ses attenances, couvre presque toute la butte de Médinet-Habou.

C'est ici en effet qu'existent les ouvrages les plus remarquables de ce Pharaon, l'un des plus illustres parmi les souverains de l'Égypte, et dont les grands exploits militaires ont été confondus avec ceux de Sésostris ou Rhamsès-le-Grand, par les auteurs anciens et par les écrivains modernes.

Un édifice d'une médiocre étendue, mais singulier par ses formes inaccoutumées, le seul qui, parmi tous les monumens de l'Égypte, puisse donner une idée de ce qu'était une habitation particulière à ces anciennes époques, attire d'abord les regards du voyageur. Le plan qu'en ont publié les auteurs de la grande Description de l'Égypte, pourra donner une idée exacte de la disposition générale de ces deux massifs de pylones unis à un grand pavillon par des constructions tournant sur elles-mêmes en équerre; je ne dois m'occuper que des curieux bas-reliefs et des descriptions sculptées sur toutes les surfaces.

L'entrée principale regarde le Nil : on tourne d'abord deux grands massifs, formant une espèce de faux pylone, ensevelis en partie sous des buttes provenant des débris d'habitations modernes. Vers le haut règne une frise anaglyphique composée des élémens combinés de la légende royale du Rhamsès fils aîné et successeur immédiat de Rhamsès-Méïamoun. « Soleil, gardien de vérité éprouvé par Ammon. » On remarque de plus sur ces massifs, des tableaux d'adoration de la même époque, et deux *fenêtres* portant sur leur bandeau le disque aîlé de Hat, et sur leurs jambages les légendes royales de Rhamsès-Méïamoun : « Soleil, gardien de vérité et ami d'Ammon. »

La porte qui sépare ces constructions appartient au règne d'un troisième Rhamsès, le second fils de Méïamoun, « le soleil seigneur de vérité aimé par Ammon. »

Dans l'intérieur de cette petite cour s'élèvent deux massifs de pylones ornés, ainsi que les constructions qui les unissent au grand pavillon, de frises anaglyphiques portant la légende du fondateur Rhamsès-Méïamoun, et de bas-reliefs d'un grand intérêt, parce qu'ils ont trait aux conquêtes de ce Pharaon.

La face antérieure du massif de droite est presque entièrement occupée par une figure colossale du conquérant levant sa hache d'armes sur un groupe de prisonniers barbus dont sa main gauche saisit les chevelures; le dieu Amon-Ra, d'une stature toute aussi colossale, présente au vainqueur la harpé divine en disant : « Prends cette arme, mon fils chréri, et frappe les chefs des contrées étrangères! »

Le soubassement de ce vaste tableau est composé des chefs des peuples soumis par Rhamsès-Méïamoun, agenouillés, les bras attachés derrière le dos par des liens qui, terminés par une houpe de papyrus ou une fleur de lotus, indiquent si la personne est un asiatique ou un africain.

Ces chefs captifs, dont les costumes et les physionomies sont très-variés, offrent, avec toute vérité, les traits du visage et les vêtemens particuliers à chacune des nations qu'ils représentent : des légendes hiéroglyphiques donnent successivement le nom de chaque peuple. Deux ont entièrement disparu; celles qui subsistent, au nombre de cinq, annoncent :

Le chef du pays de Kouschi, mauvaise race (l'Éthiopie),
Le chef du pays de Térosis,
Le chef du pays de Toroao,
} en Afrique;

et

Le chef du pays de Robou,
Le chef du pays de Moschausch,
} en Asie.

Un tableau et un soubassement analogues décorent la face antérieure du massif de gauche; mais ici tous les captifs sont des chefs asiatiques : on les a rangés dans l'ordre suivant :

Le chef de la mauvaise race du pays de Schéto ou Chéta;

Le chef de la mauvaise race du pays d'Aumôr;

Le grand du pays de Fékkaro;

« Le grand du pays de Schaïrotana, contrée maritime;

Le grand du pays de Scha....... (Le reste est détruit.)

Le grand du pays de Touirscha, contrée maritime.

Le grand du pays de Pa.. (Le reste est détruit.) Sur l'épaisseur du massif de gauche, Rhamsès Meïamoun casqué, le carquois sur l'épaule, conduit des groupes de prisonniers de guerre aux pieds d'Amon-Ra : le dieu dit au conquérant : « Va! empare-toi des contrées; soumets leurs places fortes, et amène leurs chefs en esclavage. »

Le massif correspondant, et les corps de logis qui réunissent le pylone au grand pavillon du fond, sont couverts de sculptures qu'il serait trop long de détailler ici. On remarque des *fenêtres* décorées extérieurement et intérieurement avec beaucoup de goût, et des *balcons* soutenus par des prisonniers barbares sortant à mi-corps de la muraille.

L'intérieur du grand pavillon, divisé en *trois étages*, fut décoré de bas-relief représentant des scènes domestiques de Rhamsès-Meïamoun : je possède des dessins exacts de tous ces intéressans tableaux, parmi lesquels on remarque le Pharaon servi par les dames du palais, prenant son repas, jouant avec ses petits enfans, ou occupé avec la reine d'une partie de jeu analogue à celui *des échecs*, etc., etc. L'extérieur de ce pavillon est couvert de légendes du roi ou de bas-reliefs commémoratifs de ses victoires.

C'est en suivant l'axe principal de ces curieuses constructions, qu'on arrive enfin devant le premier pylone du grand et magnifique palais de Rhamsès-Méïamoun. L'édifice que nous venons de décrire n'en était qu'une dépendance et une simple annonce.

Ici, tout prend des proportions colossales : les faces extérieures des deux énormes massifs du premier pylone, entièrement couvertes de sculptures, rappellent les exploits du fondateur de l'édifice, non seulement par des tableaux d'un sens vague et général, mais encore par les images et les noms des peuples vaincus, par celles du conquérant et de la divinité protectrice qui lui donne la victoire. On voit sur le massif de gauche, le dieu Phtah-Socharis livrant à Rhamsès-Maïamoun treize contrées asiatiques, dont les noms, conservés pour la plupart, ont été sculptés dans des cartels servant comme de boucliers aux peuples enchaînés. Une longue inscription, dont les onze premières lignes sont assez bien conservées, nous apprent que ces conquêtes eurent lieu dans la douzième année du règne de ce Pharaon.

Dans le grand tableau du massif de droite, le dieu Amon-Ra, sous la forme de Phré hiéracocéphale, donne la harpé au belliqueux Rhamsès pour frapper vingt-neuf peuples du Nord ou du Midi; dix-neuf noms de contrées ou de villes subsistent encore : le reste a été détruit pour appuyer contre le pylone des masures modernes. Le roi des dieux adresse à Méïamoun un long discours, dont voici les dix premières colonnes : « Amon-« Ra a dit : Mon fils, mon germe chéri, maître du Monde, so-« leil gardien de justice, ami d'Ammon, toute force t'appartient « sur la Terre entière; les nations du septentrion et du midi « sont abattues sous tes pieds; je te livre les chefs des contrées « méridionales; conduis-les en captivité, et leurs enfans à leur « suite; dispose de tous les biens existant dans leur pays : lais-« se respirer ceux d'entr'eux qui voudront se soumettre, et pu-« nis ceux dont le cœur est contre toi. Je t'ai livré aussi le Nord.... « (lacune); la Terre-Rouge (l'Arabie) est sous tes sandales, « etc., etc. »

Une grande stèle, mais très-fruste, constate que ces conquêtes eurent lieu la onzième année du roi.

C'est à la même année du règne de Rhamsès-Méïamoun que se rapportent les sculptures des massifs du premier pylone du côté de la cour. Il s'agit ici d'une campagne contre les peuples asiatiques nommés Moschasch.

Des masses de débris amoncelés couvrent toute la partie inférieure du pylone, et enfouissent en très-grande partie la magnifique colonnade qui décore le côté gauche de la cour, ainsi que la galerie soutenue par des piliers cariatides formant cette même cour du côté droit. Déblayer cette partie du palais, serait une entreprise fort dispendieuse, mais elle aurait pour résultat certain de rendre à l'admiration des voyageurs deux galeries de la plus complète conservation, des colonnes couvertes de bas-reliefs, de riches décorations ayant conservé tout l'éclat de leurs couleurs, et enfin une nombreuse série de grands tableaux historiques. Il a fallu me contenter de copier les inscriptions dédicatoires qui couvrent les deux frises et les architraves des élégantes colonnes dont les chapiteaux imitent la fleur épanouie du lotus.

Au fond de cette première cour s'élève un second pylone, décoré de figures colossales sculptées, comme partout ailleurs, de relief dans le creux; celles-ci rappellent les triomphes de Rhamsès-Méïamoun, dans la 9e année de son règne. Le roi, la tête surmontée des insignes du fils aîné d'Ammon, entre dans le temple d'Amon-Ra et de la déesse Mouth, conduisant trois colonnes de prisonniers de guerre, imberbes et enchaînés dans diverses positions : ces nations, appartenant à une même race, sont nommées Schakalascha, Taônaou et Pourosato. Plusieurs voyageurs, examinant les physionomies et le costume de ces captifs, ont cru reconnaître en eux des peuples Hindous. Sur le massif de droite de ce pylone, existait une énorme inscription, aujourd'hui détruite aux trois quarts par des fractures et des excavations. J'ai vu, par ce qui en subsiste encore, qu'elle était relative à l'expédition contre les Schakalascha, les Fekkaro, les Pourosato, les Taônaou et les Ouschascha. Il y est aussi question des contrées d'Aumôr et d'Oreksa, ainsi que d'une bataille navale.

Une magnifique porte en granit rose unit les deux massifs du second pylone. Des tableaux d'adoration aux diverses formes d'Amon-Ra et de Phtha, en décorent les jambages, au bas desquels on lit deux inscriptions dédicatoires attestant que Rhamsès-Méïamoun a consacré cette grande porte en belle pierre de granit, à son père Amon-Ra, et qu'enfin les battans ont été si richement ornés de métaux précieux, qu'Ammon lui-même se réjouit en les contemplant.

On se trouve, après avoir franchi cette porte, dans la seconde cour du palais où la grandeur pharaonique se montre dans tout son éclat : la vue seule peut donner une idée du majestueux effet de ce péristyle, soutenu à l'est et à l'ouest par d'énormes colonnades, au nord par des piliers contre lesquels s'appuient des cariatides, derrière lesquels se montre une seconde colonnade. Tout est chargé de sculptures revêtues de couleurs très-brillantes encore : c'est ici qu'il faut envoyer, pour les convertir, les ennemis systématiques de l'architecture peinte.

Les parois des quatre galeries de cette cour conservent toutes leurs décorations : de grands et vastes tableaux sculptés et peints appellent de toute part la curiosité des voyageurs. L'œil se repose sur le bel azur des plafonds ornés d'étoiles de couleur jaune doré ; mais l'importance et la variété des scènes reproduites par le ciseau, absorbe bientôt toute l'attention.

Quatre tableaux formant le registre inférieur de la galerie de l'Est côté gauche, et une partie de la galerie Sud, retracent les principales circonstances d'une guerre de Rhamsès-Méïamoun contre des peuples asiatiques nommés Robou, teint clair, nez aquilin, longue barbe, couverts d'une grande tunique et d'un surtout transversalement rayé bleu et blanc : ce costume est tout-à-fait analogue à celui des Assyriens et des Mèdes figurés sur les cylindres dits babyloniens ou persépolitains.

1er *Tableau.* Grande bataille : le héros égyptien debout sur un char lancé au galop, décoche des flèches contre une foule d'ennemis fuyant dans le plus grand désordre. On aperçoit sur le premier plan les chefs égyptiens montés sur des chars, et leurs soldats entremêlés à des alliés, les Fekkaro, massacrant les Robou épouvantés, ou les liant comme prisonniers de guerre. Ce tableau seul contient plus de cent figures en pied, sans compter les chevaux.

2e *Tableau.* Les princes et les chefs de l'armée égyptienne conduisent au roi victorieux, quatre colonnes de prisonniers : des scribes comptent et enregistrent le nombre des mains droites et des parties génitales coupées aux Robou morts sur le champ de bataille. L'inscription porte textuellement : « Conduite « des prisonniers en présence de sa majesté ; ceux-ci sont au « nombre de mille ; mains coupées, trois mille ; phallus, trois « mille. » Le Pharaon, aux pieds duquel on dépose ces trophées, paisiblement assis sur son char dont les chevaux sont retenus par des officiers, adresse une allocution à ses guerriers ; il les félicite de leur victoire, et prodigue fort naïvement les plus grands éloges à sa propre personne. « Livrez-vous à la joie, leur « dit-il, qu'elle s'élève jusqu'au Ciel ; les étrangers sont renver- « sés par ma force ; la terreur de mon nom est venue, leurs « cœurs en ont été remplis ; je me suis présenté devant eux « comme un lion, je les ai poursuivis semblable à un épervier ; « j'ai anéanti leurs âmes criminelles ; j'ai franchi leurs fleuves, « j'ai incendié leurs forteresses ; je suis pour l'Égypte ce qu'a

« été le dieu Mandou : j'ai vaincu les barbares : Amon-Ra mon « père a humilié le Monde entier sous mes pieds, et je suis roi « sur le trône à toujours. »

En-dehors de ce curieux tableau existe une longue inscription malheureusement fort endommagée, et relative à cette campagne, qui date de l'an 5e du règne de Rhamsès-Méïamoun.

3e *Tableau*. Le vainqueur, le fouet en main et guidant ses chevaux, retourne ensuite en Égypte ; des groupes de prisonniers enchaînés précèdent son char ; des officiers étendent au-dessus de la tête du Pharaon de larges ombrelles ; le premier plan est occupé par l'armée égyptienne divisée en pelotons marchant régulièrement en ligne et au pas, selon les règles de la tactique moderne.

Enfin Rhamsès rentre triomphant dans Thèbes (4e tableau) ; il se présente à pied, traînant à sa suite trois colonnes de prisonniers, devant le temple d'Amon-Ra et de la déesse Mouth ; le roi harangue les divinités et en reçoit en réponse les assurances les plus flatteuses.

Une immense composition remplit tout le registre supérieur de la galerie Nord et de la galerie Est, à droite de la porte principale. C'est une cérémomie publique qui n'offre pas moins de deux cents personnages en pied ; à cette pompeuse marche assiste tout ce que l'Égypte renfermait de plus grand et de plus illustre : c'est en quelque sorte le triomphe de Rhamsès-Méïamoun et la panégyrie célébrée par le souverain et son peuple, pour remercier la divinité de la constante protection qu'elle avait accordée aux armes égyptiennes. Une ligne de grands hiéroglyphes sculptés au-dessus du tableau et dans toute sa longueur, annonce que cette panégyrie (HBAI) en l'honneur d'Amon-Horus (l'A et l'Ω de la théologie égyptienne) eut lieu à Thèbes le premier jour du mois de paschons. Cette légende contient en outre l'analyse minutieuse du vaste tableau qu'elle surmonte ; c'est pour ainsi dire le programme entier de la cérémonie.

L'analyse rapide que j'en donne ici ne sera que la traduction de cette légende, ou celle des nombreuses inscriptions sculptées dans le bas-relief, auprès de chaque personnage et au-dessus des groupes principaux.

Rhamsès-Méïamoun sort de son palais, porté dans un naos,

espèce de châsse richement décorée, soutenue par douze *oeris* ou chefs militaires, la tête ornée de plumes d'autruches. Le monarque décoré de toutes les marques de sa royale puissance, est assis sur un trône élégant que des images d'or de la justice et de la vérité couvrent de leurs ailes étendues; le sphinx, emblême de la sagesse unie à la force, et le lion symbole du courage, sont debout près du trône, qu'ils semblent protéger. Des officiers agitent autour du naos les flabellum et les éventails ordinaires; de jeunes enfans de la caste sacerdotale marchent auprès du roi portant son sceptre, l'étui de son arc et ses autres insignes.

Neuf princes de la famille royale, de hauts fonctionnaires de la caste sacerdotale et des chefs militaires suivent le naos à pied, rangés sur deux lignes; des guerriers portent les socles et les gradins du naos; la marche est fermée par un peloton de soldats. Des groupes tout aussi variés précèdent le Pharaon : un corps de musique, où l'on remarque la flûte, la trompette, le tambour et des choristes, forme la tête du cortége; viennent ensuite les parens et familiers du roi, parmi lesquels on compte plusieurs pontifes; enfin, *le fils aîné* de Rhamsès, le chef de l'armée après lui, brûle l'encens devant la face de son père.

Le roi arrive au temple d'Ammon-Horus, s'approche de l'autel, répand des libations et brûle l'encens; vingt-deux prêtres portent sur un riche palanquin la statue du dieu qui s'avance au milieu des flabellum, des éventails et des rameaux de fleurs. Le roi à pied, coiffé d'un simple diadême de la région inférieure, précède le dieu et suit immédiatement le taureau blanc, symbole vivant d'Ammon-Horus ou Amon-Ra, le mari de sa mère. Un prêtre encense l'animal sacré; la reine, épouse de Rhamsès, se montre vers le haut du tableau comme spectatrice de la pompe religieuse : et tandis que l'un des pontifes lit à haute voix l'invocation prescrite lorsque la lumière du dieu franchit le seuil de son temple, dix-neuf prêtres s'avancent portant les diverses enseignes sacrées, les vases, les tables de proposition, et tous les ustensiles du culte; sept autres prêtres ouvrent le cortége religieux, soutenant sur leurs épaules des statuettes; ce sont les images des rois ancêtres et prédécesseurs de Rhamsès-Méïamoun, assistant au triomphe de leur descendant.

Ici a lieu une cérémonie sur la nature de laquelle on s'est étrangement mépris. Deux enseignes sacrées, particulières au dieu Ammon-Horus, s'élèvent au-dessus de deux autels. Deux prêtres, reconnaissables à leur tête rase et mieux encore à leur titre inscrit à côté d'eux, se retournent pour entendre les ordres du grand pontife président de la panégyrie, lequel tient en main le sceptre nommé *pat*, insigne de ses hautes fonctions ; un troisième prêtre donne la liberté à quatre oiseaux qui s'envolent dans les airs.

On a voulu voir ici *des sacrifices humains*, en prenant le sceptre du pontife pour un couteau, les deux prêtres pour deux victimes, et les oiseaux pour l'emblême des ames qui s'échappaient des corps de deux malheureux égorgés par une barbare superstition ; mais une inscription sculptée devant l'hiérogrammate assistant à la cérémonie, nous rassure complètement et prouve toute l'innocence de cette scène, en nous faisant bien connaître ses détails et son but.

Voici la traduction de ce texte dont je figure aussi la disposition même :

« Le président de la Panégyrie a dit :

« Donnez l'essor aux IV oies,

« Amset	Sis	Soumauts	Kebhsniv
« Dirigez-vous vers			
le Midi	le Nord	l'Occident	l'Orient
« dites aux dieux du Midi	« dites aux dieux du Nord	« dites aux dieux de l'Occident	« dites aux dieux de l'Orient

« que Horus, fils d'Isis et d'Osiris, s'est coiffé du Pschent, que « le roi Rhamsès s'est coiffé du Pschent. »

Il en résulte clairement que les quatre oiseaux représentent les quatre enfans d'Osiris : Amset, Sis, etc., génies des quatre points cardinaux vers lesquels on les prie de se diriger pour annoncer aussi au Monde entier qu'à l'exemple du dieu Horus, le roi Rhamsès-Méïamoun vient de mettre sur sa tête la couronne emblême de la domination sur les régions supérieures et inférieures. Cette couronne se nommait *Pschent ;* c'est celle que porte ici en effet, et pour la première fois, le roi debout et devant lequel se passe la fonction sacrée qu'on vient de faire connaître.

La dernière partie du bas-relief représente le roi, coiffé du *Pschent*, remerciant le dieu dans son temple. Le monarque, précédé de tout le corps sacerdotal et de la musique sacrée, est accompagné par les officiers de sa maison. On le voit ensuite couper avec une faucille d'or une gerbe de blé, et coiffé enfin de son casque militaire comme à sa sortie du palais, prendre congé, par une libation, du dieu Ammon-Horus rentré dans son sanctuaire. La reine est encore témoin de ces deux dernières cérémonies; le prêtre invoque les dieux ; un hiérogrammate lit une longue prière ; auprès du Pharaon sont encore le taureau blanc et les images des rois ancêtres dressées sur une même base.

C'est en étudiant cette partie du tableau que j'ai pu m'assurer enfin de la place relative qu'occupe Rhamsès-Méïamoun dans la série des dynasties égyptiennes. Les statues des rois ses prédécesseurs sont ici chronologiquement rangées, et comme cet ordre est celui même que leur assignent d'autres monumens de Thèbes, aucun doute ne saurait s'élever sur cette ligne de succession ; ces statues, au nombre de neuf, portent devant elles les cartouches prénoms des rois qu'elles représentent. Rhamsès-Méïamoun, comme Rhamsès-le-Grand (Sésostris), ayant marqué son règne par de grands exploits militaires, ces deux princes ont été confondus par les historiens grecs en un seul et même personnage. Mais les monumens originaux les différencient trop bien l'un et l'autre pour que la même confusion puisse avoir lieu désormais. Je me propose de traiter ailleurs de cette importante distinction avec plus de détails. Revenons à la décoration de la magnifique cour de Médinet-Habou.

On a sculpté dans le registre supérieur de la galerie de l'Est, partie gauche, et dans celui de la galerie du Sud, une seconde cérémonie publique tout aussi développée que la précédente.

Celle-ci est une panégyrie célébrée par le roi en l'honneur de son père, le dieu Sochar-Osiris, le 27e jour du mois Hathôr. Je possède également des dessins fidèles de cette solennité et la copie des nombreuses légendes explicatives qui l'accompagnent.

Il faut passer rapidement sur les scènes de consécration et les honneurs royaux décernés par les dieux à Rhamsès-Méïamoun, et que reproduisent une foule de grands bas-reliefs sculptés dans les registres inférieurs des galeries de l'Est, du Nord et du Sud : je dois encore mieux me dispenser de noter ici le nom des divinités auxquelles le Pharaon présente des offrandes variées dans les 144 bas-reliefs peints qui ornent seulement les 16 piliers des galeries Est et Ouest, non compris tous ceux du même genre sculptés sur le fût des trois grandes colonnades qui soutiennent, soit les galeries Nord et Sud, soit l'intérieur de la galerie de l'Ouest.

Sur la paroi du fond de cette galerie ou portique formé par une double rangée de piliers cariatides et de colonnes, 24 grands bas-reliefs retracent les hommages pieux du roi envers les dieux, ou les bienfaits que les grandes divinités de Thèbes prodiguent au Pharaon victorieux. Une série de figures en pied ornent le soubassement de cette galerie et méritent une attention particulière.

Les légendes hiéroglyphiques inscrites à côté de ces personnages revêtus du riche costume des princes égyptiens, dont ils tiennent en main les insignes caractéristiques, constatent qu'on a représenté ici les enfans de Rhamsès-Méïamoun par ordre de primogéniture. On a seulement fait deux groupes distincts des enfans mâles et de princesses. Les princes, dont les noms et les titres ont été sculptés à côté de leurs images, sont au nombre de neuf, savoir :

1. Rhamsès-Amonmai, Basilico-grammate commandant des troupes ;

2. Rhamsès-Amonchischopsch, Basilico-grammate commandant de cavalerie ;

3. Rhamsès-Mandouhischopsch, Basilico-grammate commandant de cavalerie ;

4. Phréhipefhbouf, haut fonctionnaire dans l'administration royale ;

5. Mandouschopsch, *idem ;*

6. Rhamsès-Maithmou, prophète des dieux Phré et Athmou ;

8. Rhamsès - Amonhischopsch, sans autre qualification que celle de prince ;

9. Rhamsès-Méïamoun, *idem.*

Les trois premiers, après la mort de leur père Rhamsès-Méïamoun, étant successivement montés sur le trône des Pharaons, leurs légendes ont dû être surchargées pour recevoir les cartouches prénoms ou noms propres de ces princes parvenus au souverain pouvoir. Il faut remarquer aussi, à propos de cette liste intéressante, qu'à cette époque le nom de *Rhamsès* était devenu en quelque sorte le nom même de la famille, et que le conquérant avait concentré dans les membres de sa maison les postes les plus importans de l'armée, de l'administration civile et du sacerdoce. Les noms propres des filles du roi n'ont jamais été sculptés.

Toute cette série de princes et de princesses forme la décoration du soubassement à la droite et à la gauche d'une grande et belle porte s'ouvrant sur le milieu de la galerie de l'Ouest. On entrait jadis, en la traversant, dans une troisième cour environnée et suivie d'un très-grand nombre de salles : les décombres ont depuis long-temps enseveli toute cette partie du palais qui existe encore sous les débris entassés des frêles constructions qui se sont succédées d'âge en âge. Des fouilles en grand mettraient ici à découvert des tableaux et des inscriptions d'une haute importance; mes moyens ne me permettant pas de penser à les entreprendre, je réservai les fonds dont je pouvais disposer pour le déblaiement des grands bas-reliefs qui couvrent toute la partie extérieure Nord du palais, à partir du premier pylone, et la presque totalité de la muraille extérieure Sud, enfouie jusqu'à la corniche qui couronne l'édifice entier.

La muraille Nord offre une série de bas reliefs historiques d'un haut intérêt. Je donnerai ici un court abrégé du sujet de chacun d'eux, en commençant par l'extrémité de la paroi vers l'Ouest.

Campagne contre les Maschausch et les Robou.

1er *Tableau.* L'armée égyptienne en marche sur huit ou dix rangées de hauteur. Un trompette et un corps d'oplites précèdent un char que dirige un jeune conducteur : du milieu de ce char s'élève un grand mât surmonté d'une tête de bélier ornée du disque solaire. C'est le char du dieu Amon--Ra, qui guide à l'ennemi le roi Rhamsès-Méïamoun, également monté sur un char richement orné et qu'entourent les archers de la garde ainsi que les officiers attachés à sa personne. On lit à côté du char du dieu : « Voici ce que dit Amon-Ra, le roi des dieux : « Je marche devant toi, ô mon fils ! »

2e *Tableau.* Bataille sanglante : les Maschausch prennent la fuite ; le roi et quatre princes égyptiens en font un horrible carnage.

4e *Tableau.* Rhamsès, debout sur une espèce de tribune, harangue cinq rangées de chefs et de guerriers égyptiens conduisant une foule de Maschausch et de Robou prisonniers. Réponse des chefs militaires au roi. En tête de chaque corps d'armée, on fait le dénombrement des mains droites coupées aux ennemis morts sur le champ de bataille, ainsi que celui de leurs phallus, sorte d'hommage rendu à la bravoure des vaincus. L'inscription porte à 2,535 le nombre de ces preuves de victoire sur des hommes courageux et vaillans.

Campagne contre les Fekkaro, les Schakalascha et peuples de même race à physionomie hindoue.

1er *Tableau* (à la suite des précédens). Le roi Rhamsès-Méïamoun en costume civil, harangue les chefs de la caste militaire agenouillés devant lui, ainsi que les porte-enseignes des différens corps ; plus loin, les soldats debout écoutent les paroles du souverain qui les appelle aux armes pour punir les ennemis de l'Égypte : les chefs répondent à l'appel du roi en invoquant les victoires récentes, et protestent de leur dévouement à un prince qui obéit aux paroles d'Amon-Ra. La trompette sonne, les arsenaux sont ouverts ; les soldats, divisés par pelotons et sans armes, s'avancent dans le plus grand ordre guidés par leurs chefs, on leur distribue des casques, des arcs, des carquois, des haches de bataille, des lances et toutes les armes alors en usage.

2e *Tableau.* Le roi, tête nue et les cheveux nattés, tient les rênes de ses chevaux et marche à l'ennemi : une partie de l'armée égyptienne le précède en ordre de bataille ; ce sont les fantassins pesamment armés ou oplites : sur le flanc s'avancent par pelotons les troupes légères de différentes armes ; les guerriers montés sur des chars, ferment la marche. Une des inscriptions de ce bas-relief compare le roi au germe de Mandou, s'avançant pour soumettre la Terre entière à ses lois; ses fantassins, à des taureaux terribles, et ses cavaliers, à des éperviers rapides.

3ᵉ *Tableau*. Défaite des Fekkaro et de leurs alliés. Les fantassins égyptiens les mettent en fuite sur tous les points du champ de bataille; Méïamoun, secondé par ses chars de guerre, en fait un horrible carnage; quelques chefs ennemis résistent encore, montés sur des chars traînés soit par deux chevaux, soit par quatre bœufs : au milieu de la mêlée et à une des extrémités, plusieurs chariots traînés par des bœufs et remplis de femmes et d'enfans, sont défendus par des Fekkaro; des soldats égyptiens les attaquent et les réduisent en esclavage.

4ᵉ *Tableau*. Après cette première victoire, l'armée égyptienne se remet en marche, toujours dans l'ordre le plus méthodique et le plus régulier, pour atteindre une seconde fois l'ennemi; elle traverse des pays difficiles infestés de bêtes sauvages : sur le flanc de l'armée, le roi attaqué par deux lions, vient de terrasser l'un et combat contre l'autre.

5ᵉ *Tableau*. Le roi et ses soldats arrivent sur le bord de la mer au moment où la flotte égyptienne en est venue aux mains avec la flotte des Fekkaro, combinée avec celle de leurs alliés les Schairotanas, reconnaissables à leurs casques armés de deux cornes. Les vaisseaux égyptiens manœuvrent à la fois à la voile et à l'aviron : des archers en garnissent les hunes, et leur proue est ornée d'une tête de lion. Déjà un navire fekkarien a coulé, et la flotte alliée se trouve resserrée entre la flotte égyptienne et le rivage, du haut duquel Rhamsès-Méïamoun et ses fantassins lancent une grêle de traits sur les vaisseaux ennemis. Leur défaite n'est plus douteuse, la flotte égyptienne entasse les prisonniers à côté de ses rameurs. En arrière et non loin du Pharaon on a représenté son char de guerre et les nombreux officiers attachés à sa personne. Ce vaste tableau renferme plusieurs centaines de figures, et j'en rapporte une copie très-exacte :

6ᵉ *Tableau*. Le rivage est couvert de guerriers égyptiens conduisant divers groupes mêlés de Schairotanas et de Fekkaros prisonniers; les vainqueurs se dirigent vers le roi, arrêté avec une partie de son armée devant une place forte nommée *Mogadiro*. Là se fait le dénombrement des mains coupées. Le Pharaon, du haut d'une tribune sur laquelle repose son bras gauche appuyé sur un coussin, harangue ses fils et les principaux chefs de son armée, et termine son discours par ces phrases remarquables : « Amon-Ra était à ma droite comme à ma gauche ; « son esprit a inspiré mes résolutions ; Amon-Ra lui même, « préparant la perte de mes ennemis, a placé le Monde entier « dans mes mains. » Les princes et les chefs répondent au Pharaon qu'il est un soleil appelé à soumettre tous les peuples du Monde, et que l'Égypte se réjouit d'une victoire remportée par le bras du fils d'Ammon, assis sur le trône de son père.

7e *Tableau*. Retour du Pharaon vainqueur à Thèbes après sa double campagne contre les Robou et les Fekkaro : on voit les principaux chefs de ces nations conduits par Rhamsès devant le temple de la grande Triade Thébaine, Amon-Ra, Mouth et Chons. Le texte des discours que sont censés prononcer les divers acteurs de cette scène à la fois triomphale et religieuse, subsistent encore en grande partie. En voici la traduction :

« Paroles des chefs du pays de Fekkaro et du pays de Rabou « qui sont en la puissance de S. M., et qui glorifient le Dieu « bienfaisant, le Seigneur du Monde, soleil gardien de justice, « ami d'Ammon : Ta vigilance n'a point de bornes ; tu règnes « comme un puissant soleil sur l'Égypte ; grande est ta force, « ton courage est semblable à celui de Boré (le griffon) ; nos « souffles t'appartiennent, ainsi que notre vie qui est en ton « pouvoir à toujours. »

« Paroles du roi Seigneur du Monde, etc., à son père Amon-« Ra, le roi des dieux : Tu me l'as ordonné ; j'ai poursuivi les « barbares ; j'ai combattu toutes les parties de la Terre ; le « Monde s'est arrêté devant moi ; . . . . . . mes bras ont forcé les « chefs de la Terre, d'après le commandement sorti de ta bouche. »

« Paroles d'Amon-Ra Seigneur du Ciel, modérateur des dieux : « Que ton retour soit joyeux ! tu as poursuivi les neuf arcs (les « barbares) ; tu as renversé tous les chefs ; tu as percé les cœurs « des étrangers et rendu libre le souffle des narines de tous ceux « qui.... (Lacune) Ma bouche t'approuve. »

Ces tableaux qui retracent les principales circonstances de deux campagnes du conquérant Égyptien dans la XIe année de son règne, arrivent jusqu'au second pylone du palais : de ce point jusqu'au premier pylone, les sculptures n'abondent pas moins ; mais plusieurs tableaux sont enfouis sous des collines de décombres. J'ai pu cependant avoir une copie de deux bas-reliefs faisant partie d'une troisième campagne du roi contre des peuples asiatiques, avec les légendes en très-mauvais état. L'un représente Rhamsès-Méïamoun combattant à pied, couvert d'un large bouclier, et poussant l'ennemi vers une forteresse assise sur une hauteur. Dans le second tableau, le roi, à la tête de ses chars, écrase ses adversaires en avant d'une place dont une partie de l'armée égyptienne pousse le siége avec vigueur; des soldats coupent des arbres et s'approchent des fossés, couverts par des mantelets; d'autres, après les avoir franchis, attaquent à coups de hache la porte de la ville; plusieurs, enfin, ont dressé des échelles contre la muraille et montent à l'assaut, leurs boucliers rejetés sur leurs épaules.

Sur le revers du premier pylone, existe encore un tableau relatif à une campagne contre la grande nation de Skhéta ou Chéto : le roi, debout sur son char, prend une flèche dans son carquois fixé sur l'épaule, et la décoche contre une forteresse remplie de barbares. Les soldats égyptiens et les officiers attachés à la personne du roi, marchent à sa suite, rangés sur 4 files parallèles.

Telles sont les grandes sculptures historiques encore visibles dans l'état d'enfouissement où se trouve aujourd'hui le magnifique palais de Médinet-Habou, tout entier du règne de Rhamsès-Méïamoun, les successeurs immédiats n'y ayant ajouté que quelques accessoires presqu'insignifians. Le nombre considérable de noms de peuples et de nations asiatiques ou africaines que j'y ai recueillis, ouvre un nouveau champ de recherches à la géographie comparée; ce sont de précieux élémens pour la reconstruction du tableau ethnographique du Monde dans la plus antique période de son histoire. Je crois possible de reconnaître la synonymie de ces noms égyptiens de peuples avec ceux que nous ont transmis les géographes grecs, et ceux surtout que contiennent les textes hébreux et les Mémoires originaux des nations asiatiques. C'est un beau travail qui mérite d'être entrepris : il sera facilité et par la connaissance positive des traits du visage et du costume de chacun de ces peuples, et encore mieux sans doute par la comparaison de ces noms avec ceux du même genre que j'ai trouvés en bien plus grand nombre sur d'autres monumens de Thèbes et de la Nubie.

Toute la muraille extérieure du palais, du côté du Sud, qu'il a fallu faire déblayer jusqu'au second pylone, est couverte de grandes lignes verticales d'hiéroglyphes, contenant le calendrier sacré en usage dans le palais de Rhamsès ; la portion que nous avons fait excaver à grands frais, contient les mois de thôth, paophi, hathor, choiak et tobi. Vers l'extrémité du palais est un article du mois de paschon, le 9e mois de l'année égyptienne. Ce calendrier indique toutes les fêtes qui se célébraient dans chaque mois, et au bas de chaque indication de fête, on a sculpté, en tableau synoptique, le nombre de chaque sorte d'offrande qu'on devait présenter dans la cérémonie. Pour donner une idée de cette sorte de calendrier, je transcrirai ici la traduction de quelques-uns de ses articles :

« *Mois de thôth*, néoménie ; manifestation de l'étoile de so-« this ; l'image d'Amon-Ra, roi des dieux, sort processionnelle-« ment du sanctuaire, accompagnée par le roi Rhamsès ainsi « que par les images de tous les autres dieux du temple. »

« *Mois de paophi*, le XIX ; jour de la principale panégyrie « d'Ammon, qui se célèbre pompeusement dans Oph (le palais « de Karnac) : l'image d'Amon-Ra sort du sanctuaire ainsi « que celle de tous ses dieux syntrones ; le roi Rhamsès l'ac-« compagne dans la panégyrie de ce jour. »

« *Mois d'athor*, le XXVI, panégyrie de Phtah-Socharis ; le « roi accompagne l'image du dieu gardien du Rhamesséium de « Méïamoun (le palais de Medinet-Habou) de Thèbes, sur la « rive gauche, dans la panégyrie de ce jour. »

Cette panégyrie continuait encore le XVIIe et le XVIIIe du même mois ; c'est celle qu'on a représentée dans les grands bas-reliefs supérieurs des galeries de l'Est et du Sud de la seconde cour du palais ; du reste, je savais déjà, par un très-grand nombre d'inscriptions, que les Égyptiens appelaient *Rhamesséium de Méïamoun*, le monument de Médinet-Habou, dont je viens de donner une description rapide ; car comment entreprendre de tout dire dans une lettre ? Je termine ici celle d'aujourd'hui..... Adieu.

DIX-NEUVIÈME LETTRE.

Thèbes (environs de Médinet-Habou), *le 2 juillet* 1829.

Afin de donner une idée générale complète du quartier S.-O. de la vieille capitale pharaonique, voisin du nôme d'*Hermonthis*, il me reste à présenter quelques détails sur deux édifices sacrés, qui, bien moins importans, à la vérité, que le palais du conquérant *Meïamoun*, présentent toutefois quelque intérêt sous divers rapports historiques et mythologiques.

L'une de ces constructions s'élève au milieu de broussailles et de grandes herbes, en dehors de l'angle S.-E. et à une très-petite distance de l'énorme enceinte carrée, en briques crues, qui environnait jadis le palais et les temples de Medinet-Habou. C'est un édifice de petites proportions, et qui n'a jamais été complètement terminé; il se compose d'une sorte de pronaos et de trois salles successives, dont les deux dernières seulement sont décorées de tableaux soit sculptés et peints, soit ébauchés, ou même simplement tracés à l'encre rouge. Ces tableaux ne laissent aucun doute sur la destination du monument, ni sur l'époque de sa construction. Il appartient au règne des Lagides, comme le prouve une double dédicace d'un travail barbare, sculptée intérieurement autour du sanctuaire, et les noms royaux inscrits devant les personnages figurant dans tous les tableaux d'adoration.

La dédicace annonce expressément que le *roi Ptolémée Evergète II*, *et sa sœur la reine Cléopâtre,* ont construit cet édifice, et l'ont consacré *à leur père* le dieu *Thoth,* ou Hermès Ibiocéphale.

C'est ici le seul des temples encore existans en Égypte qui soit spécialement dédié au dieu protecteur des sciences, à l'inventeur de l'écriture et de tous les arts utiles, en un mot à l'organisateur de la société humaine. On retrouve son image dans la plupart des tableaux qui décorent les parois de la seconde salle, et surtout celles du sanctuaire. On l'y invoquait sous son nom ordinaire de *Thoth*, que suivent constamment soit le titre SOTEM qui exprime la suprême direction des choses sacrées, soit la qualification *Ho-en-Hib,* c'est-à-dire *qui a une face d'Ibis*, oiseau sacré, dont toutes les figures du dieu, sculptées dans ce temple, empruntent la tête, ornée de coiffures variées.

On rendait aussi dans ce temple un culte très-particulier à *Nohémouo* ou *Nahamouo*, déesse, que caractérisent le vautour, emblême de la maternité, formant sa coiffure, et l'image d'un petit propylon s'élevant au-dessus de la coiffure symbolique. Les légendes tracées à côté des nombreuses représentations de cette compagne du dieu *Thoth*, qui, d'après son nom même, paraît avoir présidé à la *conservation des germes*, l'assimilent à la déesse *Saschfmoué*, compagne habituelle de *Thoth*, régulatrice des périodes d'années et des assemblées sacrées.

Ces deux divinités reçoivent, outre leurs titres ordinaires, celui de *Résidant* à Manthom; nous apprenons ainsi le nom antique de cette portion de Thèbes où s'élève le temple de *Thoth*.

Le bandeau de la porte qui donne entrée dans la dernière salle du temple, le *sanctuaire* proprement dit, est orné de quatre tableaux représentant Ptolémée faisant de riches offrandes, d'abord aux grandes divinités protectrices de Thèbes, *Amon-Ra*, *Mouth* et *Chons*, généralement adorées dans cette immense capitale, et en second lieu aux divinités particulières du temple, *Thoth* et la déesse *Nahamouo*. Dans l'intérieur du sanctuaire, on retrouve les images de la grande triade thébaine, et même celles de la triade adorée dans le nôme d'Hermonthis, qui commençait à une courte distance du temple. Deux grands tableaux, l'un sur la paroi de droite, l'autre sur la paroi de gauche, représentent, selon l'usage, la Bari ou *Arche sacrée* de la divinité à laquelle appartient le sanctuaire. L'Arche de droite est celle de Thoth-Peho-en-Hib (*Thoth à face d'Ibis*), et l'Arche de gauche, celle de Thoth Psotem (Thoth le surintendant des *choses sacrées*). L'une et l'autre se distinguent par leurs proues et leurs poupes décorées de têtes d'épervier, surmontées du disque et du croissant, à tête symbolique du dieu *Chons*, le fils aîné d'Ammon et de Mouth, la troisième personne de la triade thébaine, dont le dieu *Thoth* n'est qu'une forme secondaire.

Ici comme dans la salle précédente, on retrouve toujours le roi Ptolémée *Evergète II*, faisant des offrandes ou de riches présens aux divinités locales. Mais quatre bas-reliefs de l'intérieur du sanctuaire, sculptés deux à gauche et deux à droite de la porte, ont fixé plus particulièrement mon attention. Ce ne sont plus des divinités proprement dites, auxquelles s'adressent les dons pieux du Lagide : ici, *Evergète II*, comme le disent textuellement les inscriptions qui servent de titre à ces bas-reliefs, *brûle l'encens en l'honneur des pères de ses pères et des mères de ses mères.* Le roi accomplit en effet diverses cérémonies religieuses en présence d'individus des deux sexes, classés deux par deux, et revêtus des insignes de certaines divinités. Les légendes tracées devant chacun de ces personnages achèvent de démontrer que ces honneurs sont adressés aux rois et aux reines Lagides, ancêtres d'Evergète II en ligne directe : et en effet, le premier bas-relief de gauche représente *Ptolémée Philadelphe*, costumé en Osiris, assis sur un trône à côté duquel on voit la reine *Arsinoé* sa femme, debout, coiffée des insignes de *Mouth* et d'*Hathor*. Evergète II lève ses bras en signe d'adoration devant ces deux époux, dont les légendes signifient : *Le divin père de ses pères* PTOLÉMÉE, *dieu* PHILADELPHE, *la divine mère de ses mères* ARSINOÉ, *déesse* PHILADELPHE.

Plus loin Evergète II offre l'encens à un personnage également assis sur un trône, et décoré des insignes du dieu *Socar-osiris*, accompagné d'une reine debout, la tête ornée de la coiffure d'Hathor, la Vénus égyptienne; leurs légendes portent: *Le père de ses pères*, PTOLÉMÉE, *dieu créateur. La divine mère de ses mères*, BÉRÉNICE, *déesse créatrice.* On peut donc reconnaître ici soit *Ptolémée Soter I*^er^, et sa femme *Bérénice*, fille de Magas, soit *Ptolémée Evergète I*^er^ et *Bérénice* sa femme et sa sœur. L'absence totale du cartouche prénom dans la légende du Ptolémée, objet de cette adoration, autoriserait l'une ou l'autre de ces hypothèses. Mais si l'on observe que ces deux époux reçoivent les hommages d'*Evergète II* à la suite des honneurs rendus, en premier lieu, à *Ptolémée* et à *Arsinoé Philadelphes*, on se persuadera que le second tableau concerne les enfans et les successeurs immédiats de ces Lagides, c'est-à-dire *Evergète I*^er^ et *Bérénice* sa sœur. Le titre de *Pther-mounk*, *dieu créateur, dieu fondateur* ou *fabricateur*, conviendrait beaucoup mieux, il est vrai, à *Ptolémée Soter I*^er^, fondateur de la domination des Lagides; mais j'ai la pleine certitude que ce titre est prodigué sur les monumens égyptiens à une foule de souverains autres que des chefs de dynasties.

Deux bas-reliefs, sculptés à droite de la porte, nous montrent Evergète II rendant de semblables honneurs aux images de ses autres ancêtres et prédécesseurs, et toujours en suivant la ligne généalogique descendante : ainsi, dans le premier tableau, le roi répand des libations devant *le divin père de son père,* Ptolémée, *dieu* Philopator, *et la divine mère de sa mère,* Arsinoé, *déesse* Philopatore; enfin dans le second tableau, il fait l'offrande du vin à *son royal père* Ptolémée, *dieu* Épiphane, et à *la royale mère* Cléopatre, *déesse* Épiphane. Son père et son aïeul sont figurés dans le costume du dieu Osiris; sa mère et son aïeule dans le costume d'Hathor. Quant aux titres *Philadelphe, Philopator* et *Epiphane,* ils sont placés à la suite des cartouches noms propres, et exprimés par des hiéroglyphes phonétiques (représentant les mots coptes équivalens). Ces quatre tableaux nous donnent donc la généalogie complète d'Evergète II, et l'ordre successif des rois de la dynastie des Lagides à partir de *Ptolémée Philadelphe.*

C'est toujours ainsi que les monumens nationaux de l'Égypte servent pour le moins de confirmation aux témoignages historiques puisés dans les écrits des Grecs; et cela toutes les fois qu'ils ne viennent point éclaircir ou coordonner les notions vagues et incohérentes que ce même peuple nous a transmises sur l'histoire égyptienne, surtout en ce qui concerne les anciennes époques. L'usage constamment suivi par les Égyptiens de couvrir toutes les parois de leurs monumens, de nombreuses séries de tableaux représentant des scènes religieuses ou des événemens contemporains, dans lesquels figure d'habitude le souverain régnant à l'époque même où l'on sculptait ces bas-reliefs; cet usage, disons-nous, a tourné bien heureusement au profit de l'histoire, puisqu'il a conservé jusqu'à nos jours un immense trésor de notions positives qu'on chercherait inutilement ailleurs. On peut dire, en toute vérité, que, graces à ces bas-reliefs et aux nombreuses inscriptions qui les accompagnent, chaque monument de l'Égypte s'explique par lui-même, et devient, si l'on peut s'exprimer ainsi, son propre interprète. Il suffit, en effet, d'étudier quelques instans les sculptures qui ornent le sanctuaire de l'édifice situé à côté de l'enceinte de Medinet-Habou, la seule portion du monument véritablement terminée, pour se convaincre aussitôt qu'on se trouve dans un temple consacré au dieu *Thoth*, construit sous le règne d'Evergète II, et de sa sœur et première femme *Cléopâtre;* mais dont les sculptures ont été terminées postérieurement à l'époque du mariage d'Evergète II avec Cléopâtre sa nièce et sa seconde femme, mentionnée dans les légendes royales qui décorent le plafond du sanctuaire.

Le style mou et lourd des bas-reliefs, la grossièreté d'exécution des hiéroglyphes, et le peu de soin donné à l'application des couleurs sur les sculptures, s'accordent trop bien avec les dates fournies par les inscriptions dédicatoires, pour qu'on méconnaisse dans le petit temple de Thoth, un produit de la décadence des arts égyptiens, devenue si rapide aux dernières époques de la domination grecque.

Mais un édifice d'un temps encore plus rapproché de nous présente aux regards du voyageur un exemple frappant du degré de corruption auquel descendit la sculpture égyptienne, sous l'influence du gouvernement romain. Il s'agit ici des ruines désignées dans la Description générale de Thèbes par MM. Jollois et Devilliers, sous le nom de *Petit temple situé à l'extrémité Sud de l'Hippodrome*, aux débris duquel j'ai donné toute la journée d'hier.

Partis de grand matin de notre maison de Kourna, Salvador Cherubini et moi, nous courûmes sur Medinet-Habou et passant dans le voisinage du petit temple *de Thoth*, nous gagnâmes la base des monticules factices formant l'immense enceinte nommée l'*Hippodrome* par la Commission d'Égypte, et que nous longeâmes extérieurement à travers la plaine rocailleuse qui s'étend jusques au pied de la chaîne libyque. Parvenus, après une marche assez longue et très-fatigante, au midi de ces vastes fortifications, qui jadis renfermèrent, selon toute apparence, un établissement militaire, espèce de camp permanant qu'habitaient les troupes formant la garnison de Thèbes et la garde des Pharaons, nous gravîmes un petit plateau peu élevé au-dessus de la plaine, mais couvert de débris de constructions et de fragmens de poteries de différentes époques.

Le premier objet qui attire les regards est un grand *propy-*

lon faisant face à l'Ouest, mais dans un état de destruction fort avancé, quoique formé primitivement de matériaux d'un assez bon choix. Quatre grands bas-reliefs existent encore du côté de l'Hippodrôme; tous représentent l'empereur *Vespasien* (ΑΥΤΟΚΡΤωΡ ΚΑΙϹΡϹ ΟΥϹΠϹΙΑΝϹ), costumé à l'égyptienne, et faisant des offrandes à différentes divinités; les tableaux qui décorent la face du propylon, tournée du côté du temple, montrent l'empereur *Domitien* (ΑΥΤΟΚΡΤωΡ ΚΑΙϹΡϹ ΤΟΜΤΙΑΝΟϹ ΓΡΜΝΙΚΟϹ), accomplissant de semblables cérémonies; enfin neuf bas-reliefs encore subsistans, seuls restes de la décoration intérieure, reproduisent l'image d'un nouveau souverain, figuré soit dans l'action de percer d'une lance la tortue, emblême de la paresse, soit offrant aux dieux des libations et des pains sacrés; c'est l'empereur *Othon* (ΜΑΡΚΟϹ ΟΘωΝϹ ΚΑΙϹΡϹ ΑΥΤΟΚΡΤΡ).

Je lisais pour la première fois le nom de cet empereur, retracé en caractères hiéroglyphiques, et on le chercherait vainement ailleurs sur toutes les constructions égyptiennes existant entre la Méditerranée et Dakké en Nubie, limite extrême des édifices élevés par les Égyptiens sous la domination grecque et romaine. La durée du règne d'Othon fut si courte, que la découverte d'un monument rappelant sa mémoire, excite toujours autant de surprise que d'intérêt. Il paraît, au reste, que l'Égypte se déclara promptement pour Othon, puisque c'est précisément la province de l'empire où furent frappées les seules médailles de bronze que nous ayons de cet empereur.

La présence du nom d'*Othon* établit invinciblement que la décoration du propylon, à en juger par ce qui reste des sculptures, fut commencée l'an 69 de l'ère chrétienne, et terminée au plus tard vers l'an 96, époque de la mort de *Domitien.*

En avant, et à quelque distance du propylon, se trouve un escalier au bas duquel était jadis une petite porte, décorée de bas-reliefs d'un travail barbare, comparativement à ceux du propylon; et cependant je reconnus dans leurs débris la légende de l'empereur *Auguste* (ΑΥΤωΚΡΤΡ ΚΑΙϹΡϹ). Cela prouve qu'à cette époque l'Égypte avait simultanément de bons et de mauvais ouvriers.

Sur le même axe, et à soixante mètres environ du grand propylon, s'élève le temple, ou plutôt une petite cella aujourd'hui isolée, et dont les parois extérieures, à peine dégrossies, n'ont jamais reçu de décoration; mais les salles intérieures sont couvertes d'ornemens sculptés et de bas-reliefs d'une exécution très-lourde et très-grossière. Presque tous ces tableaux, surtout ceux du sanctuaire, appartiennent à l'époque d'*Hadrien*. Ce successeur de Trajan comble de dons et d'offrandes les divinités adorées dans le temple; et à côté de chacune de ses images, on a répété sa légende particulière ΑΥΤΟΚΡΤωΡ ΚΑΙCΡC ΤΡΑΙΝC ΑΤΡΙΑΝC, *l'empereur César Trajan-Hadrien*. J'ai remarqué enfin que la corniche extérieure du sanctuaire offre parmi ses ornemens la légende d'*Antonin*, ainsi conçue : ΑΥΤΟΚΡΤωΡ ΤΙΤΟC ΑΙΛΙΟC ΑΤΡΙΑΝC ΑΝΤΟΝΙΝC ΕΥCΒC, *l'empereur Titus Ælius Adrianus Antoninus-Pius.*

L'époque de la décoration du sanctuaire et des autres salles du temple proprement dit, étant clairement fixée par ces noms impériaux, il reste à déterminer quelles furent les divinités particulièrement honorées dans ce temple : ce point éclairci, il deviendra facile en même temps de décider avec certitude, si cet édifice appartenait jadis au nome *Diospolite*, ou à celui d'*Hermonthis* : car de l'étude suivie des monumens de l'Égypte et de la Nubie, il résulte que la triade adorée dans la capitale d'un nome reparaît constamment, et occupe un rang distingué dans les édifices sacrés de toutes les villes de sa dépendance, chaque nome ayant, pour ainsi dire, un culte particulier, et vénérant les trois portions distinctes de l'Être divin sous des noms et des formes différentes.

Les indications les plus positives à cet égard doivent résulter de l'examen des sculptures qui décorent les sanctuaires, surtout lorsque cette portion principale du temple existe dans tout son entier, comme cela arrive précisément pour les ruines situées au Sud de l'Hippodrome.

Quatre grands bas-reliefs superposés deux à deux couvrent la paroi du fond du sanctuaire. Les deux bas-reliefs supérieurs représentent l'empereur *Hadrien*, costumé en fils aîné d'Ammon, adorant une déesse coiffée du vautour emblème de la maternité, et surmonté des cornes de vache, du disque et d'un petit trône. Ce sont les insignes ordinaires d'*Isis*, et la légende sculptée à côté des deux images de la déesse, porte en effet Isis *la grande mère divine qui réside dans la montagne de l'Occident.*

Les bas-reliefs inférieurs nous montrent le même empereur présentant des offrandes au dieu *Month* ou *Manthou*, le dieu éponyme d'Hermonthis, et au roi des dieux *Amon-Ra*, le dieu éponyme de Thèbes.

Guidés ici par une théorie fondée sur l'observation de faits entièrement analogues, et qui se reproduisent partout et sans aucune exception contraire, nous devons conclure avec assurance que ce temple fut particulièrement consacré à la déesse Isis, puisque ses images occupent sans partage la place d'honneur au fond du sanctuaire; au-dessous d'elle paraissent les grandes divinités du nome de *Thèbes* et du nome *Hermonthite*, dieux synthrônes, adorés aussi dans ce même temple. Mais le dieu *Manthou* occupant la droite, quoique tenant dans ces mythes sacrés un rang inférieur à celui du roi des dieux Amon-Ra, qui occupe ici la gauche, il devient certain que le *temple d'Isis*, situé au sud de l'Hippodrome, dépendait du nome d'*Hermonthis* et non du nome *Diospolite*, puisque le dieu Mandou reçoit immédiatement après *Isis* et avant Amon-Ra, dieu éponyme de Thèbes, les adorations de l'empereur Hadrien.

Ainsi la divinité locale, celle que les habitans de la κώμη ou *bourgade* du nome Hermonthite, qui exista jadis autour du temple, regardaient comme leur protectrice spéciale, fut la déesse *Isis*, qui réside dans Ptôou-en-ement (ou la *Montagne de l'Occident*). Mais cette qualification donne lieu à quelque incertitude : faut-il prendre les mots *Ptôou-en-ement* dans leur sens général, et n'y voir que la désignation de la *montagne occidentale*, derrière laquelle, selon les mythes, le soleil se couchait et terminait son cours, montagne placée sous l'influence d'*Isis*, de la même manière que la *montagne orientale* Ptoou-en-eiebt appartenait à la déesse *Nephthys*; ou bien prenant les mots dans un sens plus restreint, devons-nous traduire le titre d'Isis *Hitem-ptoou-en-ément* par déesse qui réside *dans* Ptôouenement ou *Ptoouement*, en considérant ici *Ptôou-ément* comme le nom propre de la bourgade dans laquelle exista le temple? Cette qualification serait alors analogue aux titres *Hitem Pselk*, résidant à Pselchis; *Hitem Manlak*, résidant à Philæ; *Hitem Souan*, résidant à Syène; *Hitem Ebôu*, résidant à Eléphantine; *Hitem Snè*, résidant à Latopolis; *Hitem Ebôt*, résidant à Abydos, etc., que reçoivent constamment

Thoth, Isis, Chnouphis, Saté, Neith, Osiris, etc., dans les temples que leur élevèrent ces anciennes villes, placées sous leur protection immédiate. Mais comme les mots *Ptoou-en-ément* ne sont pas toujours suivis, comme *Pselk*, *Manlak*, *Souan*, etc., du signe déterminatif des noms propres de contrées ou de lieux habités, nous pensons, sans exclure absolument cette première hypothèse, qu'ils désignent ici plus directement la *montagne occidentale céleste*, sur laquelle Isis partageait avec sa mère *Natphé*, la Rhea égyptienne, le soin journalier d'accueillir le dieu soleil, épuisé de sa longue course et mourant, ce même dieu que la sœur d'Isis, Nephthys, avait reçu enfant, et sortant plein de vie du sein de sa mère Natphé, sur la *montagne orientale*. Sous un point de vue plus matériel encore, la *montagne occidentale* désignera la chaîne libyque, voisine du temple où sont creusés d'innombrables tombeaux, et par suite l'enfer égyptien, l'*Amenthé*, c'est-à-dire la *contrée occidentale*, séjour redoutable où régnaient Isis et son époux Osiris, le juge souverain des ames.

Les bas-reliefs sculptés sur les parois latérales et sur la porte du sanctuaire, ainsi que ceux qui décorent la porte extérieure du Naos, et les restes du grand propylon, représentent aussi l'empereur Othon ou ses successeurs, faisant des offrandes à Isis, déesse de la montagne d'Occident, en même temps qu'aux dieux synthrônes *Manthou* et *Ritho*, les grandes divinités du nome Hermonthite; de semblables hommages sont aussi rendus aux dieux de Thèbes, Amon-Ra, Mouth et Chons, suivant l'usage établi d'adorer à la fois dans un temple d'abord les divinités locales, ensuite celles du nome entier, et enfin un dieu du nome le plus voisin : comme pour établir entre les cultes particuliers de chacune des préfectures de l'Égypte, une liaison successive et continue qui les ramenait ainsi à l'unité. Tous les temples de l'Égypte et de la Nubie offrent les preuves de cette pratique, motivée sur de graves considérations d'ordre public et de saine politique.

Tels sont les faits généraux résultant de l'étude que je viens de faire des dernières ruines de la plaine de Thèbes du côté du S.-O.; ces deux monumens, l'un le *temple de Thoth*, l'autre le *temple d'Isis*, marquent en outre l'état rétrograde de l'art égyptien à l'époque des rois grecs comme à celle des empereurs romains; et les sculptures les plus récentes, exécutées sous les règnes d'Hadrien et d'Antonin-le-Pieux, portent en effet le type d'une barbarie poussée à l'extrême.

VINGTIÈME LETTRE.

Thèbes (palais de Kourna), 6 juillet 1829.

Le premier monument de la partie occidentale de Thèbes que visitent les Européens en arrivant sur le sol de cette antique capitale, le monument de *Kournah*, situé non loin du beau sycomore au pied duquel s'arrêtent habituellement les canges des voyageurs, est devenu, par une suite de combinaisons indépendantes de ma volonté, le dernier objet de mes recherches sur la rive gauche du fleuve. Appelé d'abord au *Rhamesseum* par le souvenir des scènes historiques et des tableaux religieux que nous y avions remarqués en remontant le Nil; les masses de *Medinet-Habou* et ses nombreux bas-reliefs militaires, nous attirèrent ensuite, et je ne dus quitter ces deux palais qu'après avoir étudié à fond les petits monumens situés dans leur voisinage.

Cependant l'édifice de *Kournah*, quoique très-inférieur en étendue à ces grandes et importantes constructions, mérite un examen particulier puisqu'il appartient aux temps pharaoniques, et remonte à l'époque la plus glorieuse dont les annales égyptiennes aient constaté le souvenir. Son aspect présente d'ailleurs un caractère tout nouveau; et si son plan général réveille l'idée d'une habitation particulière, et semble exclure celle de temple, la magnificence de la décoration, la profusion des sculptures, la beauté des matériaux et la recherche dans l'exécution, prouvent que cette habitation fut jadis celle d'un riche et puissant souverain.

Et, en effet, ce qui reste de ce palais, occupe seulement l'extrémité d'une butte factice sur laquelle existaient aussi jadis d'autres constructions liées sans doute avec l'édifice encore debout; tous les débris épars sur le sol portent du moins des noms royaux appartenant aux derniers Pharaons de la XVIIIe dynastie, ou au premier de la XIXe.

www.ingramcontent.com/pod-product-compliance
Lightning Source LLC
Chambersburg PA
CBHW070402090426
42733CB00009B/1496

9782012699700